Ministère des Postes et des Télégraphes

EXPOSITION INTERNATIONALE D'ÉLECTRICITÉ

PARIS 1881

CATALOGUE GÉNÉRAL

OFFICIEL

COMMISSARIAT GÉNÉRAL

PARIS

A. LAHURE, IMPRIMEUR-EDITEUR

CONCESSIONNAIRE

9, RUE DE FLEURUS, 9

RAPPORT

AU PRÉSIDENT DE LA RÉPUBLIQUE

Monsieur le Président,

Des découvertes importantes et inattendues ont récemment appelé d'une façon particulière l'attention publique sur tout ce qui concerne l'électricité ; en même temps, l'industrie, s'emparant de ces conquêtes de la science, a depuis quelques années multiplié leurs applications dans toutes les branches; aujourd'hui aucune science ne semble devoir, plus que la science électrique, réaliser de rapides progrès, résoudre des problèmes intéressant la vie économique des nations, et rendre enfin à toutes nos relations d'inappréciables services.

L'électricité est restée longtemps un agent capricieux, inconstant, difficile à maîtriser, impossible à utiliser : avant Volta on constatait son action ; on ne pouvait ni l'expliquer, ni la produire, ni, à plus forte raison, la mesurer.

La découverte de la pile et les perfectionnements que celle-ci a bientôt reçus, les travaux d'Ampère et d'Arago sur les courants et leur action magnétique, les recherches de Faraday sur l'induction, ont ouvert des voies nouvelles et fécondes dans lesquelles le progrès ne s'est plus arrêté.

La pile et l'action magnétique des courants ont créé la télégraphie. Le développement de la télégraphie a dégagé les phénomènes électriques des obscurités qui les entouraient. C'est, en effet, sur les cables sous-marins qu'il a été possible d'étudier et de découvrir les lois suivant lesquelles l'action électrique se développe et se propage.

L'électricité est une force. A mesure qu'on a appris à la connaître, on l'a rencontrée partout, tantôt cause, tantôt effet, dans les phénomènes physiques, chimiques, mécaniques et organiques. On a aujourd'hui différents moyens de la produire. On la mesure et on l'applique aux usages les plus divers. Elle a cette propriété particulière que ses effets peuvent se transmettre par des conducteurs métalliques plus facilement et plus loin que ne peuvent le faire ceux de la vapeur par les intermédiaires mécaniques.

Elle ne se borne plus à envoyer à distance des signes télégraphiques ; elle reproduit les sons et la parole elle-même. Elle contribue à la sécurité de l'exploitation des chemins de fer ; l'agriculture et la marine lui doivent des indications météorologiques de plus en plus utiles ; elle éclaire les rues, les places publiques, les magasins, les ateliers. Elle devient pour les arts et l'industrie un auxiliaire universel.

Les savants et les industriels cherchent aujourd'hui, dans tous les pays du monde, à perfectionner les moyens de produire et d'utiliser la force nouvelle. Les résultats obtenus sont déjà considérables et nombreux, mais souvent encore insuffisants ou incomplets. Il y aurait grand intérêt à préciser l'état de la science électrique et de ses applications, à rapprocher et à comparer les procédés de recherches, afin d'imprimer aux efforts faits de toutes parts une direction qui les facilite et assure leur succès.

Les expositions internationales et les congrès scientifiques qui les complètent si utilement ont permis de montrer les applications pratiques à côté de la théorie. C'est ce qui nous conduit à vous proposer de réunir un congrès international d'électriciens et d'autoriser simultanément une exposition internationale d'électricité, qui sera, pour ainsi dire, le laboratoire du congrès. Cette exposition comprendra tout ce qui concerne l'électricité : elle réunira les appareils de toute nature et de toute provenance servant à la faire naitre, à la propager et à l'utiliser.

Le congrès convoqué par le Gouvernement français appellera à Paris les électriciens les plus illustres. Ces représentants de la science merveilleuse qui vient à peine de révéler l'immensité de ses ressources et qui déconcerte l'esprit par ses surprises incessantes, discuteront les résultats acquis et les idées nouvellement émises; ils grouperont et coordonneront leurs forces afin d'utiliser sûrement les observations faites dans chaque contrée et de s'aider mutuellement dans leurs investigations futures.

Les nations étrangères conviées par la France saisiront avec empressement cette occasion de codifier, pour ainsi dire, la science électrique, et d'en sonder les profondeurs. Elles sauront gré au Gouvernement de la République française de s'être fait le promoteur d'une manifestation scientifique dont l'opportunité ne parait pas contestable, et qui aura pour corollaire l'exposition internationale d'électricité.

Le congrès doit être l'œuvre du Gouvernement, car lui seul peut donner à l'entreprise le caractère d'indépendance qui est la condition essentielle du succès. Quant à l'exposition, elle sera facilement organisée par l'initiative privée. Le patronage et le concours bienveillant de l'État lui seront toutefois assurés et le palais des Champs-Élysées sera mis gratuitement à la disposition de ses organisateurs.

L'action du Gouvernement se complétera par l'intermédiaire d'un commissaire général qui aura à la fois la mission d'assurer, sous notre direction, le fonctionnement du congrès et de surveiller les services généraux de l'exposition.

Le Gouvernement désignera les membres français du congrès : la science officielle, l'industrie, les sociétés savantes de Paris et des départements y auront leurs représentants. Si la présidence d'un congrès appartient par tradition au pays où la réunion a lieu, la moitié des vice-présidences sera, par contre, réservée aux invités de la France.

L'exposition internationale d'électricité sera ouverte le 1er août 1881 et close le 15 novembre suivant.

Les travaux du congrès international des électriciens commenceront le 15 septembre 1881.

Le département dont relève le service des télégraphes est le plus directe-

ment intéressé dans la question. Son personnel prend une grande part à tout
ce qui concerne l'électricité ; il en étudie les diverses découvertes et en pré-
pare les applications. Il est en relation avec tous les électriciens des divers
pays. La télégraphie elle-même recueillera un grand profit de l'exposition et
du congrès ; elle pourra y puiser de larges améliorations.

C'est dans cette pensée que j'ai fait préparer le projet de décret ci-joint et j'ai
l'honneur de le soumettre à votre haute approbation.

Veuillez agréer, Monsieur le Président, l'assurance de mon respectueux dé-
vouement.

Le Ministre des postes et des télégraphes,

AD. COCHERY.

Le Président de la République française,
Sur le rapport du Ministre des postes et des télégraphes,

Décrète :

ART. 1er. — Un congrès international des électriciens sera ouvert à Paris le
15 septembre 1881, sous la présidence du Ministre des postes et des télégraphes.

ART. 2. — Trois vice-présidents seront choisis parmi les membres français
et trois parmi les membres étrangers du congrès.

ART. 3. — Les ministres du gouvernement de la République française et
les ministres des gouvernements étrangers qui participeront au congrès international sont membres de droit du congrès.

ART. 4. — Le palais des Champs-Élysées sera mis gratuitement à la disposition de la commission privée autorisée par le Gouvernement à organiser, à ses
frais, risques et périls, une exposition internationale d'électricité du 1er août
au 15 novembre 1881.

ART. 5. — L'exposition internationale d'électricité est placée sous le patronage de l'État.

ART. 6. — Le règlement de l'exposition internationale d'électricité sera
soumis à l'approbation du Gouvernement, qui nommera le commissaire général.

ART. 7. — Le Ministre des postes et des télégraphes, le Ministre des
affaires étrangères et le Ministre des travaux publics sont chargés, chacun en
ce qui le concerne, de l'exécution du présent décret.

Fait à Paris, le 25 octobre 1880.

JULES GRÉVY,

Par le Président de la République :

Le Ministre des postes et des télégraphes,

AD. COCHERY.

Le Ministre des affaires étrangères,

B. SAINT-HILAIRE.

Le Ministre des travaux publics,

SADI CARNOT.

Par décret en date du 24 octobre 1880, rendu sur la proposition du Ministre des postes et des télégraphes, M. Georges Berger, ancien directeur général des sections étrangères à l'Exposition universelle de 1878, commissaire général de l'Exposition de Melbourne a été nommé commissaire général du congrès international des électriciens t de l'Exposition internationale d'électricité.

RÈGLEMENT GÉNÉRAL

I. — Dispositions générales.

Article premier. L'Exposition internationale d'électricité, autorisée par décret du 23 octobre 1880, sera ouverte à Paris dans le palais des Champs-Élysées, du 1er août 1881 au 15 novembre 1881.

Art. 2. Une Commission, nommée par décret du 26 novembre 1880, et placée sous la présidence du Ministre des Postes et des Télégraphes, sera consultée sur les mesures relatives à l'organisation générale de l'Exposition internationale d'électricité.

Art. 3. Les fonds nécessaires à l'organisation et au fonctionnement de l'Exposition seront fournis au moyen des subventions que l'État pourrait accorder, et par une association de garantie dont les membres souscripteurs se sont interdit tout partage de bénéfices après remboursement de leurs versements avec intérêts de 4 p. 0|0.

Lors de la liquidation des comptes de l'Exposition, après défalcation des remboursements dus aux souscripteurs du capital de garantie, les bénéfices acquis seront laissés à la disposition de l'État, qui, sur les propositions de la Commission d'organisation, en fera profiter des œuvres scientifiques d'intérêt public.

Art. 4. Un Comité technique et un Comité des finances seront constitués. Le Comité technique sera composé de membres de la Commission d'organisation auxquels un arrêté ministériel pourra adjoindre des personnes étrangères à cette Commission. — Le Comité de Finances sera composé de membres de la Commission d'organisation et de membres de l'Association de garantie.

Art. 5. Le Commissaire général, nommé par décret du 24 octobre 1880, est chargé d'exécuter, sous la haute autorité du Ministre des Postes et des Télégraphes, les décisions prises. Le Commissaire général a la direction du personnel administratif.

Art. 6. Le Commissaire général ou, en son absence, le secrétaire du Commissariat général, assiste de droit aux séances de la Commission d'organisation et des Comités, avec voix consultative.

Art. 7. Les pays étrangers qui auront adhéré à l'Exposition internationale d'électricité seront invités à désigner des Commissaires spéciaux. Ces derniers correspondront directement avec le Commissaire général français.

II. — Admission. — Classification.

Art. 8. Les demandes d'admission étrangères et françaises, rédigées autant que possible suivant le modèle annexé au présent règlement, devront être parvenues au Commissaire général à Paris, le 31 mars 1881, au plus tard.

Art. 9. Le Comité technique sera appelé à statuer en dernier ressort sur les demandes françaises d'admission.

Art. 10. Le Commissaire général notifiera, avant le 15 mai 1881, aux exposants l'avis de leur admission ainsi que l'étendue et la localisation de l'espace accordé à chacun d'eux.

Art. 11. Les Commissaires étrangers auront la faculté de demander et de recevoir en bloc les espaces nécessaires aux installations de leurs nationaux.

Les demandes cumulatives des Commissaires étrangers devront être parvenues au Commissaire général avant le 31 mars 1881. Les plans généraux d'installation des locaux accordés à la suite de ces demandes cumulatives devront être soumis à l'approbation du Commissaire général.

Art. 12. Les exposants étrangers appartenant à des pays qui n'auront pas nommé de Commissaires spéciaux pourront correspondre directement avec le Commissaire général français.

Art. 13. Des formules imprimées de demandes d'admission sont tenues à la disposition des intéressés :

Au Ministère des Postes et des Télégraphes, rue de Grenelle-Saint-Germain, 101;

Au siège du Commissariat général, palais des Champs-Élysées, porte n° IV ;

Aux sièges des Chambres de commerce et des Sociétés savantes de Paris et des départements.

Art. 14. Les principaux objets admis à être présentés sont compris dans l'énumération suivante :

Appareils servant à la production et à la transmission de l'électricité.

Aimants naturels et artificiels. — Boussoles.

Appareils servant à l'étude de l'électricité.

Applications de l'électricité : à la télégraphie et à la transmission des sons ; — à la production de la chaleur ; — à l'éclairage et à la production de la lumière ; — au service des phares et des signaux ; — aux appareils avertisseurs ; — aux mines, aux chemins de fer et à la navigation ; — à l'art militaire ; — aux beaux-arts ; — à la galvanoplastie, à l'électro-chimie et aux arts chimiques ; — à la production et à la transmission de la force motrice ; — aux arts mécaniques et à l'horlogerie ; — à la médecine et à la chirurgie; — à l'astronomie, à la météorologie et à la géodésie; — à l'agriculture; — aux appareils enregistreurs; — au fonctionnement des appareils industriels divers ; — aux usages domestiques.

Paratonnerres.

Collections rétrospectives d'appareils concernant les études primitives et les applications les plus anciennes de l'électricité.

Collections bibliographiques d'ouvrages concernant la science et l'industrie électriques.

Art. 15. Les objets admis à être exposés seront reçus dans l'enceinte du Palais des Champs-Élysées à partir du 1er juillet 1881.

Les caisses contenant ces objets devront porter des adresses et des étiquettes spéciales fournies par le Commissariat général.

III. — Installation.

Art. 16. Les exposants n'auront aucun loyer à payer pour l'occupation des emplacements qui leur auront été attribués.

Art. 17. L'Administration prend à sa charge la mise en état et la décoration générale des locaux du Palais des Champs-Élysées.

Les exposants devront pourvoir, à leurs frais, à l'installation et à la décoration de leurs emplacements respectifs.

Les plans de ces installations et les dessins de ces décorations devront être soumis à l'approbation du Commissaire général.

Art. 18. La force motrice sera fournie à prix débattu aux exposants qui en feront la demande.

La force motrice pourra être fournie gratuitement pendant les expériences nécessaires aux travaux du Congrès international des électriciens organisé par l'État, à l'époque de l'Exposition.

IV. — Entrées.

Art. 19. Les locaux de l'Exposition seront ouverts au public tous les jours, de 8 heures et demie du matin à 6 heures du soir, et de 8 heures à 11 heures du soir.

Art. 20. Des cartes d'entrée gratuites, permanentes et essentiellement personnelles, seront mises à la disposition des membres de la Commission d'organisation, du Comité technique et du Comité des finances ; des membres de l'association de garantie ; des Commissaires étrangers; des membres du Congrès international des électriciens ; des agents du Commissariat général; des exposants et des agents de ceux-ci dont la présence aura été reconnue indispensable.

Art. 21. La perception des prix d'entrée, fixés ainsi qu'il est dit à l'article 22 ci-après, sera faite au moyen de billets d'entrée d'une valeur de 50 centimes chacun.

Art. 22. Les prix ordinaires d'entrée sont fixés ainsi qu'il suit :

1° Pendant les jours de la semaine :

	fr. c.
Matin, de 8 heures et demie à 11 heures.	1 00
Journée, de 11 heures du matin à 6 heures du soir	1 00
Soir, de 8 heures à 11 heures	1 50

2° Le dimanche :

	fr. c.
De 8 heures du matin à 6 heures du soir.	0 50
De 8 heures à 11 heures du soir.	1 00

V. — Police et surveillance. — Entretien.

Art. 23. Une surveillance rigoureuse contre le vol sera organisée par les agents du Commissariat général, avec le concours de la police.

Les précautions les plus minutieuses seront prises contre le feu.

Toutefois l'Administration ne sera pas responsable des pertes occasionnées par le vol ou par l'incendie.

ART. 24. Les objets exposés ne pourront être retirés avant la clôture de l'Exposition, sans une autorisation spéciale du Commissaire général.

Aucun objet exposé ne pourra être dessiné ou photographié sans l'autorisation écrite de l'exposant, visée par le Commissaire général.

ART. 25. Les exposants devront pourvoir par eux-mêmes à l'entretien et au nettoyage de leurs installations.

ART. 26. Un local spécial sera mis à la disposition des exposants qui voudront faire le dépôt de leurs caisses vides pendant toute la durée de l'Exposition.

Les déposants auront à payer un droit de 6 francs par mètre cube.

Toute caisse d'un cubage inférieur à 1 mètre cube payera le prix fixé pour 1 mètre.

Les frais de restauration et de remise en état des caisses vides seront à la charge des déposants.

ART. 27. Les exposants français ou étrangers jouiront des garanties qu'assure la loi du 23 mai 1868 aux auteurs, soit des inventions susceptibles d'être brevetées, soit des modèles et dessins de fabrique qui pourront être déposés aux conseils des prud'hommes.

Il leur suffira de déposer à la préfecture de la Seine, dans le premier mois au plus tard de l'ouverture de l'Exposition, une demande de certificat de garantie pour l'objet exposé.

Ce certificat, n'exigeant le payement d'aucune taxe, sera valable à dater du jour de l'admission jusqu'à la fin du troisième mois qui suivra la clôture de l'Exposition.

VI. — Catalogue. — Récompenses.

ART. 28. Un catalogue général de l'Exposition sera dressé par les soins du Commissariat général et par voie d'entreprise et d'adjudication.

L'entrepreneur du Catalogue général pourra s'entendre directement avec les exposants officiellement inscrits pour l'insertion des réclames, avis et vignettes concernant les objets de leur commerce ou de leur industrie.

ART. 29. Des diplômes de mérite et des médailles de diverses classes seront accordés sur la proposition d'un Jury dont la composition sera déterminée ultérieurement.

ART. 30. Toutes les communications relatives à l'Exposition internationale d'électricité doivent être envoyées affranchies, à l'adresse du *Commissaire général de l'Exposition internationale d'électricité, au Palais des Champs-Élysées, porte n° IV, à Paris.*

Vu et approuvé le présent Règlement, délibéré dans la Commission d'organisation. le 6 décembre 1880.

Le Ministre des Postes et des Télégraphes.

AD. COCHERY.

Le Commissaire général,

Georges BERGER.

EXPOSITION INTERNATIONALE D'ÉLECTRICITÉ

PARIS 1881

CATALOGUE GÉNÉRAL

OFFICIEL

FRANCE

GROUPE I

PRODUCTION DE L'ÉLECTRICITÉ.

CLASSE 1.

ÉLECTRICITÉ STATIQUE.

1. Biloret et **Mora**, *Paris*, 93 et 95, *boulevard Richard-Lenoir* — Machine électrique de Ramsden et accessoires.

2. Breguet, *Paris, 39, quai de l'Horloge.* — Machine rhéostatique de G. Planté. — Condensateurs électrostatiques.

3. Carpentier (J.-A.-M.-L.), successeur de Ruhmkorff, *Paris, 15, rue Champollion.*—Machines électriques et accessoires.— Machines de Holtz. — Appareils de cours.

4. Carré (Edmond), *Paris, 19, rue de l'Estrapade et 4, rue des Irlandais.* — Machine diélectrique de M. F. Carré.

5. Carré (Ferdinand), *Paris*, 48, *rue de Reuilly.*— Machine d'induction statique s'amorçant automatiquement, dite machine diélectrique.

6. Courtot, *Paris, 75, rue Caumartin.* — Appareils d'électricité statique, et accessoires.

7. Deffez (Louis-François), *Paris*, 34, *rue Saint-Séverin.* — Machine électrique de Ramsden et accessoires pour collèges et lycées. — Machine électrique plus petite, pour écoles primaires, supérieures et professionnelles. — Machine pneumatique pour les phénomènes de l'électricité dans le vide; grand et petit modèle.

8. Ducretet (E.) et Cᵉ, *Paris*, 75, *rue des Feuillantines.*— Machines de Holtz, de Toëpler. — Machine pour l'application de l'électricité statique à la thérapeutique.

9. Humblot (Pierre-Césaire) *Paris-Grenelle, rue Saint-Charles, 77.* — Machine électrique à plateau condensateur.

10. Legras (François-Théodore), *Saint-Denis, 81, avenue de Paris.*— Bouteilles de Leyde.

11. Luizard (Léon), *Paris*, 21, *rue d'Arcole.* — Machine électrique statique. — Machines de Holtz.

12. Noé (Charles-François), *Paris*, 9, *rue Laromiguière.* — Machines électriques de Ramsden et de Holtz. — Machines diélectriques, système F. Carré, n⁰ˢ 4, 2 et 0, batterie de neuf bocaux.— Brûle-fils.— Perce-verre Noé. — Tabouret isolant. — Condensateur d'Œpinus.

13. Pezzer (Dʳ de) *Paris*, 65, *rue Sainte-Anne.* — Condensateurs électriques.

14. Planté (Gaston), *Paris*, 56, *rue des Tournelles.* — Machine rhéostatique.

15. Solignac et **C**ⁱᵉ Société d'études et constructions électriques, *Paris*, 208, *rue Saint-Maur.* — Machine statique à plateaux multiples et à frottement de mercure.

CLASSE 2.

PILES ET ACCESSOIRES.

16. Aunay (Alfred D'), *Paris*, 3, *cité Gaillard.* — Interrupteur-avertisseur (de pile). — Emploi simultané d'une pile par plusieurs fils télégraphiques : suppression du courant de toute ligne à la terre.— Indication automatique et nominale de la ligne interrompue.

17. Ballat, *Paris*, 3, *rue Saint-Fargeau.*—Charbons pour piles.—Piles Leclanché.—Piles de Bunsen.— Pièces tournées et percées.

18. Barbier (Ernest-François), *Paris*, 9, *rue Fromentin.* — Piles Leclanché : anciens éléments à vases poreux ; éléments actuels à plaques agglomérées mobiles pour télégraphie, téléphonie, sonneries, signaux et horlogerie électriques, médecine, inflammation d'amorces, de torpilles et de mines. — Modèle spécial adopté par la marine française.— Sonneries d'essais pour les piles.

19. Barbier (Mathurin), *Paris*, 6, *rue des Quatre-Vents.* — Vases poreux et verreries servant à la télégraphie.

20. Barluet et **C**ⁱᵉ, *Paris*, 61, *rue du Faubourg-Poissonnière* et à *Montereau (Seine-et-Marne).* — Cylindres et diaphragmes pour piles.

21. Barral (Charles), *Paris*, *rue*

Larrey. — Pile à auge mécanique (au bichromate.)

22. Baudet (Cloris), *Paris*, 90, *rue Saint-Victor.* — Piles électriques ; pour batterie électrique.

23. Beaufils (Magloire-François), *Paris*, 4, *boulevard Saint-André.* — Piles électriques (agglomérés dépolarisateurs.)

24. Billaudot, *Paris*, 22, *rue de la Sorbonne.* — Produits chimiques, anodes, piles et accessoires.

25. Biloret et **Mora**, *Paris*, 93 et 95, *boulevard Richard-Lenoir.* — Piles de tous systèmes.

26. Bizot (Joseph), *Aix en Provence.* — Pile de longue durée (système Callaud), à tube d'emmagasinage ; entretien et alimentation faciles ; applicable à l'horlogerie électrique.

27. Blouzon (Edme), *Paris*, 30, *rue Notre-Dame de Nazareth.* — Charbons pour piles.

28. Bourdin (C.), *Paris*, 13, *avenue de la République.* — Pile industrielle, sans entretien ni usure, à effet constant, se renouvelant à l'aide du sel marin et de la chaux.

29. Breguet, *Paris*, 39, *quai de l'Horloge,* — Piles de différents modèles de Daniell, de Meidinger, de Callaud, de Trouvé, de Marié-Davy, de Bunsen, au bichromate de potasse, de Leclanché, de Niaudet.— Piles à courants secondaires de G. Planté. — Piles thermo-électriques de Noé. Accessoires.

30. Brewer (frères), *Paris*, 43, *rue Sᵗ-André-des-Arts.* — Piles de Bunsen. Vases de verre et de grès. — Vases poreux et accessoires.

31. Callaud (A. et fils). *Nantes*, 26, *rue du Bocage.* — Pile (modèle Callaud) adoptée par l'administration télégraphique ; modèle américain.

32. Carré (Ferdinand), *Paris*, 48, *rue de Reuilly.* — Pile au sulfate de cuivre avec diaphragme en papier parchemin (brevet 1867). Charbons artificiels plus solides et plus conducteurs que les charbons de cornue.

34. Chapuis (F.), *Paris*, 17, *rue de*

Lourmel — Pile à bascule. — Pile fermée — Pile secondaire.

35. Chutaux, *Nantes*, 6, *Haute-Grande Rue*. — Piles électriques spéciales à la télégraphie, à la sonnerie, à l'horlogerie et généralement à tout circuit résistant.

36. Cie des Chemins de fer de Paris à Lyon et à la Méditerranée, *Paris*, 88, *rue St-Lazare*. — Piles employées pour les postes et appareils de la Compagnie (systèmes Leclanché et Meidinger).

37. Coronat (Esprit), *Paris*, 14, *rue St-Pierre*. — Un élément de pile. — Modification de la pile Callaud.

38. Délaurier (E.), *Paris*, 77, *rue Daguerre*. — Nouvelle pile hydro-électrique. — Nouvelle pile thermo-électrique. — Nouvelle pile secondaire de Ritter.

39. Déleuil (Jean-Adrien), *Paris*, 42, *rue des Fourneaux*. — Piles de Bunsen à coin central.

40. Desruelles et **Bourdoncle** (J.), *Paris*, 8 *bis*, *avenue Percier*, 8 *bis*, — Piles sèches électriques de tous genres et de tous modèles. — Piles secondaires à lames de plomb rendues sèches par le procédé Desruelles. — Matières diverses appliquées au chargement de ces piles.

41. Digney (frères), *Paris*, 6 et 8, *rue des Poitevins*. — Piles et accessoires.

42. Douce et Cie, *Paris*, 116, *rue de Rivoli*. — Pile, nouveau système.

43. Dubos, *Paris*, 41, *avenue de la Motte-Piquet*. — Appareil thermo-électrique

44. Engel (A.), 72, *Paris*, 72, *rue de Seine*. — Commutateur inverseur automatique pour la formation rapide des piles secondaires.

45. Estève (Alphonse), *La Réole (Gironde)*. — Pile Estève, permettant d'employer des feuilles de papier parchemin sans pli pour former le vase poreux. Renouvellement automatique des liquides. Éléments susceptibles d'être groupés pour former une pile unique portative.

46. Féraud (Vincent-Marie), *Paris*, 121, *rue d'Alésia*. — Pile dynamo-électrique, à courant constant. — Appareils accessoires.

47. Frion et **Thierré**, *Paris*, 50, *rue du Roi-de-Sicile*. — Vases poreux. — Bocaux en verre.

48. Gaiffe (Ladislas-Adolphe), *Paris*, 40, *rue St-André-des-Arts*. — Pile se dépolarisant par l'oxygène de l'air. Piles diverses pour laboratoires.

49. Gaulard (Lucien), *Paris*, 65, *rue Nollet*. — Pile thermo-électrique.

50. Girard (Fréjus), *Paris*, 80, *rue des Batignolles*. Pince double pour piles.

51. Goderel. *Paris*, 172, *avenue d'Eylau*. — Charbons pour piles et plaques pour sonneries électriques.

52. Guérot (Hippolyte), *Paris*, 57, *rue Daguerre*, — Pile électrique (système Delaurier).

53. Hubin (F.), *Paris*, 14, *rue de Turenne*. — Zinc laminé pour piles électriques.

54 Jablochkoff (P.), *Paris*, 52, *rue de Naples*. — Piles électriques fonctionnant à température élevée.

55. Jourdan (Théophile), *Marseille*, 40, *rue Thiers*. — Pile électrique, dite pile Jourdan, pour sonneries et télégraphes. — Pile électrique portative, pour la télégraphie militaire en campagne.

56. Legras (Fr.-Th.), *Saint-Denis*, 81, *avenue de Paris*. — Vases pour piles de toutes formes.

57. Létrange (L.) et **Cie**, *Paris*, 1, *rue des Vieilles-Haudriettes*. — Cylindres de zinc pour pile. — Rondelles pour pile Volta.

58. L'Hôte (Armand), *Paris*, 7, *rue Marqfoy*. — Charbons pour piles Bunsen et autres.

59. Loiseau (Édouard), *Paris*, 35, *rue de Seine*. — Sel excitateur chromique permettant de faire à froid et instantanément une dissolution acidulée propre à charger les piles au bichromate de potasse.

60. Maiche (Louis), *Paris*, 3, *rue Louis-le-Grand*. — Pile L. Maiche à reconstitution indéfinie, pile remplaçant les accumulateurs pour la lumière électrique, la force motrice, etc. — Pile télégraphique L. Maiche, à dépolarisation spontanée indéfinie.

61. Mangenot, *Paris*, 44 *rue d'Ulm.* Piles au chlorure de plomb fondu.

62. Mathieu (L.-A.), *Paris*, 20, *rue de Saintonge.* — Piles spéciales à l'horlogerie, piles médicales. —

63. Michaels (J.-P.), *Paris*, 45, *avenue de l'Opéra.* — Vase poreux pour acide azotique. — Pile portative. — Éléments de pile à tension et quantité combinées. — Piles à urine, à sels divers.

64. Mignot (L.), *Paris*, 109, *place de Lafayette.* — Pile secondaire.

65. Ministère de l'Agriculture et du Commerce (Conservatoire national des arts et métiers), *Paris*, 292, *rue Saint-Martin.* — Pile à sulfate de cuivre de A.-C. Becquerel, 1829 (forme de tube en U). — Pile à sulfate de cuivre de Becquerel. — Pile thermo-électrique à sulfure de cuivre de M. Ed. Becquerel. — Pile thermo-électrique à alliage de cadmium de M. Ed. Becquerel. — Grand couple secondaire de M. Gaston Planté (1860).

66. Ministère des Postes et des Télégraphes, *Paris*, 101, *rue de Grenelle.* — Piles.

67. Mors, *Paris*, 4 bis, *rue Saint-Martin.* — Pile P. Prudhomme; pile Camacho; pile L. Mors.

68. Noé (Charles-François.), *Paris*, 9, *rue Laromiguière.* — Piles de Melloni.

69. Pia (Joseph), 34, *boulevard de Belleville.* — Nouvel appareil servant à transvaser les acides sans contact avec l'air.

70. Planté (Gaston), *Paris*, 56, *rue des Tournelles.* — Couples et batteries secondaires.

71. Reynier (Emile), *Paris*, 5, *rue Benouville.* — Pile électrique énergique, constante et inodore. — Produits à l'état liquide et à l'état sec, pour alimenter la pile. — Vases poreux et accessoires divers.

72. Romiguières, *Paris*, 25, *rue des Filles-du-Calvaire.* — Système économique de production, accumulation et distribution de l'électricité, pour tout usage industriel ou domestique.

73. Rousse (J.-B.-Tin,. (Sat-Étienne,

25, *rue Neuve.* — Pile nouvelle comprenant 20 éléments.

74. Sainte (Aman), *Paris*, 25, *rue du Château-d'Eau.* *Entrée*, 22, *rue Taylor.* — Collection d'amiantes naturels pour piles sèches.

75. Samson (Félix), *Paris*, 39, *avenue Duquesne.* — Elément de pile à tige de fer émaillé, emploi économique du fer isolé par l'émaillage.

76. Serrin (V.), *Paris*, 1, *boulevard Saint-Martin.* — Vide-tourie Serrin.

77. Société « La force et la lumière », *Paris*, 5, *avenue de l'Opéra.* — Pile Reynier agencée. Divers modèles de piles. Produits et sous-produits de la pile. Pile secondaire Faure agencée. Divers modèles. Commutateur Planté (modèle industriel).

78. Société universelle d'électricité Tommasi (Tommasi, *directeur*), 11, *rue de Provence, Paris.* — Piles électriques diverses. Piles secondaires.

79. Thiers (Rodolphe), *Paris*, 91, *rue des Feuillantines.* — Pile sèche dite pile à aluminium (système Lacassagne et Thiers). Pile hydroplatinique. — Ceinture électromédicale, dite pile Volta.

80. Tournade (Hippolyte) *Fondettes (Indre-et-Loire).* — Cylindres et crayons en zinc pour piles de divers systèmes français et étrangers.

81. Trouvé (Gustave), *Paris*, 14, *rue Vivienne.* — Piles de tous systèmes. Pile Trouvé hermétique, humide, à courant constant et continu, portative pour la médecine et la chirurgie. Piles secondaires, piles chirurgicales.

82. Ville de Paris (Breguet, constructeur), *Paris*, 39, *quai de l'Horloge).* — Piles Daniell (modèle Trouvé modifié). Piles Leclanché.

83. Warnon (Victor-Jules,) *Paris*, 25. 27, *rue de la Folie-Méricourt.* — Piles perfectionnées par le pôle condensateur, à grande force électromotrice.

84. Weill (Michel), *Paris*, 135, *boulevard de Sébastopol.* — Pile secondaire, destinée à des applications électromédicales. Modèles des appareils pouvant servir à ces applications, ainsi qu'à remplacer les piles du même genre actuellement en usage.

CLASSE 3.

MACHINES MAGNÉTO-ÉLECTRIQUES ET DYNAMO-ÉLECTRIQUES.

85. Amouroux (E.), *Levallois-Perret*, 16, *rue Morisot.*— Machine dynamo-électrique.

86. Baudet (Cloris), *Paris.* 90, *rue Saint-Victor.* Machines dynamo-électriques.

87. Bigeon *Paris*, 75, *rue de la Tombe-Issoire.* — Machines magnéto-électriques.

88. Biloret et Mora, *Paris*, 93 et 95, *boulevard Richard-Lenoir.* — Machine dynamo-électrique.

89. Bourdin (C.), *Paris*, 15, *avenue de la République.* — Machine d'induction à fil triple, à grosseur illimitée sur un même noyau.

90. Breguet, *Paris*, 39, *quai de l'Horloge.* — Machines magnéto-électriques et dynamo-électriques pour les laboratoires et pour l'industrie (systèmes Gramme et autres).

91. Cance (Alexis). *Paris*, 28, *rue Sedaine.* — Machine dynamo-électrique.

92. Carré (Ferdinand), *Paris*, 48, *rue de Reuilly.* — Machines magnéto-électriques et dynamo-électriques avec dispositions nouvelles.

93. Chameroy (Hippolyte), *Maisons-Laffitte* (Seine-et-Oise). — Machine dynamo-électrique compensatrice.

95. Clerc, *Paris*, 86, *avenue des Ternes.* — Machine dynamo-électrique (système Lambotte et Lachaussée). — Machine dynamo-électrique, système Kremenesky.

96. Compagnie générale d'éclairage électrique. *Paris*, 12, *avenue de l'Opéra.* — Machine Gramme à courants alternatifs. — Machine magnéto-électrique Gramme, modi-

fiée par M. Jamin, cinq types principaux. — Modèles divers de la lampe électrique de M. Jamin. — Une machine Gramme en fonction avec rechanges, actionnant de 50 à 60 lampes par un moteur à gaz de 25 chevaux. — Participation à l'éclairage de l'Exposition.

97. Compagnie parisienne d'éclairage par l'électricité (ancienne Alliance). *Paris*, 25, *rue Dufrénay.* — Machines dynamo et magnéto-électrique, pour lumière, transmission de force motrice, galvanoplastie, etc. Système de l'Alliance et Wilde.

98. Crubellier (N.), *Montpellier*, 9 *bis, avenue de Toulouse.* — Machines d'induction.

99. Damoiseau et Petitpont, *Paris*, 50, *avenue des Gobelins.* — Machine électro-magnétique. — Modifications apportées au mode de collection des courants dans certaines machines magnéto et dynamo-électriques dites à courant continu.

100. Delaurier (E.), *Paris*, 77, *rue Daguerre.*— Machine magnéto-électrique de Pixii perfectionnée, à courant direct, pour galvanoplastie principalement. Même système à courant intermittent pour lumière électrique et transport de la force motrice.

101. Dubos (Charles), *Paris*, 41, *avenue de La Motte-Piquet.* — Machine magnéto-électrique. — Machine dynamo-électrique pour la production de la lumière électrique.

102. Gaiffe (Ladislas-Adolphe), *Paris*, 40, *rue Saint-André-des-Arts.*— Machines magnéto-électriques et dynamo-électriques.

103. Gérard (A.), *Paris*, 8, *passage Cottin.* — Machine dynamo-électrique à 24 foyers et à 12 foyers.

104. Giraud (F.), *Clichy*, 19, *rue de Paris.* — Machine magnéto-électrique à lumière (système J. Van Malderen modifié).

105. Gire (Emile), *Paris*, 4, *rue de la Gaîté.* — Moteur électro-dynamique pouvant marcher avec : 1 ou 6 électro-aimants et de 5 ou 30 éléments de Bunsen.

106. Hayet et Lignereux, *Paris,* 6, *avenue La Motte-Piquet.* — Machines magnéto-électriques.

107. Huetz (Alphonse), *Paris,* 18, *rue Danville.* — Machines dynamo-électriques (système Huetz).

108. Lucas, *Paris,* 25, *rue Scheffer.* — Machine dynamo-électrique.

109. Ménard (L.-R.), *Paris,* 7, *rue de Sully.* — Machines génératrices d'électricité.

110. Meritens (de), *Paris,* 44, *rue Boursault.* — Machines adoptées pour l'éclairage des phares. — Machines magnéto-électriques pour l'éclairage général. — Machines (petit modèle) types d'ateliers.

111. Mignon et Rouart, *Paris,* 157, *boulevard Voltaire.* — Machines magnéto-électriques Gramme.

112. Pilleux et Quesnot, à *l'Italienne,* près *Beauvais* (*Oise*). — Machine dynamo-électrique à hélice induite sans âme de fer et enveloppant l'inducteur mobile.

113. Radiguet et fils, *Paris,* 15, *boulevard des Filles-du-Calvaire.* — Modèles en réduction pour la démonstration : machines magnéto-électriques mues par petites machines à vapeur.

114. Rizet (Auguste-Louis), *Paris,* 80, *rue de Rome.* — Machine magnéto-électrique à bobines indépendantes, ou groupées à volonté et sans frotteurs.

115. Sautter (L.), **Lemonnier et C**ⁱᵉ, *Paris,* 26, *avenue de Suffren.* — Machines électriques de Gramme à courants continus pour la télégraphie optique, l'éclairage par foyers puissants, moyens ou petits. — Machine Gramme locomobile à lumière. — Machine Gramme à courant continus auto-excitatrice donnant 10 foyers. — Machines à courants alternatifs (système Jablochkoff).

116. Siemens frères, *Paris,* 8, *rue Picot.* — Machines dynamo-électriques pouvant alimenter un ou plusieurs foyers. — Machines dynamo-électriques à courants continus et à courants alternatifs.

117. Société Générale d'électricité (procédés Jablochkoff), *Paris,* 61, *avenue de Villiers.* — Machines dynamo-électriques (système Jablochkoff).

118. Société Gramme, *Paris,* 15, *rue Drouot.* — Machines Gramme pour tous usages : démonstrations, télégraphie, lumière, galvanoplastie, transmissions de force motrice, électro-chimie, etc.

119. Société Lyonnaise de constructions mécaniques et de lumière électrique, *Paris,* 19, *rue de Grammont.* — Système Lontin : petite machine dynamo-électrique de laboratoire à courant direct. — Machine dynamo-électrique à pignons à courant direct et continu pour arc voltaïque. — Machine dynamo-électrique à lumière à courants alternatifs (fractionnement dans la production des courants). — Machine magnéto-électrique à pignon (fractionnement dans la production des courants).

Système Bertin : Machine dynamo-électrique à anneau denté pouvant à volonté servir à des emplois différents dans l'application d'un courant direct et continu. — Machine dynamo-électrique à anneau denté pour courants alternatifs (fractionnement dans la production des courants). — Machine magnéto-électrique à anneau denté (fractionnement dans la production des courants).

120. Trouvé (G.), *Paris,* 14, *rue Vivienne.* — Machines magnéto-électriques et dynamo-électriques.

121. Weinberger et Potelune, *Limoges,* 11, *rue Haute-Cité.* — Générateur d'électricité à courants continus ou alternatifs à volonté, sans commutateur.

GROUPE II.

TRANSMISSION PAR L'ÉLECTRICITÉ.

—

CLASSE 4.

CABLES, FILS ET ACCESSOIRES. PARATONNERRES.

122. Alamagny et Oriol, *Saint-Chamond* (*Loire*). — Fils isolés pour télégraphie, sonneries, téléphonie, recouverts en tressage de soie, coton, laine, etc. — Fils de cuivre recouverts de soie, etc. — Câbles sous plomb pour télégraphie, téléphonie, lumière et autres usages.

123. Barbier (E.-F.), *Paris, 9, rue Fromentin.* — Câbles et fils isolés (système Barbier et Lartigue).

124. Beaufils (M.-F.), *Paris, 4, boulevard Saint-André.* — Paratonnerres à métal fusible.

125. Biloret et Mora, *Paris, 93 et 95, boulevard Richard-Lenoir,* — Fils et câbles télégraphiques; pointes de paratonnerres.

126. Boileau, père. *Paris, 11, rue de Sèvres.* — Modèle de poteau ou obélisque télégraphique en fonte par assises à jour.

127. Boivin (Arsène), *Paris, 16, rue de l'Abbaye.* — Paratonnerres modèles divers.

128. Bonis (Mme), *Paris, 18, rue Montmartre.* — Fils pour appareils électriques ; cuivre garanti de haute conductibilité, isolé de soie, de coton, de gutta-percha ; enduits de toutes sortes; câbles souterrains, fils et cordons spéciaux pour téléphones, fils de toutes résistances.

129. Borrel (Amédée-Philippe), élève et successeur de **J. Wagner** neveu, *Paris, 47, rue des Petits-Champs.* — Paratonnerres.

130. Breguet, *Paris, 39, quai de l'Horloge.* — Fils conducteurs de toutes dimensions pour télégraphie, téléphonie, lumière électrique, fils de fer et de cuivre, isolés ou nus. — Fils de terre pour la télégraphie. — Isolateurs en porcelaine, de tous modèles.

131. Callaud (A.), et fils, *Nantes, 26, rue du Bocage.* — Paratonnerres à tige démontable (système Callaud adopté par le ministère de la guerre pour les poudrières de l'Etat); accessoires. Paratonnerres pour la marine.

132. Carue (Ph.-J.-B.). *Paris, 269, rue Saint-Denis.* — Cordes, cordages et câbles en fil de fer, laiton, cuivre, etc., pour paratonnerres, signaux, téléphonie, lumière électrique, etc.

133. Chappée (Armand), *Le Mans (Sarthe).* — Tuyaux et raccords employés pour l'établissement des lignes télégraphiques et pneumatiques. Divers systèmes de joints.

134. Charlot et Cie, *Paris, 25, rue Saint-Ambroise.* — Fils et câbles isolés au caoutchouc pour lumière électrique ; fils isolés à la gutta pour tous appareils électriques.

135. Chauvin et **Marin-Darbel**, *Paris, 25, rue du Banquier.* — Machine de 60 tonnes pour essayer les câbles. Machine de 700 kilogr. (système Chevefy) et machine de 2000 kilogr. pour les fils métalliques et autres.

136. Collin (Armand-François), *Paris, 118, rue Montmartre.* — Paratonnerres pleins, creux, de marine, paratonnerre - girouettes. Câbles, supports, colliers, conducteurs rigides et raccords à vis, perdfluide, etc. Pointes de platine et de cuivre rouge. Pointes multiples.

137. Compagnie anonyme des forges de Châtillon et Commentry. *Paris, 4, rue Charras.* — Fils de fer et fils d'acier pour transmissions télégraphiques et téléphoniques.

138. Deleuil (Jean-Adrien), *Paris, 42, rue des Fourneaux.* — Pointes de paratonnerres.

139. Dopfeld (Jean-Nicolas), *Paris, 52, rue des Tournelles.* — Fils de cuivre, rosette, haute conductibilité pour la télégraphie, la téléphonie et autres emplois, de 1/10 de millimètre de diamètre et au-dessus.

140. Douce et Cie, *Paris, 116, rue de Rivoli.* Articles pour paratonnerres ; fils conducteurs, câbles.

141. Fontenilles (Victor), *Paris, 38, boulevard Haussmann.* — Câbles, fils et accessoires, paratonnerres.

142 Frion et Thierré, *Paris, 50, rue du Roi-de-Sicile.* — Isolateurs en porcelaine, poulies, bagues et boutons de sonnettes.

143. Hache (Ad.), et **Pépin-Lehalleur**, *Vierzon (Cher).* — Isolateurs de porcelaine.

144. Hayet et Lignereux, *Paris, 6, avenue La Motte-Piquet.* — Paratonnerres.

145. Hodel (Jean-Henri), *Bordeaux*, 57, *rue Fondaudège.* — Fil compensé galvanisé. — Fil compensé inattaquable par la rouille.

146. Hubin (F.), *Paris*, 14, *rue de Turenne.* — Tubes en plomb de grandes longueurs pour câbles électriques souterrains.

147. Hunebelle (Jules), *Paris*, 2, *rue de Solférino.* — Nouveau système de rail composé pour chemins de fer, contenant intérieurement un câble pour la télégraphie électrique.

148. Jarriant, *Paris*, 58, *rue Pierre-Charron.* — Paratonnerres.

149. Lagarde (Joseph), *Paris*, 15, *rue de Sèvres.* — Isolateur à simple cloche, en porcelaine. — Isolateur en porcelaine avec cloche préservatrice en fonte malléable. — Isolateur (petit modèle) en porcelaine, tube coudé en porcelaine pour les boîtes de coupure pour l'entrée des fils aériens dans les bureaux télégraphiques et les boîtes de coupure.

150. Laveissiere (J.-J.) et fils, *Paris*, 58, *rue de la Verrerie.* — Fils de cuivre de haute conductibilité de toutes dimensions et par grandes longueurs, avec les éléments nécessaires pour essayer sur place la conductibilité des fils exposés. — Plomb en tuyaux de grandes longueurs pour enveloppe de fils ou de câbles.

151. Legras (Fr.-Th.), *Saint-Denis*, 81, *avenue de Paris.* — Embase pour paratonnerre, isolateurs pour fils électriques.

152. Lenczewski (Ladislas), *Paris*, 25, *rue de la Montagne-Sainte-Geneviève.* — Paratonnerres.

153. Létrange (L.) et Cie, *Paris*, 1, *rue des Vieilles-Haudriettes.* — Tuyaux de plomb pour enveloppes de câbles électriques. — Fil de cuivre rouge pour conducteurs.

154. Lichtenfelder (Guillaume), *Paris*, 45, *avenue de la Grande-Armée.* — Poteaux de tôle, simples et accouplés. — Paratonnerres pour les campagnes.

155. Mangenot, *Paris*, 48, *rue d'Ulm.* — Echantillons de câbles léger, de câbles sur bobine, de câbles sur carte.

156. Ménier, *Paris*, 7, *rue du Théâtre.* — Câbles télégraphiques souterrains et sous-marins.

157. Menusier (Ernest), *Versailles*, 16, *rue Montbauron.* — Fil nu inoxydable, accumulateur sans résistance, contre la déperdition du fluide. — Paratonnerre pour meules et granges.

158. Ministère des Postes et des Télégraphes, *Paris*, 101, *rue de Grenelle.* — Matériel de lignes télégraphiques aériennes, souterraines et sous-marines.

159. Mors, *Paris*, 4 *bis*, *rue Saint-Martin.* — Paratonnerres et accessoires. — Paratonnerres tubulaires.

160. Mouchel (J. O.), *Prris*, 10, *rue Commines.* — Fils électriques de haute conductibilité. Fils de résistance, cuivre et maillechort.

161. Oeschger, Mesdach et **Cie**, *Paris*, 28, *rue Saint-Paul.* — Fils de cuivre rouge de haute conductibilité. zincs tournés pour piles.

162. Papin, *Paris*, 51, *boulevard Montparnasse.* — Chambre en fonte s'adaptant aux câbles télégraphiques et aux tubes des lignes souterraines. — Poteaux télégraphiques métalliques.

163. Paris (E.), au *Bourget* (Seine). — Isolateurs métalliques à scellement vitreux. — Tuyaux de fonte émaillée pour télégraphie souterraine. — Crochets émaillés pour télégraphes.

164. Parod (Ernest-Ulysse), au *Plessis-Trévise*, par *Villiers-sur-Marne* (*Seine-et-Oise*).

Canalisation de l'électricité. — Consistant en un condensateur dont les armatures servent de lames conductrices et s'étendent du lieu de production du fluide aux points extrêmes où ce fluide doit être utilisé.

L'électricité est ainsi placée dans des conducteurs qui sont, comme les conduits d'eau et de gaz, de véritables réservoirs ayant une tension uniforme d'une extrémité à l'autre, et de même que ces fluides elle peut être transmise aussi loin que l'on veut, même à plusieurs centaines de kilomètres et distribuée à chacun en telle quantité et pour tel usage qui pourra lui convenir : force motrice, lumière, chaleur, électro-chimie, télégraphie, etc.

L'électricité s'échappe directement dans les fils de prise à travers un diaphragme ou bloc matériel au degré voulu de médiocre conductibilité dont la fonction analogue à celle des jauges employées pour les prises d'eau, est de modérer l'intensité des courants de sortie et d'éviter la détérioration des fils de prise.

Chacune des armatures conductrices en métal peut être doublée d'une deuxième armature constituée en toute substance perméable à l'électricité, liquides, sels et oxydes métalliques, minium, résine, etc., formant une sorte d'éponge qui se sature dans toute la masse du fluide amené par les armatures conductrices. Cette deuxième armature qui augmente considérablement la capacité électrique des réservoirs conducteurs et constitue un véritable volant d'électricité ou *accumulateur*, restitue aux prises, à l'instant voulu, le fluide qu'elle a accumulé pendant les intermittences de la distribution et leur fournit des courants d'intensité absolument constante et uniforme.

165. Perin-Grados, *Paris*, 106, *boulevard Richard-Lenoir*. — Paratonnerres et leurs accessoires. — Ornements en zinc et plomb pour la décoration des embases de paratonnerres, girouettes, roses des vents, etc.

166. Preisch (P.), *Paris*, 82, *boulevard Richard-Lenoir*. — Tendeur isolant pour fils télégraphiques.

167. Rattier et C°, *Paris*, 4, *rue d'Aboukir*. — Câbles électriques souterrains et sous-marins isolés à la gutta-percha et au caoutchouc.— Câbles pour lumière électrique, téléphone, torpilles et télégrahie militaire. — Fils pour sonneries électriques. — Fournisseurs des gouvernements français et étrangers et des chemins de fer.

168. Schneider et C°. — Houillères, forges, aciéries et ateliers de con-

structions, *Paris*, 56, *rue de Provence*, *et au Creusot (Saône-et-Loire)*. — Fils télégraphiques en acier.

169. Société anonyme de câbles électriques (système Berthoud, Borel et C°), *Paris*, 53, *boulevard Haussmann*. — Une presse hydraulique pour la fabrication des câbles électriques avec ses chaudières et sa pompe de compression. — Condensateurs électriques. — Câbles souterrains pour télégraphie, téléphonie, lumière et transmission de la force. — Câbles sous-marins. — Moteurs électriques.

170. Société anonyme des hauts-fourneaux, fonderies et forges de Franche-Comté, *Paris*, 116, *avenue Daumesnil*. — Fils de fer télégraphiques galvanisés; fils de fer galvanisés pour armatures de câbles sous-marins et souterrains et paratonnerres, consoles, crochets, tendeurs, vis galvanisées, isolateurs scellés avec armatures, poteaux métalliques, paratonnerres.

171. Société anonyme « Le Nickel », *Paris*, 58, *rue de la Chaussée-d'Antin*. — Fils conducteurs. — Pointes de paratonnerres.

172. Société parisienne de fonderie et laminage, (Martin. directeur), *Paris*, 11, *rue du Chemin-Vert*. Usine hydraulique à Beron-la-Mulotière. — Fils cuivre rosette à haute conductibilité.—Lacets métalliques, rosette, pour enveloppe des fils télégraphiques souterrains. — Cuivre rouge fin (concession française des mines du Var).

173. Taille (de la), *Orléans*. — Poteaux de fer T et ⊥ à 50 fils. — Poteaux de fer T et ⊥ pour lignes secondaires, de 1 à 8 fils.

174. The india rubber gutta-percha and telegraph works C° Limited, *Persan-Beaumont (Seine-et-Oise)*. — Câbles télégraphiques et téléphoniques. — Câbles sous ruban, tresse ou plomb. — Câbles armés de fils de fer. — Câbles pour lumière électrique. — Fils conducteurs et pour bobines; caoutchouc durci pour isolement.

175. Videcoq (Félix-Auguste), *Rugles (Eure)*. — Fils de très haute conductibilité pour appareils électriques et câbles télégraphiques.

176. Ville de Paris (Jarriant, constructeur, *Paris*, 58, *rue Pierre-Charron*). — Modèle en relief de l'hôtel Carnavalet, portant application du système de protection des édifices contre la foudre, adopté par la Commission municipale.

177. Wæiller (A.) et **Montefiore-Levi**, *Angoulême* (*Charente*). — Fils de bronze phosphoreux pour transmissions télégraphiques, téléphoniques et pour machines électriques. — Fils de cuivre pur.

GROUPE III.

ÉLECTROMÉTRIE.

—

CLASSE 5.

PPAREILS SERVANT AUX MESURES ÉLECTRIQUES.

178. Bigeon, *Paris*, 75, *rue de la Tombe-Issoire*. — Galvanomètres divers; galvanomètre différentiel à réglage pour mesurer les forts courants.

179. Breguet, *Paris*, 39, *quai de l'Horloge*. — Appareils concernant les mesures électriques. Galvanomètres à suspension et à réflexion. Systèmes astatiques différentiels. Galvanomètre M. Deprez. Caisses de résistances. Condensateurs de précision. Electromètre capillaire de G. Lippmann. Rhéostats de Wheatstone, de Pouillet, de Poggendorf, de Ed. Becquerel. Pont de Wheatstone.

180. Carpentier (J.-A.-M.-L.), successeur de Ruhmkorff. *Paris*, 15, *rue Champollion*. — Electromètres-Galvanomètres. Boussoles. Electro-dynamomètre. — Electromètres Mascart. Galvanomètre et mesureur d'énergie Deprez. Indicateur de vitesse Deprez.

181. Delaurier (E.). *Paris*, 77, *rue Daguerre*. — Appareil pour mesurer la quantité d'électricité. — Galvanomètre pour une étude spéciale sur la direction de l'aiguille aimantée.

182. Deschiens (Joseph-Eugène), *Paris*, 123, *boulevard Saint-Michel*. — Galvanomètres. — Caisses de résistances.

183. Digney (frères), *Paris*, 6 et 8, *rue des Poitevins*. — Galvanomètres. — Caisses de résistances.

184. Ducretet et **Cᵉ**, *Paris*, 75, *rue des Feuillantines*. — Electromètres divers. — Galvanomètres. — Electro-dynamomètres. — Mesure des résistances.

185. Dumoulin - Froment *Paris*, 85, *rue Notre-Dame-des-Champs*. — Rhéostats de divers types. — Compas pour mesurer le diamètre des fils conducteurs, dont l'un donne le centième et l'autre le millième de millimètre.

186. Estienne, *Paris*, 132, *boulevard de Vaugirard*. — Galvanomètre.

187. Gaiffe (Ladislas - Adolphe), *Paris*, 40, *rue Saint-André-des-Arts*. — Galvanomètres de Thomson à suspension bifilaire. — Galvanomètres d'intensité et de force électro-motrice. — Caisses de résistances, ponts de Wheatstone, voltamètres.

188. Hayet et **Lignereux**, *Paris*, 6, *avenue La Motte-Piquet*. — Galvanomètres.

189. Jacquez (Ernest), *Paris*, 26, *rue Bertrand*. — Appareil pour mesurer l'intensité de la foudre par le mouvement d'une hélice de zinc, sous l'influence de la chaleur produite par la décharge électrique.

190. Legras (François-Théodore), *Saint-Denis*, 81, *avenue de Paris*. — Electromètres. — Voltamètres.

191. Leguay (E.), *Paris*, 79 et 81, *rue de la Tombe-Issoire*. — Instruments de mesures électriques, appareils de résistances réglés à 1/1000 près. — Pont de Wheatstone. — Balance de comparaison. — Galvanomètres, appareils de démonstration pour les cours et appareils de mesures usuelles. — Étalons divers.

192. Lenczewski (Ladislas) et **Cᵉ**, *Paris*, 25, *rue Montagne-Sainte-Geneviève*. — Appareil Melloni : galvanomètres avec piles thermo-électriques.

193. Marcillac (Paul-Antoine-Marie), *Paris*, 19, *passage Bosquet*. — Rhéostats circulaires. — Boîtes de résistances.

194. Mercadier (E.), *Paris*, 65, *rue de Bourgogne*. — Electro-diapasons pour essais de piles et autres usages.— Installation d'appareils pour les mesures électriques.

195. Ministère de l'Agriculture et du Commerce (Conservatoire national des Arts et Métiers), *Paris*, 292, *rue Saint-Martin*. — Boussole des sinus de Pouillet, construite par M. Brunner.— Boussole des tangentes de Pouillet, construite par M. Brunner. — Actinomètre électro-chimique de M. A.-Ed. Becquerel, 1841 (appareil original).— Rhéostat à colonne liquide, de M. Ed. Becquerel.— Balance électro-magnétique de Becquerel, construite par M. Bianchi.— Thermomètre électrique de M. Ed. de Becquerel. — Pyromètre thermo-électrique de M. Ed. Becquerel.

196. Ministère de la Marine et des Colonies, *Paris*. — Indicateur d'intensité Jaquemier. — Rhéostat de Gérando.

197. Ministère des Postes et des Télégraphes, *Paris*, 101, *rue de Grenelle*. — Instruments de mesure électrique.

198. Noé (Charles-François), *Paris*, 9, *rue Laromiguière*.— Galvanomètres.

199. Postel-Vinay, *Paris*, 58, *rue Vaneau*. — Appareils pour les mesures électriques : boîtes de résistances et galvanomètres à miroir. Compas de marine.

200. Solignac et **Cᵉ**. Société d'études et constructions électriques, *Paris*, 208, *rue Saint-Maur*.— Indicateurs pour courants à lumière. — Rhéostats à charbons. — Galvanomètre avec remise au zéro. — Galvanomètre de grande sensibilité. — Sonnerie galvanométrique. — Téléphone galvanométrique.

201. Trouvé (G.), *Paris*, 14, *rue Vivienne*. — Galvanomètres, voltamètres, appareils de résistances ou rhéostats.

GROUPE IV.
APPLICATIONS DE L'ÉLECTRICITÉ.

—

CLASSE 6.
TÉLÉGRAPHIE, SIGNAUX.

202. Aboilard (Louis), *Paris*, 161, *rue de Courcelles*. —Boutons d'appel, sonneries électriques. — Pédales pour salles à manger, contacts de sûreté pour portes et ouvertures de coffres-forts, avertisseur d'incendie. — Tableaux indicateurs.

203. Achard (Auguste), directeur de la Société Nouvelle de l'Embrayage par l'électricité. —*Paris*, 60, *rue de Provence*. — Freins électriques et accessoires, raccords électriques, etc., appliqués à titre d'essai sur des voitures des chemins de fer de l'État

204. Arlincourt (Ludovic d'). — *Paris*, 157, *avenue d'Eylau*. — Relais d'appareils quelconques. — Relais doubles de translation avec décharge. — Appareils imprimeurs et autographiques.

205. Baillehache (E. de), *Paris*, 54, *rue Ampère*. — Types d'appareils imprimeurs à 26, 28, 40 divisions (système de Baillehache).

206. Barrière (L.) et Cⁱᵉ, *Paris*, 22, *rue Saint-Sabin*. — Vis cylindriques. — Bornes en cuivre. — Serre-fils et toutes pièces détachées nécessaires à la construction des appareils télégraphiques et téléphoniques.

207. Baudot (J.-M.-E.), *Paris*, 181, *rue de Vaugirard*. —Appareils imprimeurs à trasmission multiple.

208. Bigeon, *Paris*, 75, *rue de la Tombe-Issoire*. — Manipulateurs à claviers. — Appareils imprimeurs.

209. Biloret et **Mora**, *Paris*, 93 et 95, *boulevard Richard-Lenoir*. — Appareils télégraphiques. — Sonneries électriques et tableaux indicateurs.

210. Biron (Edouard), *Paris*, 257, *rue Saint-Martin*. — Cloches, sonnettes, timbres et grelots servant aux horloges et appareils électriques.

211. Blanc (François), *Grenoble.* — Sonnerie par inversion de courant.

212. Boivin (Arsène), *Paris,* 16, *rue de l'Abbaye.* — Sonneries électriques. — Thermomètres électriques avec appareil avertisseur à signaux d'alarme en cas d'incendie. — Contrôleurs de rondes. — Appareil indicateur pour palais de justice. — Boutons à touches multiples, forme montre. — Tableaux indicateurs à échappement (cent numéros dans un espace de 25 centimètres carrés). — Avertisseurs divers pour théâtres.

213. Borrel (Amédée-Philippe), élève et successeur de **J. Wagner** neveu, *Paris,* 47, *rue des Petits-Champs.* — Avertisseurs d'incendie — Signaux et sonneries.

214. Breguet, *Paris,* 39, *quai de l'Horloge.* — Télégraphes Breguet, Morse et autres accessoires de la télégraphie. Signaux électriques pour chemins de fer, système Regnault, Tyer, Lartigue, Leopolder, etc. Postes télégraphiques duplex, modèles à pont de Wheatstone, modèle différentiel, modèle ordinaire. Sonneries tableaux indicateurs, etc., pour installations particulières.

215. Cacheleux (A.-F.), *Paris,* 6, *rue des Vieilles-Haudriettes.* — Télégraphe à cadran reproduisant les signaux de l'appareil Français. — Télégraphe imprimant à l'encre, au moyen du tireligne, avec sonnerie.

216. Canson et **Montgolfier**, Société anonyme des papeteries de Vidalon, *Annonay (Ardèche).* — Papier-bande pour appareils télégraphiques.

217. Carpentier (J.-A.-M.-L.), successeur de Ruhmkorff, *Paris,* 15, *rue Champollion.* — Appareils télégraphiques imprimeurs, système Baudot. — Appareils multiples, appareils simples.

218. Cazésus (Germain), *Paris,* 92, *rue de Miromesnil.* — Appareils et sonneries électriques. — Appareils imprimeurs à cadran. — Appareils autographiques. — Relais de translation et relais de décharge des lignes.

219. Céfrey (Edmond), au *Havre* 186, *boulevard de Strasbourg.* — Tableaux indicateurs à action constante à 8, 16 et 32 numéros.

220. Chambrier (Alph.-Edouard), *Charleville (Ardennes).* — Télégraphes imprimeur à indications, à manipulation indépendante.

221. Chameroy (Hippolyte), *Maisons-Laffitte (Seine-et-Oise).* — Récepteurs électro-photographiques, relais, galvanomètres.

222. Chapart et **Seng**, *Paris,* 3, *impasse Blottière.* — Appareil indiquant aux gares l'arrivée d'un train ainsi que la position du signal. Appareil indiquant l'état des feux des signaux de chemins de fer, des phares et des sémaphores.

223 Chaudron (Léon), *Paris,* 229, *boulevard Saint-Germain.* — Appareils pour sonneries et signaux électriques.

224. Dr Choné, 157, *rue de Paris,* les Lilas *(Seine).* — Signaux électriques pour chemins de fer, pour tenir en communication aussi constante que possible les gares et les trains en marche.

225. Chutaux (T.), *Nantes,* 6, *Haute-Grande-Rue.* — Télégraphie domestique, sonnerie, générateur d'électricité placé dans le bouton de transmission.

226. Collin (Armand-Francois), *Paris,* 118, *rue Montmartre.* — Contrôleurs d'alarme et récepteurs à sonnerie (système Opéra) à un seul fil. Contrôleurs d'alarme automatiques par l'élévation de la température. Contrôleurs d'alarme à simple contact (système à plusieurs fils du Palais de l'Industrie). Carillon d'alarme avec sonneries répétiteurs (système Opéra) et carillon d'appel à volonté. Sonneries d'appartements et accessoires.

Alarmes pour incendies. Système d'alarme dans la colonne Candélabre Bt 1876. — Système avec cadran horaire signalant l'instant de l'alarme Bt 1877.

Surveillance des écluses, du niveau des eaux. Système maxima et minima Bt 1872.

227. Combettes (Léonce de), *Paris, 92, rue de Bondy.* — Télégraphes à aiguilles tournantes. — Télégraphes signaux Morse.—Télégraphes imprimeurs, pour chemins de fer, châteaux, usines, etc.

228. Compagnie des Chemins de fer de l'Est (M. Jacqmin, directeur), *Paris, gare de Strasbourg.* — Contrôleur de rondes (système Napoli).

229. Compagnie des Chemins de fer du Nord, *Paris, 18, rue de Dunkerque.* — Appareils électriques divers des gares.—Signaux électriques divers, matériel télégraphique.

230. Compagnie des Chemins de fer de l'Ouest, *Paris, 110, rue Saint-Lazare.* M. Delaître, D^r G^{al}. — Commutateurs électriques avec leurs sonneries pour aiguille manœuvrée à distance et pour signaux à 1 et à 3 transmissions. — Guérites et appareils pour postes de cantonnement, avec indicateurs électriques (système Regnault) pour lignes à 2 voies et à voie unique, timbres ou cloches électriques (Système Regnault).

231. Compagnie des Chemins de fer de Paris à Lyon et à la Méditerranée, *Paris, 88, rue Saint-Lazare.* — Postes télégraphiques, systèmes Breguet, Morse imprimant, Block-système Tyer avec sémaphore et indicateurs Jousselin. — Indicateurs Jousselin avec transmetteurs pour bifurcations et postes Saxby et de manœuvres. Appareils avertisseurs de passage à niveau.— Appareils à cloches Leopolder pour sections à voie unique. — Contrôleur électrique de vitesse des trains, (systèmes Jousselin et Garnier), avec ses pédales. — Disque complet avec sonnerie et photoscope électriques. —Appareils de communication électrique des trains (systèmes Prudhomme, Picard et Jousselin).

232. Compagnie du Chemin de fer de Paris à Orléans, 1, *place Walhubert.* — Appareils à cloches pour signaler la marche des trains. — Sémaphores pour l'application du block-système. — Poste télégraphique de station. Installation de poste téléphonique. Système de rappel des postes intermédiaires, appareil divers.

233. Crespin (Arthur), *Paris, 23 avenue Parmentier.* — Enregistreur du passage des trains dans les tubes pneumatiques. Commande automatique et sans choc des manœuvres d'arrivée des trains pneumatiques entrant à grande vitesse dans les appareils de réception.

234. Crosse, *Paris, 3, rue des Vosges.* — Sonneries, tableaux indicateurs, boutons et pièces détachées.

235. Debayeux (A.), *Paris, 41, rue des Blancs-Manteaux.* — Indicateurs télégraphiques. — Tableaux et sonneries électriques.

236. Delahaye (Victor), *Courbevoie, 3, rue d'Aboukir.* — Un perforateur perfectionné pour le télégraphe automatique Wheatstone.

237. Deschiens (Joseph-Eugène), *Paris, 123, boulevard Saint-Michel.* —Télégraphes et signaux pour cibles de tir.

238. Desruelles et **Bourdoncle,** 8 *bis, avenue Percier.* — Télégraphe magnéto-électrique, imprimant les dépêches, actionné par un nombre d'éléments inférieur à celui employé pour les appareils ordinaires.

239. Digney (frères), *Paris, 6 et 8, rue des Poitevins.* — Récepteurs imprimeurs et contrôleurs à lettres divers, avec leurs transmetteurs. — Série de récepteurs Morse, Digney écrivant à l'encre de tous genres. — Paratonnerres relais divers. — Signaux et sonneries de chemins de fer.

240. Dorizon, *Paris, 58, rue Saint-Sabin, allée verte,* n° 2. — Pièces détachées pour la télégraphie et la téléphonie, bornes, serre-fils, presses à charbons, porte-timbres, trembleurs, aiguilles, contre-poids. — Electro-Aimants pour sonnettes. Vis cylindriques et pièces tournées métalliques.

241. Douce et Cie, *Paris, 116, rue de Rivoli.*— Sonneries, tableaux indicateurs à réglage, boutons d'appel, poires et presselles pour salle à manger, tirages pour portes d'entrées, pour lit et salle de bain, contacts de sûreté pour portes, croisées ou coffres-forts, interrupteurs et commutateurs. Pédales. Gâche électrique. Avertisseur d'incendie.

242. Ducousso (frères), *Paris*, 82, *rue Vaneau.* — Commutateur à enclanchement pour chemins de fer à double ou simple voie. — Modèle de son application pour une ligne à double voie (block-system).

243. Dumoulin-Froment, *Paris*, 85, *rue Notre-Dame-des-Champs.* — Appareil Hughes de divers types. — Appareil autographique de Caselli. — Télémètre électrique de M. Le Goarant de Tromelin pour le service des torpilles sous-marines.

244. Dutertre (Georges-Edmond), *Rouen*, 10, *quai du Havre.* — Avertisseurs télégraphiques et téléphoniques. — Relais de translation.

245. Estienne, *Paris*, 152, *boulevard de Vaugirard.* — Rouet pour appareil télégraphique, à partie centrale élastique, s'emboîtant au lieu de se visser.

246. Fontenilles (Victor), *Paris*, 38, *boulevard Haussmann.* — Sonneries pour appartements ; cloches électriques pour châteaux, hôtels, etc. — Avertisseurs. — Télégraphie domestique.

247. Gaiffe (Ladislas-Adolphe), *Paris*, 40, *rue Saint-André-des-Arts.* — Sonnettes électriques. — Télégraphie civile et militaire.

248. Gautier (E.), *Paris*, 48, *rue de l'Université.* — Sonneries électriques. — Paratonnerres. — Nouveau système d'avertisseur pour réservoirs indiquant le trop plein et le vide.

249. Gautret (Pierre-Théophile), *Paris*, 10, *rue de Grenelle.* — Quatre roues des types pour appareils télégraphiques imprimeurs Hughes et Baudot, reproductions obtenues par la galvanoplastie.

250. Geoffroy (Victor). *Montreuil-sous-Bois*, 15, *rue des Gatines.* — Appareil avertisseur automatique.

251. Germain (P.). *Clermont-Ferrand.* — Matériel de lignes et bureaux télégraphiques. — Pile. — Tableaux des courbes. — Boîte à dépêches en volcanite.

252. Gits (S.). *Paris*, 59, *rue de la Roquette.* — Tirages de sonneries électriques.

253. Gras (Jules). *Paris*, 41, *rue Bellechasse.* — Parleurs-avertisseurs militaires avec transformation instantanée des communications fonctionnant à volonté en translation ou non à l'aide des courants continus ou des courants intermittents ; résistances variables ; appels permanents ; contrôleurs constants de l'état de la ligne, etc.

254. Grassi et Beux. *Grenoble, au télégraphe.* — Rappel-sonnerie électrique non aimanté, par inversion de courants, destiné à faire rentrer un poste télégraphique dans le circuit. — Télégraphie des chemins de fer : appareil en service à la gare de Moiran (Isère) depuis 1879. — Télégraphie de l'État.

255. Gravollet (Édouard). *Paris*, 58, *boulevard Beaumarchais.* — Papier-bande de toutes qualités et largeurs pour appareils télégraphiques.

256. Gressier (Edmond), *Paris*. 3, *de Lyon.* — Appareil à pétards pour signaux de chemin de fer, avec avertisseur électrique.

257. Guerin (Émile). *Paris*, 5, *rue Montmorency.* — Sonnerie électrique avec piles. — Tableau indicateur.

258. Guggemos (Marius). *Amiens*, 73, *rue Saint-Fuscien.* — Appareil de correspondance à touche à un seul fil, se contrôlant lui-même, pouvant servir à tout échange d'indications convenues et assurant à distance les commandements relatifs aux appareils d'enclanchement (système Saxby et Farmer) appliqués à la manœuvre des aiguilles.

259. Hayet et Lignereux. *Paris*, 6, *avenue La Motte-Piquet.* — Télégraphes octuples, télégraphe autographique, télégraphe imprimeur Hayet, sonneries et tableaux d'appartement, sonneries, rappels, parleurs, anémomètre.

260. Hequet *Paris*, 103. *rue de Grenelle.* — Electro-aimants à culasse coupée et mobile. — Relais de translations à décharge mécanique et muni des électro-aimants spécifiés ci-dessus.

261. Herz (C.). *Paris.* — Télégraphe de quartier, service particulier et municipal (systèmes américains).

262. Jacquemier (Raoul). *Paris, 122, avenue de Neuilly.* — Télégraphe imprimeur.

263. Jarriant. *Paris, 58, rue Pierre-Charron.* — Signaux et sonneries électriques.

264. Joly (Alphonse). *Paris, 19, rue du Cherche-Midi.* — Récepteurs. — Relais à double réglage par un seul axe. — Télégraphe optique de jour et de nuit. — Avertisseur électrique contre les incendies indiquant lui-même les dérangements de son mécanisme. — Mât de signaux à répétiteur et à sonnerie pour chemin de fer, pour les temps brumeux.

265. Jordery (Claude). *Paris, 26, rue Montaigne.* — Télégraphe électrique écrivant. Appareil de démonstration pour la transmission rapide des dépêches en écriture courante.

266. Lapointe (G.). *Paris, 9, rue Saint-Sébastien.* — Pièces tournées, assemblées ou détachées, vis cylindriques, bornes, serre-fils, etc., pour la télégraphie, téléphonie et microphonie, servant à la fabrication de ces pièces.

267. Lartigue. *Paris, 60, rue de la Tour.* — Modèles et pièces d'appareils appliqués à l'exploitation des chemins de fer; commutateur à mercure. Declic électrique. — Chronographe. — Appareils divers.

268. Leblanc (H.), et **Loiseau** (A.). *Paris, 57, rue Fontaine-au-Roi.* — Protecteur électrique automatique de passage à niveau. — Block-system. — Pédales. — (Modèles des appareils fonctionnant sur le réseau de l'Etat, ligne de Tours à Châteauroux.)

269. Lenczewski (Ladislas) et C⁰, *Paris, 25, rue de la Montagne-Sainte-Geneviève.* — Commutateurs, sonneries électriques simples, à voyants et à relais.

270. Letourneau (Édouard), *Paris, 57, avenue Montaigne.* — Paratonnerres système Bertsch à pointes multiples et à boîte en fonte. — Paratonnerres à pointes multiples et à lame de gutta-percha (modèles de l'Administration des postes et des télégraphes).

271. Létrange (L.) et C⁰. *Paris, 1, rue des Vieilles-Haudriettes.* — Timbres emboutis de bronze malléable de toutes dimensions.

272. Maichain (Georges). *Les Sables-d'Olonne.* — Appareil télégraphique manipulateur automatique rapide pouvant s'installer comme appareil simple, multiple et duplex, transmettant avec 6 claviers simultanément douze dépêches différentes.

273. Maiche (Louis) et C⁰, Société de l'Electrophone, *Paris, 5, rue Louis-le-Grand.* — Système télégraphique imprimeur L. Maiche, fonctionnant à grandes distances par la condensation de très faibles courants.

274. Mandroux (L.-V.). *Paris, 71, rue Caumartin.* — Relais polarisé pour transmissions sous-marines. — Déclanchement mécanique de la détente de l'appareil Hughes (en collaboration avec M. Paul Terra).

275. Mangenot. *Paris, 48, rue d'Ulm.* — Télégraphe de campagne, poste imprimeur, télégraphe sous-marin, giberne électrique. — Application des courants d'induction.

276. Marcillac (Paul-Antoine-Marie). *Paris, 19, passage Bosquet.* — Relai différentiel.

277. Menusier (Ernest). *Versailles, 16, rue Montbauzon.* — Transmission de dépêches entre les trains en marche et les gares; transmission entre les navires en mer et la terre-ferme; stations télégraphiques sur mer; sonde marine électrique.

278. Meyer (Bernard). *Paris, boulevard Saint-Denis, 1.* — Appareils télégraphiques. — Transmissions multiples par le même fil, système à récepteurs indépendants et uniformes. — Transmissions multiples par le même fil entre plusieurs villes.

279. **Michaels** (J.-P.), *Paris*, 45, *avenue de l'Opéra.* — Carillon électrique.

280. **Mildé** (Charles) fils. — *Paris*, 5, *rue de Monceau.* — Sonneries et signaux électriques pour appartement et chemin de fer. — Boutons de sonnettes avertisseurs des incendies (système Gaulne et Mildé).

281. **Ministère de la Guerre.** — *Paris.* Une voiture-poste de télégraphie militaire nouveau modèle. — Un chariot télégraphique.

282. **Ministère de la Marine et des Colonies** *Paris.* — Télémètre de Tromelin. Indicateur électrique de Gérando. Répétiteur, rhéostat et loch électrique Garnier. Transmetteur d'ordres Létard. Télémètre et enregistreur anémométrique Jacquemier.

283. **Ministère des Postes et des Télégraphes.** *Paris*, 101, *rue de Grenelle.* — Systèmes télégraphiques à signaux fugitifs (appareils alphabétiques et à signaux conventionnels).— Systèmes télégraphiques à signaux persistants. (Appareils à signaux conventionnels, appareils imprimeurs.) Appareils à composition préalable et à transmission automatique. Systèmes permettant l'échange simultané de plusieurs dépêches par un même fil. (Transmission duplex. Transmission multiple.) Appareils servant aux transmissions sous-marines. Appareils autographiques. Appareils accessoires en usage dans les bureaux télégraphiques. — Ecole supérieure de télégraphie : organisation et travaux de l'école, appareils d'étude et de recherches du laboratoire. — Appareils divers exposés par des agents du service télégraphique.

284. **Mirand** (fils). *Paris*, 57, *rue Galande.* — Sonnettes électro-magnétiques.

285. **Monti** (Ch.). *Paris*, 127, *rue Oberkampf.* — Claviers en ivoire et celluloïd pour la télégraphie.

286. **Mors.** *Paris*, 4 *bis*, *rue Saint-Martin.* — Sonneries électriques. Tableaux indicateurs. Electro-sémaphores, Tesse, Lartigue et Prud'-

homme. Appareils de sécurité pour les tirs. Appareils indicateurs pour enclanchements Saxby et Farmer. Répétiteur de sémaphore Tesse et Lartigue. Appareils de protection pour passage à niveau.

287. **Nacfer** (J.), *Amiens.* — Transmetteur Morse circulaire à manette centrale.

288. **Napoli** (D.), *Paris*, 98, *Faubourg-Poissonnière.* — Contrôleur de ronde de nuit.

289. **Netter** (J.), et **Pilard** frères, *Paris*, 62, *rue de la Voûte.* — Un appareil avertisseur de trains de chemin de fer, par M. Jules Netter. — Un disque électrique pour chemins de fer par MM. Pilard frères.

290. **Noé** (Charles-François), *Paris*, 9, *rue Laromiguière.* — Télégraphe à cadran et télégraphe Morse pour la démonstration.

291. **Noël** (Dr Léopold), *Noyers-Saint-Martin (Oise).* — Télégraphe typographique à transmissions multiples et duplex, par un distributeur non-synchronique mais à courants alternatifs faisant navette d'un poste à l'autre.

292. **Olsen** (Arthur), *La Rochelle.* — Appareil indicateur destiné à faire connaitre les postes d'où partent les appels de nuit utilisé concurremment avec un parleur ordinaire.

293. **Passaquay** (René), *Mâcon.* — Système de transmission électro-autographique rapide (système André).

294. **Pelletier** (A.-L.), *Paris*, 78, *rue de Rome.* — Types de sonneries comprises dans la série de la ville de Paris. Tableaux indicateurs pour hôtel meublé de 4 étages de 6 chambres chacun, avec tableau répétiteur pour contrôler le service des garçons. Appareils de luxe. Accessoires. Tableaux indicateurs à déclanchement par secteurs divisés donnant des appels simples ou multiples (systèmes au moyen desquels on fait savoir non seulement quelle est la pièce où se fait l'appel, mais encore quel est le but dudit appel). Electrophone ou trompette électrique.

295. Pieret (Jules), *Paris, 8, rue Puget.* — Sonnerie de poche pour essais de piles avec indicateur du sens du courant. Sonnerie ordinaire et ronde. Bobine à fil nu hélicoïdal verni.

296. Postel-Vinay (A.), *Paris, 58, rue Vaneau.* — Appareils de télégraphie, récepteurs et manipulateurs des systèmes Hughes, Vheatstone, Morse, à cadran, etc. Appareils à signaux pour l'application du block-system aux chemins de fer. Isolateurs.

297. Rault et **Chassan**, *Paris, 62, rue Bonaparte.* — Poste Morse portatif à ancrage automatique et réglage à noyau mobile. — Appareil Morse à ancrage automatique et réglage à noyau mobile.

298. Redier (Louis), *Saint-Nicolas-d'Aliermont (Seine-Inférieure).* — Rouages et roulants de Morse, rouages roulants de Hughes, rouage de régulateur astronomique avec contact électrique. Pignons et rouages divers pour la télégraphie.

299. Robin (H.), *Saint-Mandé, 10, avenue de la Tourelle.* — Moteur destiné à remonter les appareils télégraphiques.

300. Rouvier (Joseph-Antoine-Charles), *Nîmes, 21, rue de Sauve.* — Un appareil télégraphique imprimeur. (Modifications de l'appareil Hughes permettant d'utiliser les deux sens du courant.)

301. Salazar (C. de), *Paris, 168, avenue du Trocadéro.* — Avertisseur électrique de sûreté pour portes d'appartements.

302. Sambourg, *Neuilly, 51, avenue de Neuilly.* — Relais sans réglage.

303. Sauvajon (Joseph), *Tournon (Ardèche).* — Tableau représentant un appareil automatique électrique de protection des trains en marche. Block-system français.

304. Sazérat (Jean) et **Lorel** (Emile), *Brest.* — Communication électrique automatique pour la sécurité des trains en marche dans tous les sens, et leur relation avec les gares correspondantes (projet).

305. Sieur (Jules-Xavier-Eugène), *Paris, 38, boulevard Saint-Marcel.* — Divers systèmes de double transmission télégraphique dans le même sens et en sens inverse.

306. Société universelle d'électricité Tommasi (Tommasi, directeur), 11, *rue de Provence, Paris.* — Appareils télégraphiques.

307. Solignac et **Cie**, Société d'études et constructions électriques, *Paris, 208, rue Saint-Maur.* — Sonneries électriques, boutons et tableaux indicateurs.

308. Terral (Paul), *Paris, 46, rue de l'Ouest.* — Appareil Hughes disposé pour transmission duplex, mécaniquement et électriquement.

309. Trouvé (G.), *Paris, 14, rue Vivienne.* — Télégraphe militaire portatif, système Trouvé.

310. Vauzelle et **fils**, *Paris, 146, rue Saint-Maur.* — Matériel et outils servant à la construction des lignes télégraphiques. Zincs et charbons pour piles. Poteaux de fer.

311. Ville de Paris. — Cartes du réseau télégraphique municipal de Paris. — Photographie du Poste central télégraphique de la Préfecture de la Seine.

312. Ville de Paris. — (Régiment des sapeurs-pompiers). — Matériel télégraphique : 1° d'un poste central ; 2° d'un poste-vigie. — Cartes du réseau général d'incendie et des établissements publics et privés qui y sont reliés. — Avertisseurs d'incendie système G. Petit. — 1° Type d'un établissement public ; 2° type des particuliers (Breguet, constructeur).

313. Willot, *Paris, 57, rue de Boulainvilliers.* — Un type de manipulateur à courants inversés et compensés pour appareil multiple. — Appareils multiples disposés pour la correspondance entre plusieurs villes par un seul conducteur. — Appareil multiple produisant tous les signaux Morse dans le sens longitudinal de la bande.

CLASSE 7.

TÉLÉPHONIE, MICROPHONIE, PHOTOPHONIE.

314. Aboilard (Louis), *Paris*, 161, *rue de Courcelles*. — Téléphones. Microphone Aboilard pouvant transmettre la parole audelà de 300 kilomètres.

315. Bigeon, *Paris*, 73, *rue de la Tombe-Issoire*. — Microphones, téléphones nouveaux.

316. Dr Boudet de Pâris, *Paris*, 4, *rue de l'Isly*. — Microphones. Postes micro-téléphoniques pour transmission de la voix à grande distance.

317. Bourseul. *Cahors.* — Un électrophone.

318. Breguet, *Paris*, 59, *quai de l'Horloge*. — Téléphones et microphones système Bell, Ader, Crossley, Blake, Gower, téléphone à liquide de G. Salet, etc., appareils Ader servant aux auditions téléphoniques de l'Opéra et du Théâtre Français.

319. Combettes (Léonce de), *Paris*, 92, *rue de Bondy*. — Electrophones Ader ; téléphones.

320. Compagnie des chemins de fer de Paris à Lyon et à la Méditerranée, *Paris*, 88, *rue Saint-Lazare*. — Application du téléphone dans les grandes gares de chemins de fer. Téléphone portatif pour le réglage des signaux à distance.

321. Courtot (C.), *Paris*, 75, *rue Caumartin*. — Téléphones et postes téléphoniques. — Téléphones-miroirs et microphones.

322. Crosse, *Paris*, 3, *rue des Vosges*. — Téléphones.

323. Deschiens, *Paris*, 123, *boulevard Saint-Michel*. — Microtéléphones.

324. Ducretet (E.) et **Cie**, *Paris*, 75, *rue des Feuillantines*. — Poste téléphonique E. Ducretet.

325. Dutertre (Georges-Edmond), *Rouen*, 10, *quai du Havre*. — Téléphones transmetteurs et récepteurs, photophone (modification des récep-

teurs du), téléphonie administrative. — Plans et ensemble d'appareils.

326. Gaiffe (Ladislas-Adolphe), *Paris*, 40, *rue Saint-André-des-Arts*. — Microphones, téléphones, avertisseur électrique pour photo-télégraphie.

327. Girard (Fréjus), *Paris*, 80, *rue des Batignolles*. — Aurophone, Instruments chantant.

328. Herz (C.), *Paris*. — Différents systèmes de téléphonie à grande distance (systèmes du Dr Cornelius Herz). — Conjoncteur téléphonique automatique (système Ledru).

329. Lapointe, *Paris*, 9, *rue Saint-Sébastien*. — Pièces tournées pour téléphonie et microphonie.

330. Lenczewski (Ladislas) **et Cie**, *Paris*, 25, *rue Montagne-Sainte-Geneviève*. — Téléphones (systèmes Gower et Gower Bell), transmetteurs microphones (système C. Ader), récepteurs téléphones (systèmes C. Ader).

331. Maiche (Louis) et **Cie**, Société de l'Electrophone, *Paris*, 3, *rue Louis-le-Grand*. — Electrophone L. Maiche. Transmetteurs et récepteurs de la parole à grandes distances par fils aériens, par câbles sous-marins avec suppression de l'induction des lignes voisines.

332. Mangenot, *Paris*, 48, *rue d'Ulm*. — Téléphone parleur.

333. Mercadier (E.), *Paris*, 65, *rue de Bourgogne*. — Appareils radiophoniques.

334. Mildé, *Paris*, 5, *rue Monceau*. — Microphone Senlecq.

335. Ministère des Postes et des Télégraphes, *Paris*, 101, *rue de Grenelle*. — Appareils servant à transmettre la parole.

336. Mors, *Paris*, 4 *bis*, *rue Saint-Martin*. — Téléphone à faisceau métallique.

337. Postel-Vinay, *Paris*, 58, *rue Vaneau*. — Téléphones Gower et appareils Ader.

338. Regnard, *Paris*, 28, *rue Charlot*. — Microphones Blacke de différentes formes, avec sonnerie d'appel, téléphones.

**339. Société générale des télépho-
nes,** *Paris*, 66, *rue des Petits-Champs.*
— Lartigue, directeur , **Ader
et Breguet** constructeur, *Paris*, 39,
quai de l'Horloge. — Appareils téléphoniques du système Ader, destinés à faire entendre au palais de
l'In- dustrie les représentations de
l'Opéra national et du Théâtre Français.

**340. Société générale des télépho-
nes,** *Paris*, 66, *rue des Petits-Champs.*
— Spécimen d'un bureau télépho-
nique central. — Téléphones et microphones de divers types. —
Electro-motographe. — Modèles et
appareils de démonstration. — Appareils accessoires de l'exploitation
téléphonique. — Plans et dessins.

341. Solignac et **Cie**, Société d'é-
tudes et constructions électriques,
Paris, 208, *rue Saint-Maur.* —
Postes téléphoniques sans commutateurs ; chanteurs téléphoniques,
téléphone à plaque vibrante magnétique.

342. Trouvé (G.) *Paris*, 14, *rue
Vivienne.* — Téléphones exception-
nels à réglage de précision, en aca-
jou, bois durci, avec aimants puissants, portant 45 à 50 kilog. leur
poids. Microphones variés, postes
micro-téléphoniques.

343. Walcker, *Paris*, 42, *rue Rochechouart.* — Cabine sourde à l'usage
des transmissions téléphoniques.

CLASSE 8.

344. Albaret (Auguste), *Liancourt-
Rantigny (Oise).* — Appareil électrique pour l'éclairage des travaux
agricoles, chantiers de construction,
ports, opérations militaires, etc.

345. Arnould(Ernest). *Paris*, 77, *rue
d'Enghien.* — Régulateur de la lumière électrique. Modèles d'appareils pour allumer et éteindre à
toutes distances. Briquet allumant
directement les bougies. .

346. Avoiron et **Clément,** *Paris*,
56, *boulevard Voltaire.*— Appareils
pour éclairage électrique.—Lampes
de tous styles, modèles pour tous les
systèmes d'éclairage électrique.

347. Baillehache (E. de), *Paris*,
54, *rue Ampère.* —Types de lampes
électriques à foyer invariable.

348. Ballat, *Paris*, 5, *rue Saint-
Fargeau.* — Crayons de 5 millimètres et au-dessus. — Charbons as-
sortis.

349. Barbedienne (F.), *Paris*, 30,
rue du Faubourg - Poissonnière. —
Bronzes d'art appareillés pour l'é-
clairage électrique.

350. Barcellos (Olympio de), *Paris*, 117, *boulevard Richard-Lenoir.*
— Accumulateurs automatiques. —
Purificateur. — Lampes ordinaires
spéciales au système. — Pile électrique.

351. Baudet (Cloris), *Paris*, 90, *rue
Saint-Victor.* — Lampes et lumière
électrique. —Régulateur et lumière
par la pile impolarisable.

352. Bazin (E.), *Paris*, 10, *place
Péreire.*—Nouveau procédé d'éclairage électrique.

353. Beau (H.) et **Bertrand Taillet,**
Paris, 226, *rue Saint-Denis.* —
Suspensions, lustres, appliques, lanterne de vestibule pour éclairage
électrique.

354. Bernard (Julien), *Paris*, 1, *rue
Larrey (place Monge).*—Photomètre
servant à mesurer la force de péné-
tration de la lumière électrique et
autres, ainsi que la valeur des rayons
colorés et calorifiques.

355. Biloret et **Mora,** *Paris*, 93
et 95, *boulevard Richard-Lenoir.* —
Régulateurs photo-électriques.

356. Blouzon (Edme), *Paris*, 30,
rue Notre-Dame de Nazareth. —
Crayons en graphite pour lumière.

357. Bourdin (C.), *Paris*, 13, *avenue de la République.* — Lampe
électrique mixte à incandescence et
à arc voltaïque.

358. Desruelles (L.) et **Bourdoncle** (J.), 8 *bis, avenue Percier.* —
Emploi de l'électricité pour la production d'une lumière facile à gra-
duer et divisible à l'infini.

359. Breguet, *Paris*, 59, *quai de
l'Horloge.* — Machines magnéto-
électriques et dynamo-électriques
(système Gramme) et autres piles

Bunsen. — Lampes régulateurs de Serrin, de Hallé, de Martin. — Accessoires pour les installations d'éclairage électrique. — Installations d'usines et de photographes.

360. Cance (Alexis), *Paris, 28, rue Sedaine.* — Lampes électriques.

361. Carré (Edmond), *Paris, 19, rue de l'Estrapade, et 4, rue des Irlandais.* — Charbons artificiels pour lumière électrique et autres applications de l'électricité. — Régulateurs pour la lumière électrique.

362. Carré (Ferdinand), *Paris, 48, rue de Reuilly.* — Régulateurs à solénoïde pivotant et équilibré ayant sensiblement la même puissance avec les courants alternatifs qu'avec les courants continus. — Charbons artificiels fabriqués à la filière (brevet du 15 janvier 1876). — Charbons creux. — Charbons métallisés (brevet 1867).

363. Chertemps (Alexandre-Denis), *Paris, 11 bis, passage Saint-Sébastien.* — Lampe régulateur à solénoïde pour lumière électrique donnant de 350 à 400 becs carcel avec deux chevaux et demi de force motrice, et une consommation de 20 à 22 centimes de crayons à l'heure.

364. Chollet et **Rézard,** oncle et neveu, *Lyon, 10, rue Belle-Cordière.* — Commutateurs avertisseurs automatiques permettant de prolonger indéfiniment l'éclairage électrique sans extinction. — Rallumage spontané. — Avertisseurs et bougies électriques.

365. Clémandot (Louis), ingénieur civil, *Paris, 18, rue Brochant.* — Lanternes pour la diffusion de la lumière électrique.

366. Clerc (Louis), *Paris, 86, avenue des Ternes.* — Lampes Soleil (système Clerc et Bureau), de forme et de puissance variables. — Lampes Soleil (système Clerc et Bureau) pour mines, à durée très longue, à incandescence. — Lampes munies d'étouffeurs. — Commutateur automatique. — Avertisseurs. — Rhéostats. — Régulateur d'intensité. —

Réallumeur à la main, automatique.

367. Compagnie des chemins de fer du Nord, *Paris, 18, rue de Dunkerque.* — Lampes électriques.

368. Compagnie des chemins de fer de Paris à Lyon et à la Méditerranée, *Paris, 88, rue Saint-Lazare.* — Régulateurs (système Lontin et de Mersanne) employés dans les gares de Paris et de Marseille.

369. Compagnie générale d'éclairage électrique, *Paris, 12, avenue de l'Opéra.* — Matériel d'éclairage électrique. — Machines Gramme à courants alternatifs. — Appareils Jamin de différents modèles. — Appareils spéciaux de manipulation ou de suspension employés pour l'éclairage électrique. — Dessins d'installations faites ou en cours d'exécution. — Lampe électrique basée sur l'incandescence d'un crayon de charbon, système Werdermann (dispositif Napoli.) — Éclairage d'une salle de théâtre et d'une salle à manger au moyen des Lampes Werdermann. — Éclairage du salon de M. le Président de la République au moyen de 8 lampes électriques à incandescence, système Reynier, fonctionnant à l'air libre, modèle suspendu (1878).

370. Compagnie parisienne d'éclairage par l'électricité (ancienne Alliance). *Paris, 25, rue Dufrénoy.* — Brûleur Wilde. — Appareils divers pour éclairage d'appartements et d'usines.

371. Dandigny, *Paris, 16, place de la Chapelle.* — Appareil diviseur de la lumière électrique, basé sur la persistance des impressions lumineuses sur la rétine. — Spécimen d'un candélabre électrique disposé pour l'allumage successif de toutes les bougies du circuit. — Modèle d'un appareil répartiteur de la lumière des grands foyers.

372. Debrun et **Law,** *Bordeaux, 6, quai Louis XVIII.* — Bougie électrique inextinguible Debrun. — Régulateurs électriques. — Appareils spéciaux pour la construction des appareils de lumière électrique. —

Instruments pour pose, installation et vérification des circuits à lumière.

373. Dehérain (P.-P.), professeur au Muséum d'histoire naturelle et à l'Ecole d'agriculture de Grignon, *Paris, 1, rue d'Argenson.* — Expériences relatives à l'influence de la lumière électrique sur le développement des végétaux. (Serre construite par M. Sohier.)

374. Delaurier (E.), *Paris, 77, rue Daguerre,* — Nouvel appareil pour la production de la lumière électrique sans combustion des charbons.

375. Delaye (V.), *Paris, 10, rue d'Armaillé.* — Lampe électrique (système Delaye) désignée sous le nom de lumière solaire.

376. Douhet (Cte de), *Paris, 68, avenue Marceau.* — Un ou plusieurs appareils de diffusion et d'étincelle électrique (arc voltaïque) ayant la propriété d'élargir et de teinter la lumière tout en la projetant en traînées lumineuses à partir du pied des appareils.

377. Dubos (Charles), *Paris, 41, avenue La Motte-Piquet.* — Plusieurs systèmes de régulateurs et brûleurs pour la lumière électrique. — Lampe à charbon circulaire. — Lampe à incandescence.

378. Duboscq (J.-A.), *Paris, 21, rue de l'Odéon.* — Régulateurs de lumière électrique (systèmes Foucault, Duboscq, Carré, Crompton) pour l'industrie. Lanternes pour projection dans les cours publics. — Appareils pour produire au théâtre tous les effets scéniques par la lumière électrique.

379. Duchesne-Fournet, *Le Breuil-en-Auge (Calvados).* — Tableau représentant le plan de la blanchisserie Duchesne-Fournet, éclairée par onze lampes à incandescence Reynier. — En élévation. — Vue d'ensemble. — Tableau explicatif.

380. Engel (A.), *Paris, 72, rue de Seine.* — Allumeur et extincteur automatique (système Maigret) fonctionnant au moyen de pressions successives exercées sur un même bouton électrique.

381. Gagneau et **C**ⁱᵉ, *Paris, 115, rue Lafayette.* — Une suspension de salle à manger à 24 bougies cire et un foyer central électrique (système Werdermann).

382. Gaiffe (Ladislas - Adolphe), *Paris, 40, rue Saint-André-des-Arts.* — Régulateur photo-électrique; appareils fixes et portatifs pour l'allumage du gaz par l'électricité.

383. Gaulard (Lucien), *Paris, 65, rue Nollet.* — Lampe électrique.

384. Gerard (A.), *Paris, 8, passage Cottin.* — Lampes électriques. — Veilleur automatique.

385. Giraud, *Clichy, 19, rue de Paris.* — Régulateurs Duboscq. — Régulateurs Suisse.

386. Godard (E.) aîné, aéronaute, *Paris, 62, rue de la Verrerie.* — Système télégraphique, sans fils, ni poteaux par la vue à l'aide de la lumière électrique.

387. Goderel (Eugène), *Paris, 172, avenue d'Eylau.* — Charbons pour lumière électrique.

388. Guichard (P.) *Paris, 221, rue Lafayette.* — Garnitures métalliques ornementées pour prévenir les accidents résultant du bris ou de la chute des globes de lampes électriques et pouvant servir d'enseignes de jour ou de nuit. — Supports de lampes électriques (pour installations urgentes ou temporaires) munis de contacts et de poulies permettant la manœuvre des lampes, même en marche.

389. Herz (C.), *Paris.* — Lampe à incandescence à foyers variables sur un même circuit (système A. Noaillon). — Appareils réflecteurs (système Balestrieri).

390. Hurtu et **Hautin**, *Paris, 54, rue Saint-Maur.* — Appareil porte-charbons pour lumière électrique.

391. Jarriant, *Paris, 58, rue Pierre-Charron.* — Pile spéciale pour la lumière.

392. Lathoud (Joseph), *Paris, 55, rue du Temple.* — Veilleuse électrique.

393. Henry Lepaute fils, *Paris*, 6, *rue Lafayette.* — Appareil de phare électrique pour Calais (voir l'exposition du ministère des travaux publics.)

394. Lenczewski (Ladislas) et **C**^{ie}, *Paris*, 25, *rue Montagne-Sainte-Geneviève.* — Lampes électriques (système Reynier).

395. L'Hôte (Armand), *Paris*, 7, *rue Marqfoy.* — Charbons pour lampes électriques.

396. Liébert (A.), *Paris*, 6, *rue de Londres.* — Appareil spécial pour diffuser la lumière par la double réflexion, afin de la rendre propre aux opérations photographiques spécialement appliquées aux portraits. — Exécution pratique et démonstration pendant l'exposition.

397. Manufacture Nationale des Gobelins. (C. Decaux, sous-directeur des Teintures.) *Paris, avenue des Gobelins.* — Expériences sur la solidité des couleurs sous l'action de la lumière électrique.

398. Ménard (Léon-Robert), *Paris*, 7, *rue de Sully.* — Régulateurs de lumière électrique spéciaux pour la marine et les chemins de fer.

399. Meritens (de), *Paris*, 44, *rue Boursault.* — Régulateurs de phares. — Lampes d'ateliers. — Brûleurs de divers systèmes.

400. Michaels, (J.-P.), *Paris*, 45, *avenue de l'Opéra.* — Charbon sectionné pour lumière électrique. — Appareil à rotation continue. — Régulateur et diviseur du courant électrique.

401. Mignon et **Rouart**, *Paris*, 137, *boulevard Voltaire.* — Crayons Gauduin pour la lumière électrique.

402. Mildé, *Paris*, 3, *rue Monceau.* — Lampes électriques.

403. Ministère de la Guerre. — *Paris.* Machines diverses pour la production de la lumière électrique. — Disperseur variable.

404. Ministère des Travaux publics service, central des phares, à *Paris*, 43, *avenue du Trocadéro.* — *Trois appareils optiques et une lanterne pour phares éclairés par l'électricité.* Ces trois appareils représentent les types de ceux qui vont être employés dans les 46 phares électriques de grand atterrage projetés sur les côtes de France. Ils font connaître trois des huit caractères nouveaux adoptés pour ces phares, savoir : un feu scintillant à groupes de 2 éclats blancs; un feu scintillant à groupes de 4 éclats blancs; un feu scintillant à groupes de 5 éclats blancs et 1 éclat rouge. Ils sont destinés aux nouveaux phares électriques de Dunkerque, Calais et Gris-Nez. La lumière est produite par des machines magnéto-électriques de M. de Méritens et des régulateurs de M. Serrin. La lanterne vitrée placée au centre du palais de l'Exposition est à montants inclinés : elle a 5^m,50 de diamètre.

Ces différents appareils ont été établis d'après les projets de M. E. Allard, inspecteur des Ponts et Chaussées, directeur du service central des phares et balises, (voir le mémoire sur les phares électriques exposé sous le n° 885, ci-après). Il ont été construits, le premier par M.M. Sauter, Lemonnier et Cie; le second par MM. Henry Lepaute frères; le troisième, ainsi que la lanterne dans laquelle il est placé, ont été construits par MM. Barbier et Fenestre.

405. Mors, *Paris*, 4 *bis*, *rue Saint-Martin.* — Régulateur électrique nouveau (système Mors.)

406. Napoli (D.), *Paris*, 98, *rue du Faubourg-Poissonnière.* — Photomètre rotatif. — Charbons artificiels pour lumière électrique.

407. Paris (E.), au *Bourget (Seine).* — Lanternes rondes, ovoïdes; globes soleils; globes en émail, et en cristal dépoli ou gravé.

408. Petit (Pierre), *Paris*, 27, 29 et 31, *place Cadet.* — Linographies. — Portraits. — Paysages. — Reproductions photographiques obtenues à l'aide de la lumière électrique.

409. Pilleux et **Quesnot**, à l'*Italienne, près Beauvais (Oise)*.— Lampes à arc voltaïque fixe obtenu par l'introduction d'une pointe de charbon entre deux électrodes métalliques.

410. Portevin (Hippolyte), *Reims* (*Marne*). — Plans et coupes d'usines (filature, tissage mécanique, lavage de laines) éclairées par l'électricité.

411. Postel-Vinay, *Paris, 38, rue Vaneau*. — Régulateurs pour lumière électrique.

412. Puvilland frères, (Jules et André), *Paris, 23, rue Oudinot*. — Lampe régulateur électrique à doubles charbons annulaires.

413. Rageot (Léon), *Paris, 26, rue Notre-Dame de Nazareth*. — Un appareil prismatique pour atténuer l'intensité de la lumière électrique.

414. Ranvier (Jules), *Paris, 116, rue de Turenne*. — Statues, statuettes et torchères, ornements en zinc d'art, destinés à porter des appareils à lumière électrique.

415. Regnard, *Paris, 28, rue Charlot*.— Régulateur de lumière pour charbons de grande durée avec avancement automatique par vis, ou par filetage du charbon.

416. Reynier (Emile), *Paris, 3, rue Bénouville*. — Lampe à incandescence à l'air libre, modèle 1878. — Lampe à incandescence à l'air libre, modèle 1881. — Lampe à incandescence en vase clos, modèle 1881. — Allumeur automatique, tableau de charbons métallisés.

417. Rival (Jules), *Vincennes, 170, rue de Paris*. — Lampe d'éclairage à l'oxygène et au pétrole, etc., s'allumant par l'électricité.

418. Rizet (Auguste-Louis), *Paris, 80, rue de Rome*. — Lampe électrique par incandescence fonctionnant à l'air libre, ou confiné, ou dans le vide.

419. Roolf (P.), *Paris, 10, rue du Château-d'Eau*.— Globes pour foyers électriques.

420. Sautter (L.), **Lemonnier** et **Cⁱᵉ**, *Paris, 26, avenue de Suffren*.
Travaux publics. — Phare électrique, feu fixe à faisceau lumineux vertical. — Phare électrique tournant (voir l'exposition du ministère des travaux publics).—Lampes électriques de Gramme pour phares.

Marines militaire et marchande — Ensemble d'appareils photo-électriques pour canots à vapeur.—Avisos cuirassés, défenses sous-marines. — Projecteurs du colonel Mangin. —Lampes spéciales. — Dispositions d'appareils de signaux pour télégraphie optique.

Armée de terre.—Appareils photo-électriques mobiles, types de forts d'arrêt; type de campagne (voir l'exposition du ministère de la guerre). — Projecteur du colonel Mangin.— Lampes spéciales.

Eclairage (Appareils d'). — Ports, chantiers, ateliers, tissages, filatures, teintureries.—Lampes Gramme. — Lanternes. — Eclairage sans ombres. — Crayons électriques nus et cuivrés, garnis; modes d'installation des foyers.— Photomètres.

421. Serrin (V.), *Paris, 1, boulevard Saint-Martin*. — Régulateur automatique de la lumière électrique Serrin; type en usage dans les phares; applications diverses; commutateurs.

422. Siemens (frères), *Paris, 8, rue Picot*. — Lampes pendulums.— Lampes différentielles. — Trois machines dynamo-électriques alimentant respectivement : un lustre de 6 foyers; 16 lampes différentielles; 2 lampes pendulums.

423. Société anonyme des Hauts-Fourneaux et Fonderies du Val d'Osne, *Paris, 58, boulevard Voltaire*.— Candélabres torchères, cuivrage adhérent par le procédé électro-chimique de MM. Gauduin, Mignon et Rouart.

424. Société générale d'Électricité (procédés Jablochkoff), *61, avenue de Villiers*. — Charbon électrique.— Bougies Jablochkoff. — Brûleurs divers. — Lampes à incandescence de kaolin (système Jablochkoff).— Condensateurs. — Appareillage électrique.—Chandeliers. — Commutateurs automatiques.—

Divers types de suspension. — Modèles divers.

425. **Société Gramme,** *Paris,* 15, *rue Drouot.* — Machines à courant continu.— Machines à courants alternatifs. —Machines auto-excitatrices. — Régulateurs de lumière. — Accessoires divers pour l'éclairage.

426. **Société « la Force et la Lumière »,** *Paris,* 5, *avenue de l'Opéra.*— Lampe Reynier en vase clos (modèle 1881).— Lampe Reynier à l'air libre (modèle 1881).— Divers modèles de lampes.

427. **Société Lyonnaise de constructions mécaniques et de lumière électrique,** *Paris,* 19, *rue de Grammont.*

Système de Mersanne.— Régulateurs horizontaux et verticaux, à charbons proportionnés à la durée de l'éclairage, permettant la division de la lumière électrique. — Régulateurs verticaux du même système, avec mise au point à la main pour phares.— Boîtes de sûreté assurant l'indépendance et le rallumage automatique de chacun des foyers mis dans un même courant, pouvant s'adapter à tous systèmes de brûleurs.

Système Bertin.—Régulateur simple à mouvements indépendants.—Réflecteur-soleil à charbons multiples et indépendants.

Système Boulard. — Réflecteur à échelons. Répartition uniforme de la lumière sans éclat blessant.

428. **Société Parisienne de Fonderie et Laminage** (M. E. Martin, directeur), *Paris,* 11, *rue du Chemin-Vert.*— Plaqué argent pour éclairage.

429. **Société universelle d'Électricité Tommasi.**—(Tommasi, directeur), *Paris,* 11, *rue de Provence.*— Lampes électriques.

430. **Solignac** et **Cie,** Société d'études et constructions électriques, *Paris,* 208, *rue Saint-Maur.* — Régulateur de Solignac et Cie. — Appareils pour le réglage des lampes à distance.

431. **Suisse** (François), *Paris,* 25, *rue des Grands-Augustins.*— Régulateurs : ordinaires, type d'atelier, double crémaillère ; pour la marine ;

pour projection ; plusieurs sur le même courant.— Lampe de phares. — Réflecteurs de tous genres.— Commutateurs divers.

432. **Susse** (frères), *Paris,* 31, *place de la Bourse.* — Candélabres de cheminée et lampadaires appareillés pour l'éclairage électrique.

433. **Tabourin** (G.-A.), *Marseille,* 28, *rue Villas-Paradis.* — Deux candélabres, dits carcels électriques, contenant dans leur socle une machine à lumière et un moteur marchant par l'air comprimé ou au besoin par tout autre fluide sous pression produite à distance.

434. **Thiers** (Rodolphe), *Paris,* 91, *rue des Feuillantines.*—Lampe photo-électrique (système Laccassagne et Thiers), appliquée, dès 1854, à l'éclairage des vastes espaces. — Un dessin encadré de la première lampe, dite à curseurs magnétiques, créée en juin 1854. — Un dessin du régulateur électro-métrique, créé en 1854.

435. **Trouillet** (Auguste), *Paris,* 112, *boulevard Sébastopol.* — Lampes électriques Jamin, à 3 et à 4 bougies construites pour la compagnie générale d'éclairage électrique.

436. **Weinberger** et **Potelune,** *Limoges,* 11, *rue Haute-Cité.* — Lampe électrique.

CLASSE 9.

MOTEURS ÉLECTRIQUES, TRANSPORT DES FORCES.

437. **Baudet** (Cloris), *Paris,* 90, *rue Saint-Victor.* — Moteurs dynamo-électriques.

438. **Bazin** (E.), *Paris,* 10, *place Pércire.* — Foreuse électrique.

439. **Bigeon,** *Paris,* 73, *rue de la Tombe Issoire.* — Moteurs électriques.

440. **Biloret** et **Mora,** *Paris,* 93 et 95, *boulevard Richard-Lenoir.* — Moteurs électriques.

441. **Bourdin** (C.), *Paris,* 15, *avenue de la République.* — Modèle de moteur électrique.

442. **Breguet,** *Paris,* 39, *quai de l'Horloge.* — Moteurs électriques de

Gramme. — Série d'appareils de rotation de M. A. Breguet, servant à l'étude des moteurs. — Appareil signalant les numéros des chevaux gagnant aux courses de Longchamp et de Chantilly.

443. Cance (Alexis), *Paris, 28, rue Sedaine.* — Moteurs électriques.

444. Chameroy (Hippolyte), *Maisons-Laffitte (Seine-et-Oise).* — Moteur électrique.

445. Chrétien (J.), *Paris, 87, rue de Monceau.* — Projet de chemin de fer électrique de la Madeleine à la Bastille.

446. Chutaux (T.), *Nantes, 6, Haute Grande-Rue.* — Moteurs électriques.

447. Clément et **Cie**, *Paris, 20, rue Brunel.* — Trycycles et vélocipèdes à une et deux places, unis par un moteur électrique, vitesse de 5 à 6 lieues à l'heure, marche à volonté en avant et en arrière, arrêt instantané.

448. Couvreux (Eugène), *Paris, 36, rue Pastourelle.* — Petits moteurs électriques.

449. Cumin (J.-L), *Paris, 25, rue des Envierges.* — Petit moteur électrique.

450. Dandigny, *Paris, 16, place de la Chapelle.* — Roue à railway Dandigny, fonctionnant au moyen d'un accumulateur électrique.

451. Delaurier (E.), *Paris, 77, rue Daguerre.* — Nouveau moteur électrique. — Appareil pour transformer des mouvements circulaires alternatifs en circulaires continus et pour redresser les courants électriques.

452. Desruelles (L.) et **Bourdoncle** (J.), *Paris, 8 bis, Avenue Percier.* — Nouveau moteur dynamo-magnéto-électrique, applicable à la tradition des véhicules et à tous autres emplois industriels.

453. Dubos (Charles), *Paris, 41, avenue de La Motte-Piquet.* — Moteurs électriques basés sur l'attraction et la répulsion simultanées des électro-aimants.

454. Ducretet (E.) et **Cie**, *Paris, 75, rue des Feuillantines.* — Moteur électrique réversible de E. Ducretet.

455. Dumoulin-Froment, *Paris, 85, rue Notre-Dame-des-Champs.* — Moteurs électriques de divers types.

456. Estève (Alphonse), *la Réole (Gironde).* — Tour ou moteur dynamo-électrique ; l'induit est mobile et formé par des bobines plates, l'arbre de l'induit est un arbre de tour et toute la machine constitue la poupée principale d'un tour.

457. Félix (Clément), *Sermaize (Marne).* — Labourage électrique. — Machine à battre. — Chemin de fer avec locomotive électrique. — Appareils de travail dans les mines. — Exploitation des forêts. — Appareils divers.

458. Flogny (E.-F.-L.), *Paris, 81, rue Lemercier.* — Moteur électrique.

459. Gautier (Pierre), *Montfort-l'Amaury (Seine-et-Oise).* — Moteur électrique.

460. Geneste, Herscher et Cie, *42, rue du Chemin-Vert.* — Ventilateurs mus par l'électricité.

461. — Gire (Émile), *Paris, 4, rue de la Gaîté.* — Voiture électro-dynamique pour route ordinaire.

462. Greil (Paul-Gustave), *Vincennes, au vieux Fort.* — Moteur électrique, dit moteur électrique rationnel, donnant d'emblée le mouvement circulaire continu ; force motrice produite par l'action réciproque d'un nombre égal d'électro-aimants fixes et mobiles, de pôles inverses, sans magnétisme rémanent.

463. Guichard (P.), *Paris, 221, rue Lafayette.* — Moteurs magnéto-électriques Marcel Deprez divisant complètement la force motrice à distance, avec indépendance de chaque moteur, et permettant l'éclairage en dérivation sur un seul circuit.

464. Herz (C.), *Paris.* — Transport et distribution des forces par l'énergie électrique (système G. Cabanellas).

465. Huetz (Alphonse), *Paris*, 18, *rue Danville*. — Moteur électrique.

466. Hurtu et **Hautin**, *Paris*, 54, *rue Saint-Maur*. — Construction de moteurs électriques destinés à faire fonctionner des machines à coudre et des appareils n'exigeant pas une très grande force. — Construction de toutes machines de précision pour la fabrication d'appareils d'électricité et de télégraphie.

467. Journaux (J.), *Paris*, 56, *rue des Cévennes*, 57, *rue du Bac* et 84, *boulevard de Sébastopol*. — Moteurs électriques actionnant des machines à coudre.

468. Juzan (Georges), *Bordeaux*, 52, *rue Porte Dijeaux*. — Voitures à trois et quatre roues marchant par le moteur électrique Trouvé et par d'autres moteurs.

469. Larmanjat (Jean), *Paris*, 18, *rue Chauveau-Lagarde*. — Un moteur électrique pour machines-outils.

407. Ménard (L.-R.), *Paris*, 7, *rue de Sully*. — Moteurs électriques.

471. Meritens (de), *Paris*, 44, *rue Boursault*. — Moteurs électriques. — Transport de forces.

472. Michaels (J.-P.), *Paris*, 45, *avenue de l'Opéra*. — Moteurs magnéto-électrique à solénoïdes.

473. Ministère de l'Agriculture et du Commerce (Conservatoire national des Arts et Métiers), *Paris*, 292, *rue Saint-Martin*. — Collection d'électro-moteurs donnée par M. G. Froment.

474. Moncomble (Émile), *Paris*, 9, *galerie Vivienne*. — Moteur électrique s'adaptant à diverses machines.

475. Olivier, *Paris*, 10, *rue des Filles-du-Calvaire*. — Machine à coudre électrique.

476. Puvilland frères (Jules et André), *Paris*, 25, *rue Oudinot*. — Moteur électrique.

477. Regnard, *Paris*, 28, *rue Charlot*. — Moteurs électriques pour petites forces fonctionnant par piles ou par tous courants électriques.

478. Salazar (C. de), *Paris*, 168, *avenue du Trocadéro*. — Moteur magnéto-électrique.

497. Sautter (L.) **Lemonnier et Cie**, *Paris*, 26, *avenue de Suffren*. — Moteurs électriques.

480. Siemens frères, *Paris*, 8, *rue Picot*. — Machines actionnant une pompe Greindl et machines diverses. — Ascenseur électrique. — Chemin de fer aérien pour transport de dépêches. — Tramway électrique faisant le service du entre le Palais de l'industrie et la place de la Concorde.

481. Société anonyme des Câbles Electriques (système Berthoud, Borel et Cie), *Paris*, 53, *boulevard Haussmann*. — Moteurs électriques.

482. Société Gramme, *Paris*, 15, *rue Drouot*. — Moteur électrique Gramme. — Machines diverses servant au transport des forces motrices.

483. Société la Force et la Lumière, *Paris*, 5, *avenue de l'Opéra*. — Machine Niaudet. — Divers moteurs électriques actionnés par des piles secondaires. — Applications diverses.

484. Société Lyonnaise de Constructions mécaniques et de Lumière électrique, *Paris*, 19, *rue de Grammont*. — Petits moteurs dynamo-électriques à pignon.

485. Suc, *Paris*, 50, *boulevard de la Villette*. — Tramway de promenade mû par l'électricité. — Modèle réduit de chemin de fer d'usine mû par l'électricité.
des calcaires, marbres, etc. — Appareils pour lavage et dépeçage par la transmission électrique.

486 Taverdon (A.-L.), *Paris*, 25, *rue des Feuillantines*. — Perforateur pour galerie de mine fonctionnant par le diamant noir, transmission électrique. — Appareils d'extraction

487. Tissandier (Gaston), *Paris*, 19, *avenue de l'Opéra*. — Modèle d'aérostat dirigeable muni d'une hélice de propulsion, actionnée par un moteur électrique.
Cet aérostat mesure 3 mètres et demi de longueur et 1 mètre 30 centimètres de diamètre au milieu.

Il a un volume de 2 mètres cubes 200 litres. C'est un modèle au dixième de grandeur d'exécution.

Ce petit modèle a une force ascensionnelle libre de 2 kilogrammes. Gonflé d'hydrogène pur il enlève deux piles secondaires de M. Gaston Planté (accumulateur-électrique) pesant 700 grammes chacune et son moteur électrique pesant avec l'hélice de propulsion 350 grammes. Ce moteur a été construit avec beaucoup d'habileté par M. G. Trouvé. — L'aérostat dans ces conditions a une vitesse propre de 2 mètres à la seconde. — Avec trois couples Planté pesant 500 grammes chacun, il dépasse 3 mètres de vitesse. — Avec un seul couple le petit aérostat a une vitesse beaucoup moindre, mais il peut alors fonctionner pendant 45 minutes sans interruption.

488. Trouvé (G.), *Paris, 14, rue Vivienne*. — Moteurs électriques Trouvé, reversibles pour bateaux de promenade, vélocipèdes, tours d'amateur, tours de dentiste, jouets scientifiques.

CLASSE 10.

ÉLECTRICITÉ MÉDICALE.

489. Arnould (Ernest), *Paris, 37, rue d'Enghien*. — Appareil pour la cautérisation des plaies et pour l'application des pointes de feu.

490. Barda (Basile), docteur, *Paris, 49, rue Blanche*. — Baignoire électrique (système Barda) localisant le courant électrique sur les parties voulues du corps.

491. Biloret et **Mora**, *Paris, 93 et 95, boulevard Richard-Lenoir*. — Appareils électro-médicaux.

492. Bolzani (J.), *Paris, 54, rue de Turenne*. — Chaînes boules électro magnétiques pour malades.

493. Boudet de Paris, docteur, *Paris, 4, rue d'Isly*. — Appareil pour l'électrisation par la décharge du condensateur.—Excitateurs spéciaux pour la localisation des courants galvaniques.—Myophones.—Sphygmophones, etc.; applications à la physiologie et à la clinique médicale.

494. Desruelles (L.) et **Bourdoncle** (J.), *Paris, 8 bis, avenue Percier*. — Appareils électro-médicaux à courants induits ou directs agissant au moyen de piles sèches et portatives.

495. Breguet, *Paris, 59, quai de l'Horloge*. — Appareils d'étude pour les sciences biologiques, modèles du Dr Marey. — Cylindres enregistreurs à rouage. — Chronographes à diapason et autres piles secondaires de P. Planté pour cautères.

496. Brewer (frères), *Paris. 43, rue Saint-André-des-Arts*. — Appareils électro-médicaux à courant constant du Dr Onimus (brevetés s. g. d. g.). Piles portatives de 10 à 42 éléments. Appareil de cabinet de 60 éléments grand modèle avec collecteur vertical, galvanomètre et accessoires. Accessoires (tampons divers, fils, etc.)

497. Bunon, *Paris, 27, rue Vieille-du-Temple*. — Tours de bras, colliers, jarretières thermo-électriques contre les douleurs et affections nerveuses. Electro-aimant souple en filigrane.

498. Chardin (Charles), *Paris. 11, rue du Châteaudun*.

499. Combettes (Léonce de), *Paris, 92, rue de Bondy*.—Appareils électro-médicaux.

500. Dalalain (Ch.), chirurgien-dentiste, *Paris, 158, boulevard Saint-Germain*. — Spécimen de l'art du dentiste avec machine électrique.

501. Dubos (Charles), *Paris, 41, avenue La Motte-Piquet*. — Appareil électro-médical de poche. Appareil galvano-électrique à courants continus.

502. Ducretet (E.) et **C**., *Paris, 75, rue des Feuillantines*. — Electricité médicale.

503. Encausse et **Canesie**, *Paris, 57, rue Rochechouart*. — Electricité médicale par les graduateurs Encausse et Canesie.

504. Feuquières. (Jules), *Paris, 89, rue de Sèvres*. — Electro-thérapeutique générale ; médicaments produits par l'électricité. Notice sur l'électricité.

505. **Fontanié** (Jean-Joseph), *Paris*, 221 à 207, *rue de Bercy*. — Fauteuils pour malades à électriser.

506. **Gaiffe** (Ladislas - Adolphe), *Paris*, 40, *rue Saint-André-des-Arts*. — Appareils volta-faradiques et magnéto-faradiques ; batteries galvaniques à courant continu ; interrupteur automatique; appareils de mesure : collecteurs.

507. **Guérin** (Emile), *Paris*, 5, *rue Montmorency*. — Appareil pour bain électro-médical, cautères électriques.

508. **Le Brun** (Jean-Hippolyte), *Paris*, 52 et 54, *rue Pastourelle*. — Bijouterie électrique contre la migraine, les douleurs névralgiques, les rhumatismes et toutes les affections nerveuses.

509. **Mangenot**, *Paris*, 48, *rue d'Ulm*. — Appareil Argenton nikelé ; pochette médicale. Appareil médical avec rhéostat. Pile Onimus-Mangenot. Pile Onimus-électrolyse. Usetrotome de Jardin et Mollez, pile galvano-caustique. Cautères électriques.

510. **Oré** et **Chagnoleau**, *Bordeaux*, 56, *rue du Palais de Justice*. — Applications de la galvanoplastie à la conservation des préparations anatomiques.

511. **Osselin** (Eugène-Adolphe), *Asnières (Seine)*. — Bagues, Bracelets, colliers, ceintures, chaînes, épingles à cheveux, brassards, cuissards, bandages, bas, peignes, semelles, plaques électro-magnétiques, etc., etc.

512. **Planté** (Gaston), *Paris*, 56, *rue des Tournelles*. — Appareil galvano-caustique à courant secondaire.

513. **Pulvermacher** (J. L.), *Paris*, 39, *rue Saint-Marc*. — Appareils électro-médicaux, piles à haute tension électrique. — Electrodes. — Dosomètre électrolytique. — Rhéostat de poche. — Batterie de poche à fonction instantanée.

514. **Seure** (Dr Jules), *Saint-Germain-en-Laye*. — Pile tubulaire portative à courant constant pour usage médical.

515. **Trouvé** (G.), *Paris*, 14, *rue Vivienne*. — Spécialité d'appareils électro-médicaux. Piles Trouvé, portatives, hermétiques, humides, pour la médecine et la chirurgie. — Explorateur électrique, polyscopes électriques, moteurs et aimants puissants, téléphones, microphones.

516. **Vert** (Camille-Xavier), *Paris*, 20, *passage Bouchardy*. — Galvanocautère et polyscope électrique, alimentés par une pile universelle graduée à soulèvement automatique. — Cautères divers en platine. — Réflecteurs électriques pour la bouche. — Speculums, etc. Instruments divers.

517. **Vigouroux** (R.), et **Andriveau** (G.), *Paris*, 5, *rue Campagne-Première*. — Instrument pour le service électro-thérapique de la Salpêtrière (service de M. le professeur Charcot).

CLASSE 11.

ÉLECTRO-CHIMIE.

518. **Alvergniat** (frères), *Paris*, 10, *rue de la Sorbonne*. — Appareils servant à l'électro-chimie.

519. **Billaudot**, *Paris*, 22, *rue de la Sorbonne*. — Produits chimiques pour la production de l'électricité et pour la galvanoplastie.

520. **Biloret et Mora**, *Paris*, 93 et 95, *boulevard Richard-Lenoir*. — Appareils pour la galvanoplastie.

521. **Boudreaux** (L.) et fils, *Paris*, 27, *rue Monsieur-le-Prince*. — Clichés en nickel et en cuivre obtenus par dépôt galvanique. — Galvanoplastie du nickel pur et malléable de toute épaisseur.

522. **Breguet**, *Paris*, 39, *quai de l'Horloge*. — Machines dynamo-électriques de Gramme et autres, piles pour la galvanoplastie.

523. **Christofle et Cie**, *Paris*, 56, *rue de Bondy*. — Appareils servant au dépôt galvanique de l'or, de l'argent, du cuivre, du nickel, etc, —

des alliages de bronze, or vert, or rouge etc. — Incrustation et damasquinage galvaniques. Galvanoplastie massive et ronde-bosse. — Dépôts galvaniques appliqués à la statuaire monumentale à la décoration. — Reproduction d'objets d'art anciens par la galvanoplastie.

524. Chutaux (T.), *Nantes, 6, Haute-Grande-Rue*. — Nouvel appareil pour la galvanoplastie.

525. Cottens (père et fils), *Paris, 52, rue Mouffetard*. — Cuve servant à la reproduction des gravures en taille douce par un procédé électro-chimique. — Produits de l'opération,

526. Courtot, *Paris, 75, rue Caumartin*. — Appareils galvanoplastiques.

527. Dalifol (A.) et **Cie**, *Paris, 172, quai Jemmapes*. — Dorure et argenture de la fonte malléable et de l'acier coulé.

528. Delagarde (P.). *Paris, 24, rue Vieille-du-Temple*. — Appareils pour galvanoplastie. — Appareils classeurs-galvaniques. — Applications industrielles.

529. Delaurier (E.), *Paris, 77, rue Daguerre*. — Appareil pour l'étude des éléments chimiques. Appareil pour la régénération des piles et pour la fabrication des produits chimiques.

530. Demilly (Pierre), *Sèvres, 15, Grande-Rue*. — Céramique bronzée, argentée et dorée par la galvanoplastie. — Pile de Daniell. — Terre cuite préparée pour la galvanoplastie.

531. Dutertre (Georges-Edmond), *Rouen, 10, quai du Havre*. — Application industrielle des piles.

532. Feuquières (J.), *Paris, 89, rue de Sèvres*. — Or, platine, argent, fer, nickel, cuivre, étain, tungstène, etc., etc. Alliages divers, réduits par l'électro-chimie.

533. Folie (Jeune), *Paris, 204, rue Saint-Maur*. — Stores, toiles métalliques, système Guichard, galvanisés à la pile et à la machine Gramme, bains de toutes dimensions.

534. Frenais (Armand), *Paris, 77, boulevard Richard-Lenoir*. — Do-

rure et argenture électro-chimique.

535. Gaiffe (Ladislas-Adolphe). *Paris, 40, rue Saint-André-des-Arts*. — Objets divers nickelés et cobaltés.

536. Garnier (Henri), *Paris, 15 bis, rue Morère*. — Aciérage de planches gravées. Nickelage, planches photogravées à l'aide de la lumière électrique recouvertes de fer et de nickel.

537. Grenet (frères), *Paris, 114, rue du Temple*. — Bains de nickelage à l'électricité et produits nickelés.

538. Hamelin (Célestin), *Paris, 5 bis, rue des Vieilles-Haudriettes*. — Bains galvaniques en fonction. Dorure. argenture, nickelure.

539. Leclère (Jean-Eugène), *Paris. 58, rue Bonaparte*. — Gravures photo-galvaniques. — Application et incrustation des métaux par l'électricité. — Doublage galvanique des glaces argentées.

540. Lionnet (C.), *Paris, 5, rue Debelleyme*. — Bains, piles, moules, etc. pour la galvanophastie. Objets de métal obtenus par les procédés électro-chimiques.

341. Mallié (G.) et **Gérard**, *Paris, 156, Boulevard Richard-Lenoir*. — Bain de Nickelure. Produits et appareils pour la galvanoplastie du nickel.

542. Mantelet (H.) et **Joly** (H.), *Paris, 15, rue de l'Abbé Grégoire*. — Clichés typographiques.

543. Ménagé (J.), *Paris, 22, rue Gambey*. — Objets dorés à la pile. — Cuves de nickelage.

544. Méritens (de), *Paris, 44, rue Boursault*. — Machine magnéto-électrique pour la galvanoplastie.

545. Mignon et **Rouart**, *Paris, 157, boulevard Voltaire*. — Objets cuivrés, étamés, plombés etc., par les procédés Gauduin, Mignon et Rouart.

546. Moncomble (Émile), *Paris, 9, rue Vivienne*. — Dorure, argenture et nickelage par l'électricité, plumes métalliques galvanisées.

547. Pérille (J.), *Paris, 98, avenue de Clichy*. — Application du nickel par les machines Gramme sur diverses pièces de coutellerie, outils et tire-bouchons articles de sa fabrication.

551. Renaudot et Magniny, *Paris, 87, faubourg Saint-Denis.* — Outillage servant à la galvanoplastie. — Meubles et statues, cuivres dorés et argentés par l'électricité.

552 Rose (Victor), *Paris, 55. boulevard des Capucines.* — Clichés galvanoplastiques, dessins industriels d'appareils électriques.

553. Sautter (**L.**), **Lemonnier et Cie**, *Paris, 26, avenue de Suffren.* Machines dynamo-électriques pour la galvanoplastie.

554. Siemens (frères). *Paris, 8, rue Picot.* — Machines dynamo-chimiques avec bains de galvanoplastie.

555. Société anonyme des hauts fourneaux et fonderies du Val-d'Osne, *Paris, 58, boulevard Voltaire.* — Fonte d'art et d'ornement; candélabres, torchères, vases, statues, etc. — Cuivrage adhérent par le procédé électro-chimique de MM. Gauduin, Mignon et Rouart.

556. Société Gramme, *Paris, 15. rue Drouot.* — Machines Gramme disposées spécialement pour la galvanoplastie et la réduction des métaux.

557 Société lyonnaise de constructions mécaniques et de lumière électrique, *Paris, 19, rue Grammont.* — Machines dynamo-électriques à pignon et à pôles mobiles pour galvanoplastie et tous emplois d'électro-chimie.

558. Société des Usines électro-métallurgiques d'Auteuil, *Paris, 52, avenue de Versailles.* — Produits galvanoplastiques ; reproductions galvaniques. — Pièces de fer et de fonte cuivrées par les moyens galvaniques.

559. Stœsser (Auguste), *Paris, 122, boulevard Saint-Germain.* — Reproduction de textes et de gravures par de nouveaux procédés d'impression typographique au moyen d'une pile à auge (système Stœsser).

560. Weil (Frédéric). *Paris, 13, rue des Petites-Écuries.* — Procédés pour cuivrer avec adhérence, étamer, nickeler, argenter, zinguer, bronzer et colorer en toutes nuances le fer, la fonte et tous les métaux et pour doser exactement et rapidement le cuivre, le fer, l'antimoine et le sucre.

CLASSE 12.

INSTRUMENTS DE PRÉCISION, ÉLECTRO-AIMANTS ET AIMANTS, BOUSSOLES, HORLOGERIE ÉLECTRIQUE.

561. Alvergniat (frères), *Paris, 10, rue de la Sorbonne.* — Appareils servant à l'étude de l'électricité, à la météorologie.

562. Armengaud aîné (Charles-Eugène), *Paris, 45, rue Saint-Sébastien.* — Modèles destinés à l'Enseignement des phénomènes électriques, de leurs applications industrielles, ainsi que de leur théorie.

563. Asselin (C.), *Levallois-Perret, 11, rue des Arts.* — Un cadran électrique sonnant.

564. Barbier (Ernest-François), *Paris, 9, rue Fromentin.* — Horloges électriques système **Leclanché** et Napoli : contact à mercure dans un milieu réducteur. Relais portant le même contact, récepteurs appropriés. Système Schweizer et Leclanché à remontoir et à transmetteur électrique.

565. Barrière (L.) et **Cie**, *Paris, 22, rue Saint-Sabin.* — Vis pour instruments de précision.

566. Benoît (A.), *Cluses (Haute-Savoie).* — Dessins d'appareils électriques appliqués à l'horlogerie mûe par l'électricité.

567. Biloret et Mora, *Paris, 95 et 95, boulevard Richard-Lenoir.* — Electro-aimants — Bobines d'induction. — Aimants artificiels.

568. Bisson (Ernest), *Paris, 39, Boulevard Bourdon.* — Boussole électrique insensible à l'action du fer hydrobathéographe. Enregistreur automatique fonctionnant dans les deux sens à l'aide d'un seul fils. Electro-aimants.

569. Bizot (Joseph), *Aix-en-Provence.* — Pendules électriques construites en bois simples ou a répétition — Minuterie à cannes sans engrenages ni pignons — Balancier moteur — Compensateur électrique, sonnerie indépendante.

570. Blondeau (Jules), *Paris*, 29. *Avenue d'Orléans*. — Pendule réglée par la remise à l'heure. — Réveil électrique s'appliquant aux pendules d'appartements.

571. Boillot (A.), *Paris*, 57, *rue Delambre*. — Appareils en verre pour la production des effluves électriques transformant l'oxygène en ozone.

572. Bontemps (Charles), *Paris*, 103, *rue de Grenelle*. — Chronographe pour la recherche des dérangements dans les tubes pneumatiques. Appareil pour la démonstration des lois d'écoulement des fluides.

573. Borrel (Amédée-Philippe), élève et successeur de **J. Wagner**, *Paris*, 47, *rue des Petits-Champs*. — Régulateurs, distributeurs, horloges, cadrans, récepteurs. Appareils électriques de réglage des horloges pour l'unification de l'heure dans les villes.

574. Bourdin (C.), *Paris*, 15, *avenue de la République*. — Electro-aimants à plaques à fil plat.

575. Brachet, *Périgueux*. — Automètre Brachet où balance électrique permettant d'obtenir 4000 pesées en vase clos par jour de 10 heures.

576. Breguet, *Paris*, 39, *quai de l'Horloge*. — Aimants Jamin et aimants ordinaires. Anémomètres et girouettes à indications graphiques. Enregistreurs pour les observations astronomiques et pour la mesure des longitudes. Chronographes divers. Compteurs. Dynamomètres enregistreurs. Appareils d'induction. Electro-aimants de grande puissance pour le triage mécanique. Horlogerie électrique (pavillon de la Ville de Paris).

577. Cacheleux (A.F.), *Paris*, 6, *rue des Vieilles-Haudriettes*. — Pendule électrique indiquant les départs des trains atmosphériques.

578. Cance (Alexis), *Paris*, 28, *rue Sedaine*. — Bobines électro-magnétiques.

579. Caron (Charles), *Paris*, 189, *rue Saint-Maur*. — Pendule électrique mystérieuse.

580. Carpentier (J.A.M.L.) (succ. de Ruhmkorf), *Paris*, 15, *rue Champollion*. — Chronographes et enregistreurs Déprez. Synchronisme Déprez. — Moteurs et machines magneto-électriques Déprez. Perforateur enregistreur J. Carpentier.

581. Carré (Ferdinand), *Paris*, 48, *rue de Reuilly*. — Aimants en alliage de fonte.

582. Cathelas (F.), *Paris*, 85, *rue Vieille-du-Temple*. — Boussoles.

583. Chambrier (A.-E.), *Charleville* (*Ardennes*). — Electro-aimants de différents systèmes.

584. Charrière et **Cie**. *Allevard* (*Isère*). — Aciers spathiques pour aimants de grande puissance. Aimants forgés assemblés et trempés, pour machines magnéto électriques appareils télégraphiques, téléphones de tous modèles, etc.

585. Chataigneau (P.), *Paris*, 27, *rue de la Harpe*. — Aimant artificiel en fonte blanche, fonte grise, ou acier, appliqué aux jouets dits magnétiques.

586. Chutaux (T.), *Nantes*, 6, *Haute-Grande-Rue*. — Electro-aimants avec leurs armatures spéciales pour moteurs électriques et appareils divers.

587. Collège de France (Laboratoire de M. Marey). — Disposition de l'expérience destinée à analyser une décharge de torpille : inscription des flux successifs; détermination de leur retard.

588. Collin (Armand-François). *Paris*, 118, *rue Montmartre*. — Systèmes divers d'unification de l'heure. Systèmes, par avance, arrêt de la roue d'échappement. Brevet de 1866. — Pour l'emploi des lignes télégraphiques commutateurs, B^t 1876. — Réglage à la seconde, B^t 1877; — de centre horaire à synchronisme, B^t 1879. — Signal de l'Observatoire, B^t 1879; — par l'avance et le retard, B^t 1879. — (2e) Avance et retard par cône, B^t 1880. — Compteur cadran électrique avec remise à midi par inversion de courant, B^t 1880. Systèmes mixtes à deux électros l'un pour corriger l'avance, l'autre le retard, déclanchement de l'échappement B⁺ de 1881. — 2° mixte à satellite avec deux électros ou un seul pour corriger l'avance et le retard, B⁺ de 1881.

589. Combettes (Léonce de), *Paris, 92, rue de Bondy.* — Electro-aimants, boussoles, horloges à récepteurs d'heure électrique. — Moteurs électriques de plusieurs systèmes, etc., avertisseurs d'incendie, thermomètre maxima, minima. Bobines de Ruhmkorff. Tubes de Geissler. — Machines électriques.

590. Compagnie des chemins de fer de l'Est (Jacqmin, directeur), *Paris, Gare de Strasbourg.* — Appareil donnant le diagramme des attractions d'un aimant. Pendule électrique à remontoir, sonnerie et répétition. Photomètre rotatif, (présentés par M. Napoli, agt. de la Cⁱᵉ.). Pendule électrique à remontoir (présentée par M. Barbey, agt. de la Cⁱᵉ.).

591. Compagnie des chemins de fer de Paris à Lyon et à la Méditerranée, *Paris, 88, rue Saint-Lazare.* — Horlogerie électrique. Remise à l'heure (syst. Garnier), employé dans les gares.

592. Cumin (J.-L.), *Paris, 23, rue des Envierges.* — Petit moteur électrique appliqué à l'horlogerie.

593. Dalifol (A.) et **Cⁱᵉ**, *Paris, 172, quai Jemmapes.* — Acier à aimants. — Aimants. — Pièces détachées de machines électriques en fer et acier forgé, en fonte malléable et en acier moulé.

594. Debrun (E.) et **Law** (A.) *Bordeaux, 6, quai Louis XVIII.* — Baromètre amplificateur (système Debrun).

595. Deleuil (Jean-Adrien), *Paris, 42, rue des Fourneaux.* — Chronographe pour mesurer la vitesse des projectiles. Balance à commutateur automatique.

596. Denis (Ferdinand), (raison sociale : Denis Fouillet). *Villefranche (Rhône), 71, rue Nationale.* — Régulateur électrique avec ou sans sonnerie. L'échappement ou impulsion s'opère sans frottement. Le balancier, ainsi isolé de toute résistance variable, imprime aux aiguilles qu'il commande, une marche invariable, quelle que soit d'ailleurs l'irrégularité de la pile.

597. Deschiens (Joseph-Eugène), *Paris, 123, boulevard Saint-Michel.* — Pendules et horloges électriques, compteurs de secondes. Chronographe.

598. Deshayes (Ch.), *Paris, 21, rue de Saintonge.* — Horlogerie et jouets scientifiques.

599. Dhamelincourt (Paul), *Heudebouville, près Louviers (Eure).* — Thermométrographe avertisseur électrique composé de 2 parties distinctes : le thermométrographe et l'avertisseur.

600. Dienst (Jules), *Paris, 134, rue du Bac.* — Aimants naturels et artificiels.

601. Duboscq (J.A.), *Paris, 21, rue de l'Odéon.* — Chronographe à vitesse variable, inscrivant la seconde, le 1/100 et le 1/1000 de seconde. Electro-diapason à poids variant d'une octave (système Mercadier). Electro-diapason inscrivant en projection les mouvements vibratoires, parallèles et rectangulaires.

602. Ducretet et **Cⁱᵉ**. *Paris, 75, rue des Feuillantines.* — Electro-aimants pour le diamagnétisme. — Boussoles pour l'étude du magnétisme. Bobines de Ruhmkorff.

603. Dumoulin-Froment, *Paris, 85, rue Notre-Dame des Champs.* — Compas pour mesurer le diamètre des fils de communication électrique. Dessin de la première réalisation de l'unification de l'heure.

604. École d'Horlogerie de Paris, *Paris, 99, faubourg du Temple.* — Pendules synchronisées par l'Électricité.

605. Estienne. *Paris, 132, boulevard de Vaugirard.* — Galvanomètre-Rappel, sans réglage : 1° permettant l'appel simultané, indépendant, par sonnerie et récepteur, sans augmenter la résistance de la ligne ; 2° résolvant également le problème du rappel d'un seul des deux postes, en dérivation sur un fil.

606. Gabriel (P). *Paris, 35, Palais-Royal.* — Pendules astronomiques à interrupteurs électriques. Pendules avec ou sans sonnerie à remise à l'heure automatique. Pendule à sonnerie se remontant, se remettant en marche à l'heure et à la minute, etc., etc.

607. Gaiffe (Ladislas-Adolphe), *Paris, 40, rue Saint-André-des-Arts.* — Bobines et machines d'induction de démonstration. Appareils pour l'induction dans les circuits ouverts, dans les aimants en vibration. Aimants.

608. Gallet (Victor), *Brest, 45, Grand'rue.* — Réveil-matin électrique.

609. Garnier (Paul), *Paris, 6 et 16, rue Taitbout.* — Horloges et cadrans électriques.—Unification de l'heure. Remise à l'heure des pendules et horloges par l'électricité. Synchronisation. Appareils électriques divers.

610. Gary, *Paris, 22, rue Sainte-Eugénie.* — Horloge électrique.

611. Girard (Fréjus), *Paris, 80, rue des Batignolles.* — Pendule de voyage à réveil électrique, avec timbre d'appel fonctionnant à l'aide d'une pile.

612. Giraud. *Clichy (Seine), 19, rue de Paris.* — Machines de cabinet de physique donnant différents courants et servant à la galvanoplastie.

613. Gontard (P.), *Montbéliard (Doubs).* — Nouveau système de mise à l'heure et d'interrupteur, applicable à toutes les pendules et aux régulateurs d'observations.

614. Grosguénaint, *Paris, 11, rue Neuve-Saint-Merri.* — Chapes diverses en pierres fines et autres pour boussoles et galvanomètres. Pierres diverses de toutes formes pour instruments de précision.

615. Guébhard (Adrien), *Neuilly-sur-seine, 12 rue de Chartres.* — Réalisation expérimentale de lignes équipotentielles planes au moyen des anneaux de Nobili.

616. Guérin (Emile), *Paris, 5, rue Montmorency.* — Appareils divers de démonstration électro-médical.

617. Guichard (S.) et **Cie**, *Paris, 8, rue de Rocroy.* — Hydromètres avec indicateurs électriques. Manomètres. Thermomètres. Baromètres pour monuments publics avec indicateurs électrique. Baromètres enregistreurs avec indicateurs électriques.

618. Hayet et Lignereux, *Paris, 6, avenue de La Motte-Piquet.* — Baromètre enregistreur. Horlogerie électrique. Boussoles Duchemin.

619. Hempel (O.) et **C^{io}**, *Paris, 55, quai des Grands-Augustins.* — Machines et appareils accessoires pour l'enseignement de l'électricité statique.

620. Jacquemier (Raoul), *Paris, 122, avenue de Neuilly.* — Indicateur d'intensité. — Intégromètre. — Régulateur électrique pour machines marines. — Télémètre. — Cinémomètre. — Enregistreur anémométrique.

621. Jamain (Louis), *Paris, 30, rue d'Hauteville.* — Tubes lumineux de Geissler, de Plucker, de Hittorf et de Becquerel; instruments en verre.

622. Lagarde (Joseph), *Paris, 15, rue de Sèvres.* — Boussole des sinus à zéro mobile. — Condensateur avec un nouveau diélectrique.

623. Laloy (Louis-Auguste), *Valognes (Manche).* — Nouveau thermomètre avertisseur d'incendie.

624. Laneuville (Victor), *Paris, 41, quai Bourbon,* et **Pers** (Henri), *Paris, 121, boulevard Malesherbes.* — Solution de la recherche d'une sonnerie horaire, applicable à la pendule électrique par l'emploi direct de la sonnerie ordinaire d'horlogerie à l'horlogerie électrique en général.

625. Lathoud (Joseph), *Paris, 55, rue du Temple.* — Baromètre électrique. — Hygromètre électrique.

626. Lattuada (J.), *Villeneuve-la-Garenne, 77, quai d'Asnières.* — Calendriers perpétuels automatiques mûs par l'électricité.

627. Le Goarant de Tromelin (G.), *Lorient* (Majorité générale). — Loch électrique avec compteur, fonctionnant sans ferme-circuit étanche et par différence de résistance extérieure de la pile. Cet appareil permet de connaître sans relèvements les diamètres des cercles de giration d'un navire.

628. Leguay (E.), *Paris*, 79-81, *rue de la Tombe-Issoir.* — Enroulage de bobines et fourniture de fils pour tous les appareils électriques ; résistances et nombre de tours mesurés exactement. — Electro-aimants. — Bobines d'induction. — Etalons de résistance isolés ou montés en série.

629. Lemoine (A.), *Paris*, 7, *rue Blanche.* — Pendules électriques : à réaction atmosphérique (dite Papilionome). — A commutation par l'échappement. — A étoile commutatrice (dite A-téronome). — Sonnerie électrique sans ressort (dite Chassevent).

630. Lenczewski (Ladislas) et **C**[ie], *Paris*, 25, *rue Montagne-Sainte-Geneviève.* — Aimants. — Pendules électriques (système Schweizer et Leclanché).

631. Henry Lepaute fils, *Paris*, 6, *rue Lafayette.* — Systèmes divers d'unification de l'heure (voir au pavillon de la ville de Paris). — Appareil avertisseur et contrôleur automatique du niveau des eaux.

632. Loiseau (Achille), *Paris*, 57, *rue Fontaine-au-Roi, et 29, rue de Richelieu.* — Appareils électriques destinés à l'instruction et à l'amusement : bobines, piles. — Allumoirs automatiques.—Télégraphes ; sonneries. — Moteurs électriques. — Pendule électrique.

633. Loiseau, *Paris*, 57, *rue Fontaine-au-Roi. et* **Guichard,** *Paris*, 221, *rue Lafayette.* — Collection complète d'appareils électriques destinés à l'instruction et à l'amusement. — Piles. — Bobines ; allumoirs automatiques ; sonneries ; télégraphes, toiles métalliques galvanisées (procédés Guichard).

634. Luizard (Léon), *Paris*, 21, *rue d'Arcole.* — Machine électrique statique modèle classique. — Machine électrique pour l'électrothérapie statique. — Machine de Holtz à quatre plateaux, pierre d'aimant naturel montée. — Galvanomètre, télégraphe.

635. Marchal (Ch.), *Paris*, 83, *rue Charlot.* — Contre-balancier compensateur produisant l isochronisme des oscillations (système Guilmet).

636. Mathieu (L.-A.), *Paris*, 20, *rue de Saintonge.* — Horlogerie électrique.

637. Ménard (L.-R.), *Paris*, 7, *rue de Sully.* — Machines d'induction (système Ruhmkorff) perfectionnées.

638. Mercadier (E.), *Paris*, 65, *rue de Bourgogne.*—Chronographes électriques enregistreurs.

639. Meritens (de), *Paris*, 44, *rue Boursault.* — Aimants permanents.

640. Mildé (Charles, fils), *Paris*, 3, *rue de Monceau.* — Régulateurs électriques. — Régulateur ordinaire à contact par quinze secondes. — Régulateur à sonneries. — Différents modèles de récepteurs.

641. Ministère de l'Instruction publique et des Beaux-Arts (Observatoire de Besançon, M. St-Loup, directeur). — Anémographe électrique. — Disposition de remise à l'heure.

642. Ministère de l'Instruction publique et des Beaux-Arts (Observatoire de Marseille).—Appareils électro-magnétiques de M. Lœwy.

643. Ministère de l'Instruction publique *et des Beaux-Arts* (Observatoire de Paris).—Appareil chronographique employé dans la détermination des longitudes. — Appareil de la vitesse de la lumière de M. Cornu. — Appareil de M. Wolf pour la détermination des équations personnelles dans les observations de passages. — Dessin de l'appareil de réglage électrique des pendules et de distribution de l'heure, établi à l'Observatoire par M. Wolf. — Document relatif à l'envoi télégraphique de l'heure aux postes. — Micromètre à fils éclairés par l'électricité par M. Wolf.

644. **Ministère de la Marine**, *et des Colonies, Paris*. — Appareil balistique Marcel Deprez, Sebert et Letard. — Chronographes. — Accélérographes. — Vélocomètres. — Balances manométriques, projectiles enregistreurs, cible disjonctrice, interrupteurs et enregistreurs. Intégromrtre et cinémomètre Jacquenie·r. — Appareil du commandant Trèves pou.i l'étude du magnétisme.

645. **Mors**, *Paris, 4 bis, rue Saint-Martin*. — Electro-aimant tubulaire de Camacho.

646. **Napoli** (D.), *Paris, 98, faubourg Poissonnière*. — Pendule électrique à sonnerie et à répétition.

647. **Nodot** (J.-B. Victor), *Dijon, 5, rempart de la Miséricorde*. — Une table d'Ampère. — Appareil servant à démontrer l'action des courants sur les courants. — Aimant rotateur d'Ampère. — Une roue de Barlow.

648. **Noé** (Charles-François), *Paris, 9, rue Laromiguière*. — Appareils d'Œrsted et de Clarke. — Aiguilles d'inclinaison et de déclinaison. — Bobines d'induction. — Machine pour la chute des corps de M. Bourlouze. — Plan incliné à sonnerie. — Tubes étincelants. — Appareil de Foucault pour transformer la force magnétique en chaleur. — Œuf De de la Rive. — Accessoires des bobines. — Appareil pour démontrer le rayonnement dans le vide de M. Opdenberg.

649. **Noël** (Victor-Alfred), *Paris, 163, rue Saint-Denis*. — Horloge enregistrant la vitesse des trains et l'heure du passage sur un point déterminé et pouvant unifier l'heure de la ligne.

650. **Patry** (Stanislas - Auguste), *Paris, 12, rue du Bouloi*. — Horlogerie électrique (système Patry).

651. **Puvilland** (frères), *Paris, 23, rue Oudinot*. — Pendule électrique.

652. **Redier** et **Cⁱᵉ**, *Paris, 8, cour des Petites-Ecuries*. — Horloges et pendules synchronisées électriquement

653. **Regnard**, *Paris, 28, rue Charlot*. — Aimants, faisceau d'aimants.

654. **Richter** (Frédéric), *Paris, 10, rue des Lilas*. — Horloges modifiées pour distribuer l'heure p.ir l'électricité. — Récepteurs horaires.

655. **Rizet** (Auguste-Louis), *Paris, 80, rue de Rome*. — Tellhydromètre électrique pour les cours d'eau, les marées et les réservoirs.

656. **De la Roche** (Charles), *Paris, 30, avenue Duquesne*. — Pendules électriques. — Manomètres électriques de sûreté pour la transmission à distance, des pressions des machines à vapeur. — Appareils hydro et électro-pneumatiques (système Carl Mayrhofer, inventeur des horloges pneumatiques).

657. **Sainte** (Aman), *Paris, 25, rue du Château-d'Eau. Entrée : rue Taylor, 22*. — Un compteur de tours, mesureur de vitesse, applicable aux machines Gramme et autres appareils. — Un indicateur mécanique du niveau d'eau contenu dans les chaudières avec transmission électrique.

658. **Sebert** (H.), *Paris, 17, boulevard de Courcelles*. — Appareils balistiques : chronographe, vélocimètres, projectiles enregistreurs, interrupteurs électriques, cible disjonctrice.

659. **Seguy** (Vᵛᵉ Hector et fils), *Paris, 53, rue Monsieur-le-Prince*. — Tubes lumineux de Geissler, de Hittorf, de Plucker, de De la Rive, de Holtz, de Becquerel, de Crookes. — Thermomètre électrique avertisseur.

660. **Séligmann-Lui**, *Paris*. — Galvanomètre astatique à réflexion. — Pont de Wheatstone. — Clefs et shunt.

661. **Société anonyme « Le Nickel »**, *Paris, 38, rue de la Chaussée-d'Antin*. — Aimant en nickel. — Boussole à aiguille en nickel. — Sels de nickel. — Anodes.

662. **Société nouvelle des Forges et Chantiers de la Méditerranée**. (Jouët-Pastré, administrateur délégué). *Paris, 28, rue N.-D. des Victoires*. — Torpilles (système Mac Evoy), installation complète de dix torpilles commandées par un seul fil (téléphones, table de manipulation, etc.). — Torpille portée, manœuvrée en duplex. — Torpille dormante avec ferme-circuit électro-automatique. — Galvanomètre de torpilleur avec cadran lumineux (service de nuit). — Galvanomètre portatif avec batterie.

663. Solignac et **C**ie, Société d'études et constructions électriques, *Paris*, 208, *rue Saint-Maur.* — Bobines d'aimantation.

664. Thouroude, *Paris*, 4, *rue de Seine.* — Boussole servant à relever la direction suivie par un ballon en marche.

665. Trouvé (Gustave), *Paris*, 14, *rue Vivienne.* — Electro-aimants et aimants puissants, portant 45 à 50 fois leur poids.

666. Ville de Paris (Régiment des sapeurs-pompiers). — Horloge enregistrant les appels d'incendie, avec remise à l'heure (système Breguet) intercalée sans interruption sur la ligne.

667. Ville de Paris (réglage et remise à l'heure des horloges par l'électricité.

Synchronisation. — M. Breguet : Centre horaire, type de la ville. — Pièces détachées. — Pendule 1/2 seconde. — Poste distributeur à l'Observatoire (dessin). — M. Borrel : Horloge de clocher, synchronisée.

Réglage automatique. — Système de MM. Rédier et G. Tresca, appliqué par M. Henry Lepaute.

Remise à l'heure par rectification de la position des aiguilles. — Systèmes de MM. Breguet, Collin et Fénon-Paul Garnier.

Remise à l'heure par le réglage à l'avance. — Dispositions de MM. Collin, Borrel, Redier et G. Tresca.

Remise à l'heure par désembrayage du rouage. — Système de M. Fénon, appliqué par M. Paul Garnier. — Système de MM. Rédier et G. Tresca. — Pendule à deux rouages.

Remise à l'heure mixte. — M. Collin : Par l'arrêt en cas d'avance; par désembrayage ou par rectification de la position des aiguilles en cas de retard.

Emprunt des lignes du réseau télégraphique pour la remise à l'heure, horloge synchronisée faisant fonction de centre horaire (M. Borrel). — Boîtes de relais pour six lignes (M. Breguet). — Horloges avec remise à l'heure et commutateurs spéciaux (système Madeleine), M. Lepaute.

Le même modifié, M. Collin (systèmes de MM. Fénon-Paul Garnier et Borrel).

CLASSE 15.

APPAREILS DIVERS.

668. Aboilard (Louis), *Paris*, 161, *rue de Courcelles.* — Gâche électrique pour porte cochère.

669. Académie d'aérostation météorologique, *Paris*, 29, *rue de la Chapelle.* — Partie basse d'un ballon et d'un filet. — Une nacelle parée pour le départ, comprenant : corde d'ancre, ancre, cône-ancre, couronne de sauvetage, panier à pigeons, ainsi que les différents appareils pour observations : Baromètre, thermomètre maxima et minima, hygromètre, boussole ordinaire, boussole aérostatique Vincent, etc., etc. Plus une série d'appareils électriques qui ont servi dans différentes ascensions : Pile secondaire de M. G. Planté. — Moteur Trouvé. — Télégraphe militaire Trouvé. — Régulateur Serrin avec réflecteur. — Différents téléphones. — Obturateur électrique pour la photographie. — Électroscope à feuilles d'or, etc., etc.

670. Alvergniat frères, *Paris*, 10, *rue de la Sorbonne.* — Appareils servant au fonctionnement d'appareils industriels divers, aux usages domestiques.

671. Barbier (E.-F.), *Paris*, 9, *rue Fromentin.* — Allumoir électrique pour le gaz.

672. Barbier (Pascal), *Paris*, 52, *avenue de la Grande-Armée.* — Nouveaux conducteurs électriques avertisseurs d'incendie. — Boîte d'alarme électrique.

673. Bardillon, *Paris*, 185, *rue d'Alésia*. — Compteur électrique indiquant l'emploi du temps d'une voiture.

674. Barral (Charles), *Paris*, 1, *rue Larrey*. — Appareil avertisseur d'incendie, consistant en deux fils isolés par la gutta, et réunis au contact de la flamme par une soudure métallique provenant de la réduction d'un sel métallique. — Lampe à allumoir électrique fixe.

675. Baudet (Cloris), *Paris*, 90, *rue Saint-Victor*. — Appareil photographique spécial.

676. Baudet (Cyrille), *Paris*, 20, *rue Favart*. — Piano électrique à sons continus. — Piano mécanique électrique.

677. Bazin (E.), *Paris*, 10, *place Péreire*. — Lochomètre électrique.

678. Bédollière (de la), *Paris*, 20, *rue de Navarin*. — Appareil formant un circuit à une température donnée, pouvant servir d'avertisseur d'incendie, arrêter ou mettre en marche un système quelconque, etc.

679. Bellet (Louis P.), *Paris*, 55, *avenue de Saint-Ouen*. — Crayon voltaïque. — Appareil électro-graphique permettant de reproduire instantanément l'écriture, le dessin, les cartes et plans. — Application à la lithographie et à la paniconographie.

680. Bernard (Julien), *Paris*, 1, *rue Larrey*. — Un indicateur téléautographique destiné à transmettre à distance les indications minima et maxima de cadrans ou de tiges divisées et graduées.

681. Billaudot (Louis), *Bellevue (Seine-et-Oise)*, 5, *rue Léonie*. — Surveillant électrique des veilleurs de nuit et sa sonnerie d'alarme.

682. Biloret et Mora, *Paris*, 93 et 95, *boulevard Richard-Lenoir*. — Tubes de Geissler.

683. Blaise (E.-C.), *Paris*, 14, *place du Havre*. — Compteur électrique horaire pour voitures et kilométrique pour chemins de fer.

684. Boivin (Arsène), *Paris*, 16, *rue de l'Abbaye*. — Cible électrique expérimentée par la Société nationale de tir des communes de France. — Tableau indicateur de 25 numéros dans un espace de 12 centimètres carrés.

685. Bonneau (Henri), *La Rochelle*. — Appareil servant à l'observation continue et à l'enregistrement de la direction et de la vitesse des courants, particulièrement des courants marins à une profondeur quelconque.

686. Bourdin (J.), *Paris*, 25, *rue Descombes*. — Petit modèle de bateau destiné à poser les câbles sous-marins; machine à poser les câbles souterrains.

687. Desruelles (L.) et **Bourdoncle** (J.), 8 *bis*, *avenue Percier*. — Allumeurs électriques à gaz. — Allumoirs électriques d'appartement. — Système d'allumage électrique automatique pour théâtres et pour magasins. — Modèle de navires dont tous les services sont faits électriquement au moyen de piles sèches.

688. Bourgin (Charles), *Montreuil-sous-Bois*, 15, *rue des Gâtines*. — Tir pour armes de salon avec cible électrique.

689. Breguet *Paris*, 39, *quai de l'Horloge*. — Exploseurs dits coups de poing et amorces pour mines. — Indicateurs du niveau de l'eau dans les cuves pour sucreries et autres industries. — Avertisseurs d'incendie pour les villes.

690. Brin frères, *Paris*, 40, *rue de Passy*. — Appareil servant à produire l'ozone par l'électrisation de l'oxygène à l'état naissant.

691. Cahen, *Paris*, 14, *rue Cloche-Perce*. — Allumoirs et lampes électriques. — Microscopes électriques.

692. Caron (Charles), *Paris*, 189, *rue Saint-Maur*. — Balançoire automatique marchant par l'électricité.

693. Cassagnes (G.-A.), *Paris*, 18, *rue Lafayette*. — Applications de l'électricité à la Sténographie mécanique Michela.

694. Chabrier (François) jeune, *Paris*, 63, *rue de Maubeuge*. — Allumage électrique pour fourneau de cuisine et appareil d'éclairage au gaz.

696. Chapuis (François), *Paris,* 17, *rue Lourmel.* — Tue-mouche électrique. — Robinet automatique électrique. — Fausset indicateur des fûts pleins.

697. Charpentier (Amédée),*Paris,* 7, *rue Garancière.* — Avertisseur d'incendie par fils métalliques servant de fils conducteurs pour sonnettes électriques. — Nouvelle disposition donnant aux cordons de sonnettes la propriété d'être avertisseurs d'incendie. Appareil indiquant d'une façon précise la température existant au sein des matières accumulées, telles que : charbons, foins, graines chiffons, etc. — Appareil pour étuves et serres.

698. Chenot aîné, *Paris,* 10, *rue David.* — Un électro-trieuse de minerais, avec son excitateur électromagnétique fonctionnant automatiquement.

699. Chéron (E.), *Paris,* 189, *rue Saint-Honoré.* — Bijouterie électrique.

700. Christofle et **C**ⁱᵉ, *Paris,* 56, *rue de Bondy.* — Machine à graver électro-magnétique. — Machine à reproduire les dessins à réserve, soit en surface, soit sur forme ronde-bosse. — Collection d'objets gravés à la machine électro-magnétique.

701. Cohn (D.), *Paris,* 27, *rue du Faubourg-Montmartre.* — Allumoir électrique.—Instrument pour l'examen des trichines et du phylloxera pour projection de la lumière électrique.

702. Collin (Armand-François), *Paris,* 118, *rue Montmartre.* — Girouette électrique (système Bisson). — Indicateur des niveaux d'eau à un seul fil, inversion de courant.— Récepteur à double fonction d'avant et d'arrière, suivant le sens du courant. — Marégraphes et fluviographes quotidiens ou hebdomadaires.

703. Combettes (Léonce de), *Paris,* 92, *rue de Bondy.* — Jouets scientifiques. — Chemin de fer électrique.

704. Compagnie des chemins de fer de Paris à Lyon et à la Méditerranée, *Paris,* 88, *rue Saint-Lazare.* — Sonneries, avertisseurs divers. — Hydrostatimètre électrique (système Jousselin).

705. Compagnie française du Celluloïd, *Paris,* 11, *rue Bailly.* Matière première isolante. — Boîtes de sonnerie, boutons, vases à pile. — Echantillons divers d'applications.

706. Courtot, *Paris,* 75, *rue Caumartin.* — Régulateur à eau, système Tessié du Motay.

707. Couvreux (Eugène), *Paris,*56, *rue Pastourelle.* — Etoffes électriques, pour la médecine et la chirurgie.

708. Dalmas (Albert de), *Château de Seyre, commune de Seyre (Haute Garonne).* — Appareil électrique dit : *Electro-phylloxericide.*

709. David, *Paris,* 2, *cité Bergère,* chez M. Bloch. — Allumoir électrique. — Instruments d'optique pour projections.

710. Davillé (Auguste St-Ange), *Luçon (Vendée).* — Système électrique donnant presque instantanément le résultat des votes d'une grande assemblée délibérante.

711. Debayeux (A.), *Paris,* 41,*rue des Blancs-Manteaux.* — Machine à voter pour les grandes assemblées.

712. Delamotte (Georges), *Paris,* 5 *rue de Tivoli.* — Indicateur de niveau à cadran et à sonnerie variable, avec enregistreur, pour sucreries.

713. Delaurier (E.), *Paris,* 77,*rue Daguerre.* — Appareil pour détruire le grisou des mines de houille au fur et à mesure de sa production.

714. Deschiens, *Paris,* 123, *boulevard Saint-Michel.* — Compteurs de tours à distance. — Indicateurs de niveau.

715. Dronier (P.), *Paris, Belleville,* 63, *rue des Fêtes.* — Allumoir électrique.

716. Druelle (Prudent), *Courcelles, (commune de Fonsomme).* Aisne. —

Avertisseur thermo-électrique appliquée principalement aux appareils divers de l'industrie sucrière et de la fabrication de l'alcool; peut servir d'avertisseur d'incendie dans les maisons.

717. Dubos (Charles), *Paris, 41, avenue La Motte-Piquet.* — Une sphère terrestre en fer doux pouvant s'aimanter dans toute sa superficie.

718. Electricien (L.) (Laboratoire de l') *Paris, 9, rue du Renard.* Lampe universelle Bouliguine. — Commutateur Ladiguine. — Moteur et piles de l'aérostat électrique de M. Gaston Tissandier. — Régulateur de courant Hospitalier. — Allumoirs électriques Ranque et Maigret. — Accumulateurs électriques et appareils accessoires de chargement. — Lampes à incandescence, etc.

719. Eliaers (A. E.), *Paris, 188, boulevard Voltaire.* — Applications de moteurs électriques (système Trou vé) à des meubles : bibliothèques, chaises, fauteuils, etc.

720. Estienne, *Paris, 132, boulevard de Vaugirard.* — Indicateur désignant lequel a appelé de deux postes en dérivation sur un fil.

721. Felber (Charles), *Paris, 163, boulevard Haussmann.* — Voitures de maître avec applications diverses d'électricité.

722. Fossey (Jean), *Paris, 13, rue Thévenot.* — Cartons de bureaux, s'ouvrant et se fermant par l'électricité.

723. Frémond (Alphonse), *Paris, 5, avenue Rapp.* — Couveuses et couveuses-éleveuses, sans tiroirs et à tiroirs, munies d'un régulateur électrique de température. — Éleveuses munies d'appareils électriques avertisseurs.

724. Gaiffe (Ladislas-Adolphe), *Paris, 40, rue Saint-André-des-Arts.* — Fils de platine pour amorces électriques.

725. Gallet (Victor), *Paris, 66, boulevard Magenta.* — Coffres-forts à sonneries électriques.

726. Gary, *Paris, 22, rue Sainte Eugénie.* — Calendrier marchant à distance. — Calendrier avec récepteur donnant les heures et les dates.

727. Geoffroy (Victor), *Montreuil-sous-bois, 15, rue des Gatines.* — Appareil électrique destiné au transbordement des dépêches dans les trains rapides. — Tir pour armes de salon avec cible électrique.

728. Gérard (Aristide). *Paris, 22, rue d'Armaillé.* — Système athmodynamique et thermométrie industrielle annonçant la présence du feu et de l'eau dans les navires, avertisseur des incendies.

729. Germain (P.), *Clermont-Ferrand.* — Pyromètre. — Préventifs électriques contre la gelée.

730. Gire (Émile), *Paris, 4, rue de la Gaité.* — Bouilleur électrique.

731. Godfray (J. W.), *Paris, 55, galerie Vivienne.* — Plume électrique d'Edison pour la reproduction autographique instantanée.

732. Gorde (A.), *Paris, 24, rue Pigalle.* — Jouets électriques.

733. Grin (Camille), *Paris, 55, rue du Commerce.* — Photostat-héliochrone, anoculoscope.

734. Grivolas fils, *Avignon, 59, rue Calade.* — Fluviomètre, appareil indiquant et enregistrant en centimètres à toutes distances, les variations du niveau des cours d'eau et réservoirs; composé d'un flotteur, d'un récepteur muni d'un cadran et d'un enregistreur, et d'un seul fil de ligne.

735. Guichard et Cie, *Paris, 8, rue de Rocroy.* — Manomètres, hydromètres et baromètres pour monuments éclairés par l'électricité.

736. Guichard (P.), *Paris, 221, rue Lafayette.* — Clavier à contacts électriques reproduisant l'exécution à distance sur d'autres instruments ou sur timbres.

737. Guillemart (Edmond), *Reims, 87, rue Clovis.* — Anémomètre. — Indicateur électrique des niveaux d'eau. — Indicateur électrique des pressions du gaz d'éclairage.

738. Guiter, *Paris, 19, rue Lafayette.* — Billard muni de marques électriques système P. Guichard.

739. Hayet et **Lignereux** *Paris, 6, avenue La Motte-Piquet.* — Régulateur de température. Machine à tarer les anémomètres et les hydro-rhéomètres.

740 Henry (Paul), *Paris, 21, passage des Favorites.* — Meules d'émeri pour biseauter les bougies d'éclairage électrique. — Machines à meuler et lapidaires pour fabricants d'appareils électriques et téléphoniques.

741. Houlmann frères, *Paris, 41, boulevard du Temple.* — Oiseaux chanteurs mus par l'électricité.

742. Humblot (P.-C.), *Paris, 77, rue Saint-Charles*, et **Terral** (Henri), 49, *boulevard de Grenelle.* — Appareil de démonstration pour la transmission électrique double en pont. Les piles sont remplacées par des souffleries ; des robinets servent de rhéostats ; la ligne est une conduite d'air et l'atmosphère représente la terre comme réservoir commun.

743. Hutchinson et **Cⁱᵉ**, *Paris, 1, rue d'Hauteville.* — Caoutchouc, gutta-percha, etc., appliqués à la télégraphie.

744 Jarriant, *Paris, 58, rue Pierre-Charron.* — Contrôleurs de rondes. — Monte-plats, monte-charges. Ascenseur. — Appareil pneumatique à déclanchement électrique.

745. Jean (Jean), *Vésinet, 24, rue Ernest André.*, Appareil électrique avertisseur fonctionnant dans l'eau.

746. Jullien (A.), *Paris, 61, avenue Daumesnil.* — Email phosphorescent appliqué aux appareils électriques.

747. Kern (Emile), *Paris, 5, rue Gérando.* — Compteurs à eau de Kennedy. — Appareils de fontainerie de la Cⁱᵉ Glenfield pour la Société d'électricité.

748. Labiscarre (Jean). *Paris, 105, rue Vercingétorix.* — Bouée de sauvetage dite balise avec avertisseur électrique (système Boivin) pour communiquer avec le sémaphore.

749. Lacanau (Alexis), *Grasse (Alpes-Maritimes).* — Avertisseur électrique d'incendie.

750. De Lagréné, ingénieur en chef des ponts et chaussées (Mantes), **Chabert**, Ingénieur ordinaire, **Moquery** Ingénieur ordinaire, **Collin**, Constructeur.— Fluviographe électrique avertisseur, système Ch. Mocquery destiné à enregistrer à toutes distances les variations du niveau des cours d'eau et à avertir les barragistes des manœuvres qu'ils ont à faire.

751. Lathoud (Joseph), *Paris, 55, rue du Temple.* — Enduit et colle non conducteurs de l'électricité.— Jouet électrique, petits modèles de divers appareils électriques.

752. Le Chippey, *Paris, 64, faubourg Saint-Martin.* — Jeu d'adresse dit jeu de la comète. — Jeu nouveau dit jeu de cinq clous. Porte-plumes et porte-crayons aimantés et à boussoles.

753. Legras (François-Théodore), *Saint-Denis, 81, avenue de Paris.* — Manches d'excitateur. — Pieds de tabouret.—Œufs électriques.—Timbres cristal pour sonnerie électrique. — Verre vert clair isolant spécial pour articles servant à l'électricité, tels que bocaux de toutes grandeurs pour batteries électriques, en général tous les appareils en verre blanc ou de couleur servant pour physique, chimie, électricité.

754. Létard (H.), garde d'artillerie, *Paris, 14, boulevard Morland.* — Indicateur d'ordre à synchronisme électrique pour les navires. Appareils balistiques.

755. Le Tellier et **Vestraet**, *Paris, 47, rue Turbigo.* — Caoutchouc durci. — Disques pour machines électriques. — Cuves pour galvanoplastie. — Vases, gobelets pour piles. — Plats. — Isolateurs. —Bornes à contre-écrou. — Rondelles pour collecteurs. — Feuilles. — Boudins. — Robinets. — Entonnoirs et tous articles pour l'électricité.

756. Levavasseur et **Ouachée**, *Paris, 154, rue de Rivoli, (au Paradis des Enfants.)* — Jouets se rapportant à l'électricité ou en dérivant.

757. Malleron (F.), *Paris*, 85, *rue de Rivoli*. — Nouveau système de toudage électrique. — Application des vibrations électriques aux instruments de musique : orgues, pianos et harmoniums.

758. Matthey (J.), *Paris*, 78, *rue Saint-Martin.* — Peinture lumineuse applicable sur verre, bois et tous métaux visible dans l'obscurité.

759. Menusier (Ernest), *Versailles*, 16, *rue Montbauron.* — Allume-gaz électrique instantané pour magasins, établissements publics et compagnies de gaz. — Chaussures électriques contre douleurs, humidité et froid. — Préservation des viandes de boucherie en temps de chaleur et d'orage. — Serrurerie électro-magnétique.

760. Mildé, *Paris*, 3, *rue Monceau.* — Machines à voter, système de Gaulne et Mildé.— Métronome électrique.

761. Ministère de la Guerre. *Paris.* Engins et appareils pour la mise du feu par l'électricité.— Amorces, outillage. — Aérostation militaire.— Cinémomètre à déclancheur électrique. — Electro-dynamomètres. — Appareil automatique projecteur de lest ou de gaz.

762. Ministère de la Marine et des Colonies, *Paris.* — Régulateur électrique Jacquemier pour machines marines. Embrayeur électrique Trèves. — Ferme circuit de E. Bédollière.

763. Miquel et **C**ⁱᵉ, *Bordeaux*, 110, *cours d'Alsace et Lorraine.*— Pyrogène Miquel, petit appareil engendrant la lumière.— Ébauche d'un petit moteur électrique.

764. Mirand (fils), *Paris*, 57, *rue Galande.*— Pointeur électro-magnétique à train différentiel du docteur Noël. — Enregistreur isochrone à signal électro-magnétique de Mirand. — Brachytotype du docteur Noël.— Microscope à platine chauffante à réglage électro-magnétique de Mirand.

765. Montclar (J.-M.-A.), *Paris*, 2, *boulevard de Strasbourg.*— Boîte à lettres, dite le *Facteur électrique*, permettant aux locataires de recevoir leurs lettres sans intermédiaires.— Guichets de sûreté pour portes d'habitation.

766. Montenat (Gaspard-Alfred), *Paris*, 51, *Faubourg-du-Temple.* — Jouets électriques et nouveaux modèles de jouets fonctionnant par la force attractive ou répulsive des aimants.

767. Mors, *Paris*, 4 *bis*, *rue Saint-Martin.* — Métronome électrique pour théâtres.

768. Mouchère (fils), *Angoulême (Charente).*— Appareil électrique de dévidage et pesage automatique.— Machine pelotonneuse destinée à desservir l'appareil.

769. Mourlot (Ernest), *Paris-Auteuil.*— Nouveau produit isolant dit gutta-percha française, remplaçant le caoutchouc durci et la gutta dans les usages électriques.

770. Naudin et **Schneider,** *Montreuil-sous-Bois (Seine).* — Désinfection des alcools, mauvais goûts par l'hydrogénation et l'oxydation des flegmes de toutes natures au moyen de l'*électrolyse*.

771. Pape (Jean-Louis), *Paris*, 205, *avenue de la République.*—Jet d'eau se déplaçant à volonté, fonctionnant par l'électricité.

772. Parent (Georges), *Paris*, 19, *rue Debelleyme.* — Jouets mus par l'électricité.— Bateaux, chemins de fer, animaux, jouets aimantés, etc.

773. Pelletier (A.-L.), *Paris*, 78, *rue de Rome.* — Allumoirs électriques.

774. Petit (G.), *Paris*, 91, *rue Blomet.*— Avertisseurs électriques (appareils destinés à appeler des secours en cas d'incendie.)

775. Piat (A.), *Paris*, 85. *rue Saint-Maur.*— Hâveuse (système Chenot), mue par l'électricité.

776. Planté (G.), *Paris*, 56, *rue des Tournelles.*— Allumoir électrique à courant secondaire.

777. Raffard (N.-J.), *Paris*, 16, *rue Vivienne.* — Avertisseur électrique de l'échauffement des tourillons.

—Extincteur automatique des incendies.

778. Rangod, *Romainville (Seine)*, 34, *rue Saint-Pierre*. — Mors électrique.

779. De la Roche (Charles), *Paris*, 30, *avenue Duquesne*. — Appareils hydro et électro-pneumatiques pour horloges et autres mécanismes. — Appareils hydro-électriques de sûreté contre la rupture des conduites d'eau, incendies, etc.—Système Carl Mayrhofer, de Vienne, inventeur des horloges pneumatiques.

780. Roullier et **Arnoult**, *Gambais-lès-Houdan (Seine-et-Oise)*. — Hydro-incubateurs de 50 à 200 œufs à température permanente (chauffage électrique).— Éleveuses hydromères, contenant de 40 à 200 poussins, chauffées par le même procédé. — Lampes électriques à mirer les œufs.

781. Salazar (C. de), *Paris*, 168, *avenue du Trocadéro*. — Allumeurs électriques.

782. Société Générale pour la fabrication de la Dynamite, (Roux (L.), administrateur, directeur général), *Paris*, 17, *rue d'Aumale*.— Mise à feu des mines par l'électricité au moyen de divers appareils à friction et du coup-de-poing Breguet.

783. Société Nationale du Tir des communes de France et d'Algérie (Duquesne, Alfred, directeur), *Paris*, 16, *rue de la Sorbonne*.— Matériel mobile Duquesne pour le tir à courte portée (muni d'une cible électrique, système Boivin.)

784. Société Universelle d'Electricité Tommasi (Tommasi, directeur), *Paris*, 11, *rue de Provence*. — Divers appareils électriques.

785. Solignac et **Cⁱᵉ**, Société d'études et constructions électriques, *Paris*, 208, *rue Saint-Maur*. — Commutateurs à mercure. — Jeux d'orgue à mercure.—Boîte de sûreté.

786. Trêves (Aug.), capitaine de vaisseau. — Appareils divers pour l'étude du magnétisme. — Embrayeur électrique. — Signal horaire. — Application de la téléphonie. — Modèles de Torpilles.

787. Trouvé (Gustave), *Paris*, 14, *rue Vivienne*. — Appareils spéciaux pour bains électriques à courant induit, à courant constant et continu, localisés ou généraux, sans baignoire spéciale.— Bateau électrique.

788. Vaillant (A.), **Leclerc** (A.), et **Gourdon** (P.), *Paris*, 108, *avenue de Villiers*. — Peseur automatique.

789. Vavin (Charles), *Paris*, 15, *avenue de Messine*. — Trieurs magnéto-mécaniques servant à séparer les matières attirables à l'aimant de celles qui ne le sont pas.— La réaimantation n'est jamais nécessaire, il n'existe aucun point mort ou neutre sur les bagues.

790. Wolff (C.), *Paris*, 105, *boulevard Richard-Lenoir*. — Machines à inflammation électrique (système Bornhardt). — Manomètres, thermomètres, pyromètres à signal électrique.—Inflammateurs électriques et accessoires.

GROUPE V.
MÉCANIQUE GÉNÉRALE.
—

CLASSE 14.
GÉNÉRATEURS, MOTEURS A VAPEUR, A GAZ ET HYDRAULIQUES, ET TRANSMISSIONS APPLICABLES AUX INDUSTRIES ÉLECTRIQUES.

791. Alexander (William), *Neuilly*, 7, *rue Delaizemont*. — Calorifuges Alexander. Revêtement des tuyaux de vapeur servant à la force motrice.

792. Bâcle (D.), *Paris*, 46, *rue du Bac*. — Pédale magique pour machines à coudre, fonctionnant à l'aide des pieds ou d'un moteur électrique.

793. Bariquand et **fils**, *Paris*, 127, *rue Oberkampf*. — Couso-brodeurs, machines à festonner, machines à coudre. — Petites machines à fraiser applicables à la fabrication des organes d'appareils de précision.

794. Benier (E.), *Beaumetz-les-Loges*

(*Pas-de-Calais*). — Moteurs à gaz de 12 kilogrammes, à 4 chevaux, actionnant des machines magnéto-électriques à lumière.

795. Bessand et **Cⁱᵉ**, *Paris, 2, rue du Pont-Neuf.* — Machines à coudre fonctionnant à l'aide de machines Gramme construites par M. Breguet.

796. Blouzon (Edme), *Paris, 50, rue Notre-Dame de Nazareth.* — Graisse pour machines.

797. Boulet (J.) et **Cⁱᵉ**, *Paris, 144, faubourg Poissonnière.* — Une machine à vapeur demi-fixe, à deux cylindres (Compound) et condensation, chaudière à foyer amovible.

798. Bourgeois (Florentin-Louis), *Paris, 7, rue Bouret.* — Graisseurs universels pour conduites de vapeur à goutte d'huile visible.—Graisseurs à chute d'huile visible pour cylindre à condensation. — Graisseurs à chute d'huile visible de 7 formats depuis 10 grammes jusqu'à 1/2 kilogramme avec une serie de 500 modèles et pour tous systèmes de machines électriques.

799. Buss (W.-A.) *Paris, 1, rue Desaix, et 40, avenue de Suffren.* — Tachymètre (vertical) (indicateur de vitesse) pour toutes les machines fixes. — Tachymètre (horizontal) (indicateur de vitesse) pour toutes les machines mobiles. Ces instruments sont mis en mouvements par l'intermédiaire de poulies ou d'engrenages, et ils indiquent d'une manière continue, sur un cadran divisé muni d'une aiguille, les nombres de tours ou les vitesses angulaires auxquelles un arbre quelconque marche, au moment de la lecture. — Tachymètre pourvu d'une sonnerie qui commence à fonctionner au moment où une vitesse déterminée est dépassée et cesse dès que la vitesse normale est rétablie. — Tachygraphes (enregistreurs de vitesse) — Compte-tours automatiques. — Régulateurs-cosinus pour machines motrices.

800. Chaligny et **Guyot-Sionnest**, *Paris. 54, rue Philippe-de-Girard.* — Machine demi-fixe Compound,

type de 35 à 53 chevaux, fonctionnant à condensation et à échappement libre. Puissance utile maxima : 67 chevaux-vapeur. Distribution par de simples tiroirs à coquille.

801. Collet et **Cⁱᵉ**, *Paris, 20, rue de Grammont.* — Chaudière à vapeur, inexplosible, 32 mètres carrés de surface de chauffe pouvant s'installer dans toutes maisons habitées suivant la loi d'avril 1880 (3ᵉ catégorie).

802. Compagnie des chemins de fer de l'Est, (Jacqmin, directeur), *Paris, gare de Strasbourg.* — Wagon d'expériences pour l'étude simultanée des efforts développés sur la barre d'attelage et du travail de la vapeur dans les cylindres d'une locomotive en marche (présenté par M. Regray, ingénieur en chef). — Frein électrique monté sur un châssis de voiture. — Régulateur de vitesse (présenté par M. Napoli, agent de la Compagnie).

803. Compagnie française des Moteurs à gaz, *Paris, 15, avenue de l'Opéra.* — Moteurs à gaz horizontaux (système Otto), de 1/2, 1 cheval, 2, 4, 6, 8, 12, 20, 25 et 50 chevaux représentant ensemble 200 chevaux-vapeur.

804. Cordier aîné et fils, *Paris, 98, rue du Chemin-Vert.* — Cheminée en briques et fourneaux des chaudières de la force motrice de l'Exposition. — Modèle de fourneau fumivore. — Dessins de cheminées.

805. Dandigny, *Paris, 16, place de la Chapelle.* — Roue vapeur, système Dandigny, actionnant à grande vitesse et sans intermédiaire de mouvement une machine dynamo-électrique.

806. Debié (E.), ingénieur civil, *Paris, 55, quai des Grands-Augustins.* — Machine à découper des rouleaux de papier par bandes pour appareils électriques. — Etudes et entreprises de toutes installations concernant la fabrication du papier.

807 Delaurier, (E.) *Paris, 77, rue Daguerre.* — Plusieurs moteurs à vent, à vagues, à vapeur et autres, pour obtenir des forces très économiques ou gratuites applicables à la production de l'électricité pour tous ses usages.

808. Domange Lemière et Cie, successeur de E. Scellos. *Paris, 74, Boulevard Voltaire.* — Courroies en cuir pour taansmissions, servant aux moteurs de l'exposition.

809. Domont (G.) et **Cie,** *Paris,* 124, *boulevard Magenta.* — Lubroléine. Huiles minérales américaines de la maison Weston et Fisk de New-York, spéciales pour cylindres, machines, broches, machines à coudre, etc. — Graisseurs pour cylindres, transmissions, etc. — Produits d'amianthe, sous toutes les formes.

810. Donnay (Ch.), successeur de Facy fils, *Paris,* 25, *rue de l'Atlas,* — Machines à fraiser diverses pour travaux de précision.

811. Dubois et **Cie,** *Paris,* 70, *rue de Rivoli.* — Huiles spéciales inoxydantes pour appareils électriques et instruments de précision.

812. Dumont (L.-F.), *Paris,* 55, *rue Sedaine.* — Pompes destinées au service de la force motrice.

813. Farcot (Emmanuel-Denis), *Paris,* 233, *faubourg Saint-Martin.* — Dynamomètre servant à mesurer le travail de toute machine mue par courroie et à évaluer le rendement des machines productives de l'électricité. — Lampe centrifuge et petit ventilateur mus par l'électricité.

814. Farcot (Joseph), *Saint-Ouen (Seine).* — Machine à quatre tiroirs Farcot, genre Corliss perfectionné, à condensation. Puissance 60 à 120 chevaux ; consommation de vapeur 7 kil. et pour les grands moteurs 6 kil.

815. Ferry et **Millet,** *Paris,* 1, *rue Méhul.* — Un métier (modèle suisse) à broder à fil continu. Appareil électrique avertissant de la rupture de l'un des fils des 200 aiguilles. Arrêt instantané après un, deux ou trois avertissements de rupture. Compteur électrique du nombre de points utiles faits par l'ouvrière dans une journée, dans une

semaine, dans un dessin. — Un métier à broder au point de chainette avec quatre aiguilles travaillant simultanément. Appareil électrique interrompant le travail aussitôt la rupture d'un des fils à broder.

816. Gaget, Gauthier et **Cie,** *Paris,* 25, *rue de Chazelles.* — Conduites d'eau nécessaires à l'alimentation des machines et des services d'incendie de l'exposition d'électricité.

817. Geneste, Herscher et Cie, *Paris,* 42, *rue du Chemin vert.* — Ventilateurs mus par l'électricité et appliqués à l'aération des salles destinées aux auditions téléphoniques. — Ventilateurs divers.

819. Goerger (Auguste), *Paris,* 45, *boulevard de Strasbourg.* — Huiles et graisses de naphte pour les moteurs à vapeur de l'Exposition.

820. Guichard et Cie, *Paris,* 8, *rue de Rocroy.* — Appareil destiné à mesurer le volume de l'eau entraînée mécaniquement par la vapeur (système Brocq).

821. Hamelle-Fleutelot et Ce, *Paris,* 74, *quai Jemmaes.* — Huile, valvoline, amianthe, matières diverses destinées au service de la force motrice et d'éclairage de l'exposition d'électricité. — Produits d'amianthe manufacturé (carton, fils, tissus, cordes, fibres). — Huiles valvolines pour cylindres, tiroirs et graissage en général.

822. Hartwig van Biema, *Paris,* 45, *boulevard de Strasbourg.* — Courroie en coton, inaltérable à l'air, au froid, au feu ; de résistance uniforme dans toute son étendue.

823. Hochgesand (Jean), *Paris,* 200 et 202, *quai de Jemmapes.* — Graisseurs pour machines à vapeur s'adaptant sur les cylindres, les boîtes ou les prises de vapeur ; fonctionnant d'une façon continue sans condensations, à haute et à basse pression, permettant un réglage de débit absolu et facile ; 6 grandeurs.

824. Humblot et **Dufort** (H.), *Paris,* 77, *rue Saint-Charles.* — Un moteur hydraulique (genre turbine) appliqué à la mise en marche des appareils télégraphiques.

Ce moteur est appliqué à l'appareil Hughes pour la transmission des dépêches dans les bureaux du Ministère des postes et télégraphes. Les avantages qui en résultent sont une marche assurée, parfaitement régulière, et la suppression des poids et de leurs mobiles, ce qui rend ledit appareil moins coûteux, évite une grande fatigue aux employés et leur permet de produire un travail utile plus considérable.

M. H. Dufort, seul constructeur dudit moteur, l'applique également à actionner divers genres d'appareils ne réclamant qu'une petite force, une grande régularité et une docilité parfaite, tels que les machines à coudre, etc.

825. Huré (P.), *Paris, 8, rue Fontaine-au-Roi.* — Machine à reproduire, tailler et affûter les fraises de toutes formes, servant aussi à façonner mécaniquement les petites pièces des appareils électriques. — Machines à fraiser, universelles. — Le *Français*, nouveau mandrin universel à serrage concentrique. — Fraises de formes diverses. — Outils de précision.

826. Hurtu et **Hautin**, *Paris, 54, rue Saint-Maur.* — Construction de machines-outils de précision. — Fraiseuses verticales et horizontales. — Tours. — Machines diverses. — Fraises de toutes formes. — Mèches à spires. — Palmers perfectionnés. Grattoirs à main. — Outils destinés à la fabrication d'appareils d'électricité et de télégraphie.— Fabrique de machines à coudre.

827. Ivernois (comte d'), *Paris, 4, rue d'Anjou Saint-Honoré.* — Moteurs à gaz produisant eux-mêmes le gaz qui les fait fonctionner.

828. Julien (E.) et **C**^{ie}, *Paris, 153, boulevard de la Villette.* — Nouveau moteur à vapeur (système Julien), sans échappement de vapeur, sans alimentation, mise en train et arrêt instantanés, chauffage facultatif au gaz ou au charbon.

829. Kaleski (Selig), *Paris, 26, rue Sainte Croix de la Bretonnerie.* — Gravure sur cristaux, par un tour à moteur électrique.

830. Kern (E.), *Paris, 15, rue Gérando.* — Compteur d'eau Kennedy. — Appareils de fontainerie de la Cie Glenfield pour l'Exposition.

831. Lethuillier et **Pinel**, *Rouen.* — Flotteurs-indicateurs magnétiques et appareils de sûreté divers pour chaudière à vapeur. — Robinets à garniture d'amianthe pour prise et conduite de vapeur (service de la force motrice à l'Exposition).

832. Lévy (F.), *Paris, 58, rue de la Roquette.* — Charbons (fosses Hambourg et Poirier) pour le service de la force motrice.

833. Liebermann (J.), — *Paris, 18, boulevard du Temple.* — Courroies métalliques sans joints ni coutures inextensibles, de largeurs diverses, pour transmissions de force.

834. Magniat (L.) et **C**^{ie}, *Paris, 4 et 6, rue de Nantes.* — Mastic paille-liège, pour enveloppe de chaudières et conduites de vapeur. — Joints métalliques pour vapeur, eau et gaz.

835. Michel (Ch.-J.), *Paris, 16, boulevard Vaugirard.* — Un compteur d'eau (système Frager) placé sur les générateurs de M. E. Stein, ingénieur des établissements de Naeyer et Cie, de Villebroeck (Belgique).

836. Migniot et **C**^{ie}, *Paris, 15, rue de Londres.* — Charbons destinés au Syndicat général chargé de l'éclairage public et de la force motrice à l'Exposition.

837. Mignon, Rouart et **Delinières**, *Paris, 66, quai Jemmapes.* — Conduites de vapeur destinées à alimenter les moteurs. — Tubes en fer soudés par recouvrement.

838. Moseley (David) et fils, *Paris, 5, cité Magenta et 55 bis, boulevard Magenta.* — Nouvelles courroies pour machines et transmissions. — La *Simplex.*

839. Mouchère fils, *Angoulême.* —

Appareil de dévidage et de pesage automatique du fil de laine. — Machines pelotonneuses, fonctionnant avec l'aide de l'électricité.

840. Muller (Ph.) et **Roux** (Ch.), *Paris, 158, rue Amelot.* — Moteur à vapeur de 17 chevaux nominaux, 18 chevaux effectifs, système Tangye vertical. — Moteur à gaz de pétrole avec carburateur Muller automatique, force d'un homme. — Carburateur alpha Muller à contrepoids, force : 12 becs.

841. Napoli (D.), *Paris, 98, faubourg Poissonnière.* — Dynamomètre magnétique. — Régulateur électrique de vitesse.

842. Olry et **Grandemange**, *Paris, 83, rue Saint-Maur.* — Moteur à vapeur de 25 chevaux.

843. Placide Peltereau le Jeune, frère et fils *Château-Renault (Indre-et-Loire).* — Courroies de transmission dont l'une fonctionne sur la machine exposée par la maison J. Farcot.

844. Perrières, *Paris, 26, rue Montessuy.* — Travaux de massifs de moteurs et de transmission pour l'Exposition.

845. Piat (Albert), *Paris, 85 et 87, rue Saint-Maur.* — Transmissions générales de l'Exposition. — Paliers graisseurs à mèche métallique. — Embrayage à courroie, système P. Farcot, *spécialement* applicable aux appareils produisant la lumière électrique.

846. Pilter (Th.), *Paris, 24, rue Alibert.* — Locomobile de 20 chevaux (système Compound). — Machine locomobile combinée avec machine. Gramme du type à 4 foyers.

847. Preisch (P.), *Paris, 82, boulevard Richard-Lenoir.* — Pompe à cône centrifuge pour élévation, épuisement et alimentation.

848. Radiguet (C.-A.), *Paris, 20, rue du Tage.* — Application de l'électricité aux métiers, casse-fils et débrayeurs électriques. — Révélateurs électriques, de mailles coulées, aiguilles chargées, coupures et trous inaperçus pendant le travail. —

Contacts de chutes, pour métiers à platines horizontales et verticales, arrêts pour moulinage et croisement des fils de couleur, bobines et bobinoirs, etc.

849 Raffard (N.-J.), *Paris, 16, rue Vivienne.* — Balance dynamométrique pour mesurer le travail des moteurs électriques.

850. Rikkers, *Saint-Denis (Seine).* — Machines à vapeur fixes, portatives et locomobiles.

851. Rous (Edmond), *Paris, 42, rue Descartes.* — Robinets graisseurs à graissage continu pour tiroirs et cylindres de machines à vapeur. — Couvercles pour bielles. — Godets pour poulies folles.

852. Sautter (L.), **Lemonnier** et **C**ⁱᵉ, *Paris, 26, avenue de Suffren.* — Diverses dispositions de machines de Gramme commandées directement par des moteurs Brotherhood. — Moteur hydraulique Mégy à grande vitesse disposé pour commander une machine électrique. — Dynamomètre Mégy enregistrant d'une manière continue le travail transmis.

853. Siemens (frères), *Paris, 8, rue Picot.* — Chaudière à vapeur (système Collet et Cⁱᵉ). — Machine rotative (système Dolgorouki).

854. Simon (L.), représentant de la Société des mines d'Aniche, *Paris, 146, rue de Lafayette.* — Charbon destiné au Syndicat général chargé de l'éclairage et de la fourniture de la force motrice à l'Exposition.

855. Société anonyme de constructions mécaniques d'Anzin (Etablissements de Quillacq), *Anzin (Nord).* — Moteur à vapeur de 40 chevaux.

856. Société centrale de constructions de machines (administrateurs-directeurs : MM Weyher et Richemond), *Pantin, 50, route d'Aubervilliers (Seine).* Machine à vapeur fixe, sans chaudière, système Compound perfectionné, de la force de 150 chevaux.

857. Société des Huiles minérales russes, Ragosine (V.-J.) et Cⁱᵉ,

Paris 11, *rue de la Tour-des-Dames.*
— Huiles minérales absolument pures pour le graissage des instruments de précision, l'horlogerie, les appareils électriques, les machines à vapeur, les transmissions et les applications industrielles.

858. Société des Moteurs à gaz, système Ravel. Ravel, ingénieur, 15, *rue Bréda.*— Ce moteur exploité par la Société des Moteurs à gaz français, se distingue par son extrême simplicité. Il agit sans compression et l'arbre moteur reçoit du piston une impulsion utile à chaque tour. Une des conséquences de cette disposition est d'obtenir une grande régularité dans la marche ; aussi ce moteur peut-il être adopté avec avantage lorsqu'il s'agit d'actionner des machines pour lesquelles il est indispensable d'avoir une allure constante, *les machines dynamo-électriques* à lumière, par exemple.

859. Suc (A.), *Paris*, 50, *boulevard de la Villette.* — Appareil de levage avec avertisseur électrique pour le service des combustibles des moteurs de l'Exposition.

860. Tabourin (G.-A.), *Marseille*, 28, *rue Villas-Paradis.* — Compresseur d'air et réservoir collecteur de la force produite, devant alimenter à distance des machines génératrices de lumière et ainsi que des foyers multiples.

861. Temple (Félix du), *Cherbourg*, 2, *rue du Champ-de-Mars.* — Locomobile de 4 à 6 chevaux de force, du poids de 550 kilogrammes, de 54 centimètres carrés, 1ᵐ,40 de hauteur.

862. Tuquet (Jules), *Paris*, 19, *rue de Crimée.* — Deux machines à plisser accouplées à deux machines à piquer (système Tuquet) mues par les moteurs électriques Deprez, exposées par M. Guichard, ingénieur civil.

863. Varrall, Elwell et Middleton, *Paris*, 1, *avenue Trudaine.* — Machine à vapeur à grande vitesse avec régulateur pour machines dynamo-électriques. — Machine à vapeur sans condensation, à détente variable à la main et par régulateur.

GROUPE VI.

BIBLIOGRAPHIE, HISTOIRE.

—

CLASSE 15.

COLLECTIONS BIBLIOGRAPHIQUES D'OUVRAGES CONCERNANT LA SCIENCE ET L'INDUSTRIE ÉLECTRIQUES, PLANS, CARTES, ETC., ETC.

864. Anselme (André), *Bône* (*Algérie*). — Plan d'un appareil télégraphique. — Description dudit appareil.

865. Armengaud aîné (Charles-Eugène), *Paris*, 45, *rue Saint-Sébastien.* — Manuel des applications de l'électricité à l'éclairage électrique.

866. Armengaud jeune (Jules), *Paris*, 23, *boulevard de Strasbourg.* — Brochures relatives à l'électricité : téléphonie, photophonie. — Installations et exploitations des lignes téléphoniques. — Etude analityque des brevets d'invention concernant l'électricité.

867. Arthuis (Dr A.), *Paris*, 11, *rue Mogador.* — Trois dessins représentant les principales applications de l'électricité statique au traitement des maladies.— Un livre : Traitement des maladies nerveuses, des affections rhumatismales et des maladies chroniques, par l'électricité statique. — Une brochure : L'électricité statique et l'hystérie.

868. Association française pour l'avancement des sciences, *Paris*, 76, *rue de Rennes.* — 8 vol.

869. Baillière (J.B. et fils), *Paris*, 19, *rue Hautefeuille*, 15 volumes divers sur l'électricité par MM. Gordon, De la Rive, Duchenne (de Boulogne), Tripier, Cyon, Remak Scoutetten, etc.

870. Baudry (J.), *Paris* : 15, *rue des Saints-Pères.*— A. Niaudet. Traité élémentaire de la pile électrique. — Téléphones et phonographes. —

Machines électriques à courants continus. Machines Gramme et congénères, avec 25 gravures. — II. *Fontaine*. Eclairage à l'électricité. Renseignements pratiques. — *Gloesener:* Traité général d'électricité.

871. **Bazin** (E.), *Paris,* 10, *place Pereire.* — Dessins représentant diverses applications de l'électricité.

872. **Beau** (Nicolas), *Paris,* 68, *rue de Babylone.* — Plan en relief du réseau télégraphique de Paris.

873. **Bertrand** (Amédée (docteur). — *Paris,* 21, *faubourg Montmartre.* — La phthisie pulmonaire et les maladies chroniques de l'appareil respiratoire, considérées au point de vue de leur nature et de leur guérison. — Traitement physique par les courants électriques. Un vol. in-8°.

874. **Bizot** (Joseph), *Aix en Provence.*— (Projets). Description sommaire avec figures. — Supression des piles dans les bureaux municipaux.— Impression mécanique de l'appareil Morse. — Système de transmissions multiples et simultanées par l'appareil Morse sur un même fil.

875. **Blondlot** (René), *Nancy,* 8, *quai Claude-le-Lorrain,* et *Paris,* 9, *rue de Tournon.* — Recherches expérimentales sur la polarisation voltaïque.

876. **Borel** (Jean Irénée-Louis), *Paris,* 6, *avenue Carnot.* — Étude du télégraphe Hughes, cours théorique et pratique, 1 vol. in-12 (texte). — Atlas de l'étude du télégraphe Hughes, 1 vol. in-12, xxvII planches, 207 figures.

877. **Breguet** (Antoine), *Paris,* 4, *rue Perrault.* — La machine de Gramme. — Conférence sur les courants et les aimants. — Conférence sur l'énergie électrique. — Théorie de la machine Gramme.

878. **Breguet,** *Paris,* 39, *quai de l'Horloge.* — Manuel de télégraphie électrique (plusieurs éditions).

879. **Brisse** (Charles), *Paris,* 22, *rue Denfert-Rochereau.* — Journal de physique théorique et appliquée, fondé par J. Ch. d'Almeida.

880. **Calandre** (Jean-Pierre). *Vincen-*nes, 5, *rue Daumesnil.* —Dessin d'un moteur à air comprimé par l'explosion de la poudre enflammée au moyen de l'étincelle électrique.

881. **Casalonga.** *Paris,* 15, *rue des Halles.* — La Chronique industrielle. — Technologique hebdomadaire illustrée (4° année).

882. **Dubos** (Ch.), *Paris,* 41, *avenue de La Motte-Piquet.* — Brevets, lettres et plans objets de ses inventions rétrospectives.

883. **Ducrot** *Paris,* 54, *rue des Saints-Pères.* — *Blavier:* Nouveau traité de télégraphie électrique *Boussac:* Précis de télégraphie électrique. — et des connaissances mathématiques, physiques et chimiques indispensables pour la télégraphie. — *Du Moncel:* Exposé des applications de l'électricité. — *Garnault:* Leçons élémentaires d'électricité par Snow-Haris de la Société royale de Londres, annotées et traduites par M. Garnault. — *Miège:* Guide pratique de télégraphie électrique. — *Ternant:* Manuel pratique de télégraphie sous-marine. 3 brochures par *Ternant.* (A. L), directeur de l'Eastern telegraph. Le *Siphon enregistreur,* ou syphon recorder de sir W. Thomson, pour l'échange des signaux électriques par les longs câbles sous-marins. 1 brochure in-8 avec figures et planches. *Réparation des câbles sous-marins.* Une brochure in-8 avec figures et planches. Epreuves électriques pratiques des *câbles sous-marins.* Une brochure in 8, avec figures.

884. **Dunod** (Pierre-Charles), *Paris* 49, *quai des Augustins.* — Annales télégraphiques, années 1858 à 1865, 1874 à 1881. — *Blavier:* Grandeurs électriques. — *Bontemps:* systèmes télégraphiques. — *Boutan et d'Almeida:* Physique. — *Moutier:* Traité de physique. — *Reynaud:* Mémoire sur les phares.

885. **L'Electricien,** *Paris,* 25, *avenue de l'Opéra.* — L'Électricien, revue générale d'électricité. — Publication bi-mensuelle. — *Comité de rédaction :* MM. E. Mercadier, C.-M. Gabriel, A. Niaudet, Dr de Cyon, Gaston Tissandier. — *Secré* taire de la rédaction: : M.-E. Hospitalier. — *Rédaction :* 25, avenue de l'Opéra. — *Administration :* P. Masson, 120, boulevard Saint-Germain, *Paris.* — Collection du journal.

886. Estienne, *Paris,* 132, *boulevard de Vaugirard.* — Etude sur les transmissions télégraphiques. — Création de l'unité dans les mots; le papier compteur appliqué à leur numération, signal spécial scindant les dépêches en séries de cinq unités.

887. Firmin-Didot et Cie, *Paris,* 56, *rue Jacob.* — *Becquerel* (Edm.), La lumière, ses causes et ses effets. — *Becquerel* père, Traité d'électricité et de magnétisme. — Des forces physico-chimiques. — Traite de physique dans ses rapports avec la chimie et les sciences naturelles. — Eléments d'électro-chimie. — *Becquerel* père et E. *Becquerel.* Traité d'électricité et de magnétisme. — Résumé de l'histoire de l'électricité et du magnétisme.

888. Fontaine (Hippolyte), *Paris,* 15, *rue Drouot.* — L'éclairage à l'électricité, renseignements pratiques, deuxième édition.

889. Germer Baillière et **Cie**, *Paris,* 108, *boulevard Saint-Germain.* — Livres scientifiques traitant d'électricité. Collection de la *Revue scientifique de la France et de l'étranger.*

890. Gerspach (Ed.), *Paris,* 5, *rue de Valois.* Histoire administrative du télégraphe aérien en France. — 1 vol. Paris, 1861.

891. Hachette et **Cie**, *Paris,* 79. *boulevard Saint-Germain.* — Livres et publications scientifiques.

892. Hospitalier (E.), *Paris,* 25, *rue d'Arcole.* — Les principales applications de l'électricité.

893. Houzeau (Louis-François), *Paris,* 11, *rue Rousselet.* — Guide pratique de télégraphie. — Emploi de l'appareil Morse. — Service de l'appareil à cadran. — Recherche des dérangements 4e édition 1880, augmentée d'un appendice sur les piles et d'un supplément sur le nouveau modèle des récepteurs Morse.

894. Ikelmer (Alfred), *Paris,* 47, *rue des Francs-Bourgeois.* — Globes terrestres de toutes dimensions avec indication du réseau des câbles sous-marins français et étrangers.

895. Jacquez (Ernest), *Paris,* 26, *rue Bertrand.* — Dictionnaire allemand-français et français-allemand de technologie électrique.

896. Jobert (Claude-Alphonse), *Paris,* 10, *rue des Croisades.* — Tableaux, représentant l'un, un indicateur des tremblements de terre, et des perturbations magnétiques (cet appareil est installé au Chili); l'autre, une pile thermo-solaire.

897. Jolly (Albert), *Paris,* 58, *rue Saint-Sabin.* — Dessin d'un appareil avertisseur de l'extinction de la lampe dans les phares. — Dessin d'un appareil enregistrant automatiquement le passage d'un astre au méridien.

898. Journal : « **La Lumière électrique** », *Paris,* 51, *rue Vivienne.* — « La Lumière électrique » journal universel d'électricité paraissant deux fois par semaine, les mercredi et samedi. — Directeur scientifique, M. du Moncel.

899. La Revue scientifique de la France et de l'étranger. — MM. Antoine Breguet et Charles Richet, directeurs. — Collection du journal.

900. Lartigue, *Paris,* 60, *rue de la Tour.* — Dessins d'appareils appliqués à l'exploitation des chemins de fer.

901. Lathoud (Joseph), *Paris,* 55, *rue du Temple.* — Dessin d'une machine photo-électrique pouvant indiquer d'une façon exacte, tout ce qui se trouve au fond de la mer, à une profondeur et à une pression quelconques.

902. Leguay (E.), *Paris,* 79 et 81 *rue de la Tombe-Issoire.* — Etudes et dessins de machines, d'appareils et d'instruments concernant l'électricité. Catalogues gravés ou autographiés d'appareils électriques, télégraphie, etc. Brevets d'invention, dessins et gravures pour publications scientifiques.

903. Leibner (Raymond), *Paris,* 13, *rue des Beaux-Arts.* — 1 dessin du takographe (transcripteur de l'improvisation musicale), avec une légende indiquant les diverses applications dudit instrument.

904. Le Tual (Albert), *Paris, 23 bis, avenue de La Motte-Piquet.* — Une étude du télégraphe automatique Wheatstone en 2 volumes. 1° texte (1 vol. in-8°). 2° atlas de 48 planches.

905. Liepmann, *Paris, 16, rue du Croissant.* — Collection du journal « l'Électricité », années 1876-78-79-80-81.

906. Marcillac (Paul-Antoine-Marie), *Paris, 19, passage Bosquet.* — « Lettres sur l'électricité », par l'abbé Nollet. 2 vol.

907. Masson (G.), *Paris, 120, boulevard Saint-Germain.* — *L'Électricien*, revue générale d'Électricité. — *La Nature*, revue des sciences, divers ouvrages sur l'électricité.

908. Mercadier (E.), *Paris, 65, rue de Bourgogne.* — Leçons sur les piles et les courants électriques. Notions élémentaires de télégraphie optique. Traité élémentaire de télégraphie électrique.

909. Ministère de la Marine et des Colonies. *Paris.* — Mémoires sur l'Électricité Trèves.

910. Ministère de l'Instruction publique et des Beaux-Arts (Bureau central météorologique), *Paris, 60, rue de Grenelle.* — Bulletin international du Bureau central météorologique de France, 6 vol. in-4°. — Cartes des communes et des ports qui reçoivent les dépêches du bureau central météorologique de France. — Carte des stations dont les observations sont envoyées chaque jour par le télégraphe au bureau central météorologique de France.

911. Ministère de l'Instruction publique et des Beaux-Arts. (Observatoire du Puy-de-Dome). — M. Alluard. Directeur, Clermont-Ferrand. — Plan d'ensemble de l'Observatoire du Puy-de-Dôme avec courbes de niveau. — Vue d'ensemble avec paratonnerres dont les conducteurs ne plongent que dans une couche de terre toujours humide. — Plan du rez-de-chaussée de la maison d'habitation. — Coupe verticale du Pavillon de la météorologie.

912. Ministère des Postes et des Télégraphes, *Paris, 101, rue de Grenelle.* — Cartes du réseau français. — Plans et documents divers. — Livres français concernant la télégraphie.

913. Ministère des Travaux publics service central des phares. *Paris, 45, avenue du Trocadéro.* — *Mémoire sur les phares électriques*, comprenant le programme de l'éclairage électrique des côtes de France, complété par des signaux sonores à vapeur, par M. E. Allard inspecteur général des ponts et chaussées, directeur du service central des phares et balises, publié par ordre de M. le ministre des travaux publics. In-4°, avec planches. Imprimerie Nationale, 1881.

914. Montagu (Auguste), *Paris, 107, rue de l'Université.* — *Aimantation universelle.* Appareil électromagnétique des planètes. Force directrice de l'aiguille aimantée. Synthèse générale des phénomènes biologiques. — Un vol. grand in-8°.

915. Niaudet, *Paris, 6, rue de Seine.* — Traité de la pile électrique. Le même traduit en anglais et en allemand. Téléphones et phonographes. Machines magnéto-électriques.

916. Pelletier (A.-L.), *Paris, 75, rue de Rome.* — La pose et l'entretien des sonneries électriques mises à la portée de tout le monde ou Manuel descriptif de tous les appareils constitutifs de la sonnerie électrique, accompagné de nombreuses gravures sur bois intercalées dans le texte et reproduisant tous les appareils et les croquis de poses les plus en usage par A.-L. Pelletier et Taupin d'Auge.

917. Planté (Gaston), *Paris, 56, rue des Tournelles.* — Recherches sur l'électricité, Paris, Fourneau, 1879.

918. Poyet (Louis), *Paris, 5, rue de Provence.* — Cadre contenant des épreuves de gravures sur bois représentant divers appareils électriques et industriels.

919. Rothschild (J.), *Paris, 13, rue des Saints-Pères.* — Découvertes et inventions dans les sciences et dans l'industrie, par Henri de Parville ; 18 années ; tome 18°, avec 253 vignettes, 5 fr. — Le Télégraphe terrestre sous-marin et pneumatique par Paul Laurencin. Un volume avec 150 gravures. 3 fr. 50.

920. Rousseau (Rodolphe), *Paris, 229, rue Saint-Honoré.* — Traité théorique et pratique de la correspondance par lettres, missives et télégrammes et des rapports particuliers avec les administrations des postes et des télégraphes (1 v. in-8°).

921. Sautter (L.), **Lemonnier** et **C**ⁱᵉ, *Paris, 26, avenue de Suffren.* — Notes diverses sur les emplois de la lumière électrique à l'éclairage industriel et aux usages militaires. Album de photographies. — Ouvrage de M. L. Sautter sur les phares lenticulaires.

922. Sébert (H.) Lt-Colonel d'artillerie, *Paris, 17, boulevard de Courcelles.* — Mémoires scientifiques et militaires, 1 vol. Nouveaux appareils balistiques, 1 vol. in-8° avec atlas.

923. Senlecq, *Ardres (Pas-de-Calais)* 3 brochures in-8 et 3 exemplaires du "Scientific American" (in-8), le tout avec plans d'appareils, traitant du "Télectroscope", appareil destiné à transmettre télégraphiquement au moyen du sélénium les images d'une chambre noire. (Inventé par l'auteur dès le commencement de 1877.)

924. Seure Dʳ (Jules), *Saint-Germain-en-Laye.* — Recherches sur les propriétés électriques du collodion simple desséché, suivies de réflexions sur la nature de l'électricité statique.

925. Société française de physique, *Paris, 44, rue de Rennes.* — Bulletin des Séances de la Société. (1875-1881.) 8 vol. in-8.

926. Société de Statistique de Paris. — (Loua (Toussaint) délégué),

Paris, 110, rue de l'Université. — Un tableau de cartes et diagrammes relatifs à la statistique du mouvement télégraphique depuis 1851.

927. Société générale d'électricité (procédés Jablochkoff), *Paris, 61, avenue de Villiers.* — Plans d'installations.

928. Société générale pour la fabrication de la dynamite (L. Roux, administrateur-directeur général), *Paris, 17, rue d'Aumale.* — Notice sur l'électricité. Ouvrages sur la dynamite traitant des applications de l'électricité.

929. Taille (de la), *Orléans.* — Dessins d'ouvrages en fer T pour lignes télégraphiques. Plans d'une guérite d'arrêt et de raccordement pour 96 fils aériens et 49 souterrains. Potelets avec semelle en fer T pour 42 fils.

930. Terquem (Em.), *Paris, 15, boulevard Saint-Martin.* — Ouvrages techniques américains sur l'électricité. Bibliothèque tournante et autres objets d'utilité pratique aux bibliothécaires et bibliophiles.

931. Thiers (Rodolphe), *Paris, 91, rue des Feuillantines.* — Mémoire manuscrit sur le système Lacassagne et Thiers, appliqué à l'éclairage électrique des vastes espaces et sur la divisibilité des courants électriques provenant d'un générateur unique.

932. Viard (Jules), instituteur, *Roches-sur-Marne.* — Mémoire sur l'électricité. Détermination de la nature de l'électricité et sa définition. Théorie de la formation des orages. Explication de la foudre. Identité absolue de l'électricité et du magnétisme prouvée par les phénomènes de la boussole. — Preuve de l'identité absolue entre l'électricité et le magnétisme. — Explications des phénomènes observés dans la boussole.

CLASSE 16.

COLLECTIONS RÉTROSPECTIVES D'APPAREILS CONCERNANT LES ÉTUDES PRIMITIVES ET LES APPLICATIONS LES PLUS ANCIENNES DE L'ÉLECTRICITÉ.

933. Breguet (Antoine), *Paris, 4,*

rue Pérrault. — Autographes d'Arago, de Faraday, de Melloni, d'Ampère.

934. Breguet *Paris*, 59, *quai de l'Horloge.* — Appareil primitif pour la répétition des signaux de disques de chemins de fer. Ancien compteur à eau à indications magnétiques. Télégraphe imprimeur d'Arlincourt (1er modèle.) Cinq télégraphes anciens à une, deux et trois aiguilles, Première bobine d'induction de MM. Breguet et Masson, dite bobine Ruhmkorff. Première bougie électrique de M. Jablochkoff.

935. Collège de France, *Galerie de physique.* — Table d'Ampère pour la vérification des lois élémentaires de l'électro-dynamique. Machine électro-magnétique de Pixii, construite en 1832 (premier modèle). Diapason électrique employé par Regnault pour les expériences relatives à la vitesse du son. Couple thermo-électrique de Regnault, expériences sur la détermination des températures par les courants thermo-électriques).

936. Compagnie des Chemins de Paris à Lyon et à la Méditerranée, *Paris*, 88, *rue Saint-Lazare.* — Études sur les appareils télégraphiques imprimant. Poteaux métalliques. Applications des tubes Geissler à l'éclairage des signaux fixes. Application de la bobine de Ruhmkorff à l'allumage des becs de gaz dans les campaniles.

937. Dumoulin - Froment , — *Paris*, 85, *rue Notre-Dame-des-Champs.* — Collection rétrospective de l'Électromoteur construit par G. Froment, de 1844 à 1848. (Voir l'exposition du ministère de l'Agriculture et du Commerce).

938 Duneau (E.), *Paris*, 49, *avenue Marceau.* — Un portrait de physicien du XVIIe siècle avec la légende : *Lumen hinc agam solo sale Æ LV. MDCXXVI.*

939. Gramme (Zénobe), *Paris*, 65, *rue Oberkampf.* — Machine magnéto-électrique Gramme, modèle présenté à l'Académie des sciences en juillet 1871. Régulateur de lumière électrique système Gramme.

940. Ministère de l'Agriculture et du Commerce (Conservatoire national des Arts et Métiers), *Paris*, 292, *rue Saint-Martin.* — Pile à sulfate de cuivre, A.-C. Becquerel, 1829 (forme de tube en U). — Pile à sulfate de cuivre de Becquerel. — Pile à potasse de Becquerel. — Pile thermo-électrique à sulfure de cuivre de M. Ed. Becquerel. — Pile thermo-électrique à alliage de cadmium de M. Ed. Becquerel. — Grand couple secondaire de M. Gaston Planté, 1860. — Boussole des sinus, de Pouillet, construite par M. Brunner. — Boussole des tangentes de Pouillet, construite par M. Brunner. — Actinomètre électro-chimique de M. Ed. Becquerel, 1841 (appareil original). — Rhéostat à colonne liquide de M. Ed. Becquerel. — Balance électro-magnétique de M. Ed. Becquerel, construite par M. Bianchi. — Thermomètre électrique de Becquerel. — Pyromètre thermo-électrique de M. Ed. Becquerel. — Collection d'électro-moteurs de M. G. Froment. — Appareil pour le dégagement de l'électricité par pression, A.-C. Becquerel, (1823, appareil original). — Formation électro-chimique des substances minérales cristallisées. Appareil simple, A.-C. Becquerel, 1828. — Appareil électro-capillaire. Tube avec fissure, A.-C. Becquerel, 1866. Appareil de M. Ed. Becquerel avec électro-aimant pour le magnétisme de l'oxygène. — Tubes de M. Ed. Becquerel avec corps phosphorescents éclairés par les décharges électriques.

941. Ministère de la Marine et des Colonies, *Paris*. — Modèles de Torpilles et de signal horaire du Commandant Trèves.

942. Ministère des Postes et des Télégraphes, *Paris*, 101, *rue de Grenelle.* — Appareils divers.

943 Société française de Physique *Paris*, 44, *rue de Rennes.* — Deux mémoires manuscrits d'Ampère sur l'électrodynamique (2 cahiers in-f°).

943 *bis.* **Tripier** (Dr A.), *Paris*, 4, *rue de Hanovre.* — Pile de Ciniselli.

ALLEMAGNE (EMPIRE D')

GROUPE I
PRODUCTION DE L'ÉLECTRICITÉ

CLASSE 1.
ÉLECTRICITÉ STATIQUE.

944. Königlisch Sächsisches Polytechnikum, *Dresden*. — Petite machine statique de Toepler, pour laboratoires. — Modèles de machines analogues dont un de machine à double effet.

945. Toepler (Dr A.), professor am Königlichen Polytechnikum, à *Dresden*. — Machines statiques à 60 et à 20 disques dont une à potentiel plus élevé et à amorçage automatique (M. Leuner, constructeur).

946. Voss (J. Robert), Mechaniker, *Berlin N. O.* — Machines statiques à disques tournants et à amorçage automatique, d'après R. Voss. Machine statique de Holtz à disque tournant.

947. Wilk (August), Mechaniker, *Darmstadt*. — Machine statique puissante à amorçage automatique à manivelle ou à pédale.

CLASSE 2.
PILES ET ACCESSOIRES.

948. Direction der Thüringischen Eisenbahn Gesellschaft, *Erfurt*. — Divers couples électriques Daniell, Bunsen, Meidinger, Leclanché.

949. Dœrffel (Paul), Hof-Optiker und Mechaniker, *Berlin N. W.* — Divers modèles de piles thermo-électriques (système Noë), réchauds à l'esprit-de-vin, ou à bec Bunsen.

950. Cerzabeck, Zeller et Cie, Fabrik galvanischer, *Kohlen, Sonthofen im Allgäu in Bayern*. — Plaques de charbon de différentes grandeurs; prismes pour couples électriques Bunsen et Leclanché; cylindres de charbon de différentes grandeurs.

951. Keiser & Schmidt, Telegraphenbau-Anstalt und Fabrik physikalischer Apparate, *Berlin*. — Piles; couples électriques; plaques et cylindres de charbon artificiel et naturel.

952. Königliche Akademie Physikalisches Kabinet Professor Dr Hittorf. *Münster, Westphalien*. — Pile électrique de 200 couples, pour l'étude des décharges électriques dans les gaz raréfiés, construite par M. le Dr Hittorf.

953. Lessing (Albert), D^r, Fabrikbesitzer, *Nürnberg*. — Charbon en plaques, prismes et cylindres pour piles, couple électriques, spécialement de charbon zinc et de charbon manganèse-zinc.

954. Meidinger (D^r H), Professor, Karlsruhe in *Baden*. — Couple électrique Meidinger. — Pile composée de 24 couples, applicable à l'électricité médicale.

955. Reichs-Postamt, *Berlin*. — Pile électrique (type de l'administration allemande).

956. Siemens et Halske, *Berlin*. — Pile Siemens, à diaphragme en pâte de papier.

CLASSE 3.
MACHINES MAGNÉTO-ÉLECTRIQUES ET DYNAMO-ÉLECTRIQUES.

957. Bodien (Carl), Mechanikergehülfe, *Hambourg*. — Machine dynamo-électrique à manivelle.

958. Greb W. et Cᵉ, Fabrikanten elektrischer Apparate, *Frankfurt a/ Main*. — Machine-Gramme à courant continu, pour éclairage, modèle moyen.

959. Gurlt (W.), Telegraphabenbau-Anstalt, *Berlin* S. W. — Magnéto-inducteurs à aimants horizontaux et verticaux.

960. Heilmann - Ducommun et Steinlen (ateliers Ducommun) Maschinenfabrikanten, *Mülhausen, Elsass*. — Machines dynamo-électriques Gramme; types d'atelier.

961. Horn (Wilhelm), Fabrikant. *Berlin* S. — Machine dynamo-électrique.

962. Naglo (Gebrüder), Fabrikanten, *Berlin* S. O. — Machine dynamo-électrique.

963. Siemens et Halske, *Berlin*. Machines magnéto-électriques et dynamo-électriques à courant continu et à courants alternatifs, destinées à l'usage des laboratoires scientifiques et des industries, à l'éclairage électrique, à la transmission de force à distance (traction électrique), à l'électrochimie (métallurgie, galvanoplastie), à la télégraphie, au service des signaux de chemins de fer.

GROUPE II
TRANSMISSION PAR L'ÉLECTRICITÉ

—

CLASSE 4.
CABLES, FILS ET ACCESSOIRES. PARATON-NERRES.

964. Felten et Guilleaume Carlswerk, *Mülheim a/Rhein;* représentants à *Paris*, J. Jacquot et Cassou, 30, *rue des Bourdonnais*. — Fils de fer et d'acier galvanisés et non galvanisés pour télégraphes et téléphones; — câbles souterrains et sous-marins; — fils isolés employés pour l'installation des postes télégraphiques, — câbles pour torpilles; câbles à immerger pour mines sous-

marines, — cordes à paratonnerre et accessoires.

965. Reichs-Postamt, *Berlin*. — Modèle de jonction des fils télégraphiques aériens aux fils souterrains. — Isolateurs et accessoires. — Appareil à éprouver la solidité des fils télégraphiques. — Paratonnerres destinés à être attachés aux poteaux. — Échantillons de fils de fer et de leurs jonctions.

966. Siemens et Halske, *Berlin*. Matériel pour la construction de lignes télégraphiques aériennes, souterraines et sous-marines; isolateurs, fils isolés au moyen de gutta-percha et de caoutchouc; câbles; câbles téléphoniques aériens et accessoires; paratonnerres sans induction nuisible; outils.

GROUPE III
ÉLECTROMÉTRIE

—

CLASSE 5.
APPAREILS SERVANT AUX MESURES ÉLECTRIQUES.

967. Erdmagnetisches Observatorium und physikalisches Institut der Universität, *Göttingen*. — Boussole des tangentes, construite par le Dʳ Meyerstein, à fil enroulé autour d'un ellipsoïde de révolution.

968. Gurlt (W). Telegraphenbau-Anstalt, *Berlin* S. W. — Pont de Wheatstone.

969. Keiser & Schmidt, Telegraphenbau - Anstalt und Fabrik galvanischer Apparate, *Berlin*. — Galvanomètre pour éprouver les paratonnerres. — Galvanomètre des tangentes. — Pont de Wheatstone.

970. Kohlrausch, Professor Dʳ F., et mechanische Werkstatt von **Eugen Hartmann**, *Würzburg*. — Lunette pour observer les déviations sur une échelle de verre. — Galvanomètre à miroir. — Appareil d'induction. — Pont de Wheatstone-Kirshhoff en forme de cylindre avec téléphone et vases à fluides pour déterminer la résistance des élec trolytes. — Magnétomètre à suspension bifilaire.

971. Königlich-Sächsisches Polytechnikum, *Dresden*. — Electromètre des sinus à oscillations amorties. — Magnétomètre à oscillations amorties, employé dans les cours publics.

972. Naglo Gebrüder, Fabrikanten, *Berlin S. O.* — Galvanomètre pouvant fonctionner comme galvanomètre des sinus, et comme galvanomètre différentiel.

973. Physikalisches Kabinet der technischen Hochschule, *Berlin*. — Appareil pour mesurer la résistance des liquides, d'après A. Paalzow.

974. Reichs-Postamt, *Berlin*. — Voiture munie d'appareils servant à mesurer l'état électrique des câbles télégraphiques. — Disposition d'un poste muni des mêmes appareils pour le même usage. (Types de l'administration allemande).

975. Siemens et Halske, *Berlin*. Boussoles des sinus et des tangentes; galvanomètres astatiques, apériodiques, différentiels; électro-dynamomètres servant, au mesurage de courants exceptionnellement faibles (courants téléphoniques), ainsi que de courants très forts (courants produits par les machines dynamo-électriques); étalons de l'unité Siemens. Étalons de résistances gradués en unités Siemens; ponts de Wheatstone; condensateurs; appareil thermo-électrique pour le mesurage des températures; chronographe enregistrant par l'étincelle électrique; photomètre à sélénium.

976. Wiedemann (Dr Gustav), Professor an der Universität, *Leipzig*. — Galvanomètre à miroir (système Wiedemann, 1853).

GROUPE IV

APPLICATION DE L'ÉLECTRICITÉ

—

CLASSE 6.

TÉLÉGRAPHIE, SIGNAUX.

977. Cuypers (Wilhelm), Fabrik fein-

ster Knochenöle, *Pieschen bei Dresden*. — Huile et encre bleue pour les appareils télégraphiques.

978. Direction der Altona-Kieler Eisenbahn-Gesellschaft, *Altona*. — Appareil électro-sémaphorique pour les gares de chemins de fer (système de MM. Tellkampf et Walter).

979. Gurlt (W.), *Berlin*. — Appareil Morse. — Appareils écrivant à grande vitesse et à grande distance, de Jaite. — Commutateur automatique. — Appareil à cadran de Kramer. — Avertisseur d'incendie, etc.

980. Kaiserliche General-Direction der Eisenbahnen in Elsass-Lothringen, *Strasburg i/ Elsass*. — Commutateur à pied desservant deux lignes télégraphiques par le même appareil Morse, construit dans les ateliers Siemens et Halske. — Signal à déclanchement électrique. — Divers appareils électriques applicables au service des chemins de fer. — Appareils construits dans les ateliers de la Direction.

981. Keiser et Schmidt, *Berlin. N. Johannisstrasse, 20.* — Appareils télégraphiques pour l'usage domestique.

982. Königliche Eisenbahn-Direction, *Berlin*. — Compteur mécanique des blocages enlevés à cause des devancements de trains. Modèle d'un système de communication entre les voyageurs d'un train et le mécanicien-conducteur; construction d'après M. Zwez.

983. Königliche Eisenbahn-Direction, *Elberfeld*. — Appareil de block-system à liaison automatique avec les signaux optiques (construit dans les ateliers de la direction).

984. Königliche Eisenbahn-Direction, *Frankfurt a/Main (Sachsenhausen)*. — Appareils Morse modifiés en vue de leur application au block-system. — Disposition pour assurer la dépendance des manœuvres des signaux optiques et des aiguilles (système Lobbecke). — Appareils à signaux électro-acoustiques contrôlant automatiquement l'entrée des trains dans les gares.

985. Königliche Eisenbahn-Direction, *Hannover*. — Appareil pour contrôler la manœuvre des aiguilles de garage des chemins de fer (construit dans les ateliers Siemens et Halske).

986. Milchsack (D.) **et Ce**, Papierfabrikanten, *Bergisch-Gladbach bei Köln a/ Rh.*—Échantillons de bandes de papier pour appareils télégraphiques.

987. Naglo, Gebrüder, Fabrikanten, *Berlin S. O.* — Installation complète d'un télégraphe avertisseur d'incendie. — Appareils télégraphiques (types de l'administration des postes allemandes et des administrations des chemins de fer d'État de Prusse).

988. Reichs-Postamt, *Berlin.* — Modèles d'appareils télégraphiques employés dans les postes télégraphiques allemands. — Poste à courant continu. — Transmission Duplex (système Fuchs, etc.).

989. Siemens et Halske, *Berlin.* Appareils du système Morse et de systèmes analogues pour lignes aériennes, sous - marines, souterraines; manipulateurs ordinaires et automatiques; récepteurs; relais, galvanoscopes : accessoires. Appareils imprimeurs Hughes et autres pour applications spéciales. Appareils à cadran magnéto-électriques. Appareils de sécurité pour les chemins de fer : sonneries, inducteurs magnéto - électriques ; mécanismes pour la transmission de signaux de secours; manipulateurs et récepteurs automatiques; accessoires. Appareils de block-system appliqués aux sémaphores, réglant la circulation des trains entre les stations et aux sémaphores d'entrée des gares. Appareils à déclanchement électrique.

990. Wittwer, *Regensburg* **& Wetzer**, *Pfronten.* — Sonnerie pour l'appel respectif des stations d'un même circuit.

CLASSE 7.

TÉLÉPHONIE, MICROPHONIE, PHOTOPHONIE.

991. Kaiserliche General-Direction der Eisenbahnen in Elsass-Lothringen, *Strasburg i/ Elsass.*— Commutateur pour postes téléphoniques, construit dans les ateliers de l'exposant d'après MM. Hieronymi et Haas.

992. Königlich-Sächsisches Polytechnikum, *Dresden.* — Appareils d'appel à diapasons (système Toepler).

993. Naglo, Gebrüder, Fabrikanten, *Berlin S. O.* — Téléphones à faisceau magnétique et trompettes d'appel.

994. Reichs-Postamt, *Berlin.* — Indicateur combiné avec un commutateur à l'usage des bureaux téléphoniques centraux. Téléphones et accessoires à l'usage des postes extrêmes et des postes intermédiaires.

995. Siemens et Halske, *Berlin.* Téléphones système **Bell**, construction Siemens. Installation d'un bureau central reliant plusieurs stations d'un réseau téléphonique. Appareils avertisseurs magnéto-électriques. Téléphones électro-dynamiques.

CLASSE 8.

LUMIÈRE ÉLECTRIQUE.

996. Greb (W.) **et Ce**, Fabrikanten elektrischer Apparate, *Frankfurt a/ Main.* — Deux foyers électriques intercalés dans le même circuit, donnant des flammes puissantes par un courant continu assez faible.

997. Heilmann, Ducommun et Steinlen (ateliers Ducommun). Maschinen fabrikanten, *Mülhausen i/ Elsass.* — Quatre foyers électriques contribuant à l'éclairage général.

998. Horn (Wilhem), Fabrikant, *Berlin S.* — Lampe électrique (système Horn).

999. Kaiserliche General-Direction der Eisenbahnen in Elsass-Lothringen, *Strasburg i/ Elsass.*— Lampe électrique à lumière d'intensité variable (construite dans les ateliers de la Direction).

1000. Keiser et Schmidt. Telegraphenbau-Anstalt und Fabrik physikalischer Apparate, *Berlin N.* — Lampe électrique (système Pulcher).

1001. Lessing (Albrecht) **D^r**, Fabrikbesitzer, *Nürnberg.* — Bougies de charbon pour lampes électriques.

1002. Naglo, Gebrüder, Fabrikanten, *Berlin S. O.* — Lampes électriques à réflecteur (système Naglo).

1003. Physikalisches Kabinet der technischen Hochschule, *Berlin.* — Appareil pour examiner et étudier la lumière électrique (système A. Paalzow et W. Vogel).

1004. Schöne, G. Hugo Sohn, Klempner und Dampfmetalldrückerei, *Dresden.* — Divers réflecteurs paraboliques et un prisme pour les foyers électriques.

1005 Siemens et Halske, *Berlin.* Éclairage électrique à foyer unique et à lumière divisée, à courant continu et à courants alternatifs ; machines magnéto-électriques et dynamo-électriques, système de Hefner-Alteneck. Machine dynamo-électrique à armature Siemens, modèle 1880. Régulateurs pendulum ; lampes différentielles ; projecteurs ; accessoires.

CLASSE 9.

MOTEURS ÉLECTRIQUES, TRANSPORT DES FORCES.

1006. Heilmann, Ducommun et Steinlen (ateliers Ducommun), Maschinenfabrikanten, *Mülhausen i Elsass.* — Transmission de force, servant à mettre en mouvement 10 machines-outils constituant un petit atelier pour travaux de précision.

1007. Siemens et Halske, *Berlin.* Applications de la transmission électrique de la force à distance ; marteau électrique ; perceuse électrique ; wagon du chemin de fer électrique de Lichterfelde.

CLASSE 10.

ÉLECTRICITÉ MÉDICALE.

1008. Dörffel (Paul), Hof-Optiker und Mechaniker, *Berlin N. W.* — Electro-aimant de M. le professeur Hirschberg pour retirer des yeux les petits éclats de fer.

1009. Gauernack et Reinboth, Mechaniker ; Specielgeschäft elektro-medicinischer Apparate, *Dresden.* — Piles à courant constant et appareils d'induction, à l'usage de l'électrothérapie.

1010. Instrumenten und Bandagen Cabinet der Königlichen Universität, *Berlin.* — Explorateur électrique.

1011. Keiser et Schmidt, Telegraphenbau-Anstalt und Fabrik physikalischer Apparate. *Berlin N.* — Appareils d'induction et appareil complet d'électrothérapie avec interrupteur automatique.

1012. Königlich-Sächsisches Polytechnikum, *Dresden.* — Appareil d'induction à lames vibrantes pour l'électro-physiologie (système Toepler).

1013. Michael (Dr med. J.), Praktischer Arzt, *Hamburg.* — Psychrophos, appareil d'éclairage pour médecins et dentistes, basé sur la phosphorescence produite par l'électricité inductive.

1014. Physiologisches Institut der Königlichen Universität zu Berlin, Professor Dr E. du Bois-Reymond, *Berlin.* — Appareils construits par MM. Plath, Schmidt et Hänsch, Pfeil, Krüger, Baltzar et Schmidt, d'après du Bois Reymond, A. Christiani et H. Kronecker.

1015. Physiologisches Institut der Universität zu Rostock, Professor Dr Herrmann Aubert, *Rostock.* — Commutateur de pile d'après L. Matthiesen. Electrodes impolarisables pour l'examen de l'électrotonus d'après Aubert. — Système d'attache pour conducteurs assurant un contact parfait (appareils construits par M. Westien).

1016. Stöhrer Dr Sohn, Mechaniker, *Leipzig.* — Appareils électro-médicaux, d'induction, à courant constant et de galvano-caustique.

CLASSE 11.

ÉLECTRO-CHIMIE.

1017. Königliche Akademie zu Münster, Physikalisches Kabinet. Professor Dr Wilhelm Hittorf, *Münster (Westphalen).* — Divers appareils pour l'électrolyse construits par Hittorff.

1018. Minister der öffentlichen Arbeiten, *Berlin*, Königlich Preussisches und Herzoglich - Braun-Schweigisches **Communion Hüttenamt**, *Ocker*. — Collection des matériaux bruts et des matériaux employés dans l'atelier électrolytique de Ocker.

1019. Norddeutsche Affinerie, Actiengesellschaft, *Hamburg*. — Produits de l'industrie électrolytique. Spécimen de cuivre, d'or et d'argent à l'état de pureté chimique. Plaques laminées et fil étiré de cuivre électrolytique sans soudure. Produits accessoires.

L'atelier électrolytique des usines de la Société "*Norddeusche Affinerie*", à Hambourg, est établi depuis 1875.

On y retire, par la voie de l'électrolyse des cuivres bruts contenant de l'argent et de l'or, du cuivre d'une pureté presque absolue en séparant en même temps la teneur totale en métal précieux.

La production annuelle s'élève à 550 tonnes de cuivre. Le courant électrique est fourni par six machines Gramme. On obtient de plus, par un procédé électrolytique nouveau, de l'or fin d'un titre de 1000 0/00 (en 1880 Ks 1200) qu'on retire de l'or allié à toute sorte d'autres métaux.

1020. Siemens et Halske, *Berlin*. — Machines dynamo-électriques destinées aux procédés chimiques, à la galvanoplastie et à la métallurgie.

CLASSE 12.

INSTRUMENT DE PRÉCISION, ÉLECTRO-AIMANTS BOUSSOLES, HORLOGERIE ÉLECTRIQUE.

1021. Raphael (Max), Glimmerwarenfabrikant, *Breslau*. — Roses des vents peintes sur mica pour boussoles à liquides. Plaques de mica pour roses transparentes de boussoles.

1022. Siemens et Halske, *Berlin*. — Horloge électrique.

CLASSE 13.

APPAREILS DIVERS.

1023. Eisenmann (Raphael), Sprit fabricant de 3/6 (esprit) extra fin, *Berlin. O.* — Modèle d'un appareil à purifier les alcools à l'aide de l'oxygène à l'état actif; échantillons d'alcools purifiés par ce procédé.

1024. Erdmagnetisches Observatorium und Physikalisches Institut der Universität, *Göttingen*. — Observatoire magnétique transportable, construit par le D_r Meyerstein.

1025. Geissler, D_r H. Nachfolger : Franz Müller. Institut für chemische und physikalische Apparate, *Bonn a/ Rhein*. — Collection de tubes électriques; tubes Geissler; tubes Crookes pour expériences sur l'état radiant. Machine pneumatique à mercure (système Geissler).

1026. Heinemann (A.), *Bremerhaven*. — Modèle et dessin d'un appareil électrique pour mesurer les profondeurs de la mer.

1027. Kaiserliches Torpedo-technisches Laboratorium, *Kiel*. — Télémètre électrique construit par Siemens et Halske en 1870.

1028. Keiser et Schmidt, Telegraphenbau-Anstalt und Fabrik physikalischer Apparate, *Berlin*. — Appareil fournissant des étincelles avec interrupteur à mercure. Appareil donnant les spectres d'étincelles. Télégraphes domestiques.

1029. Klinkerfuss, D_r W. Professor und Director der Sternwarte, *Göttingen*. — Allumeur galvano-hydrostatique des becs de gaz. — Météorographe.

1030. Königliche Akademie zu Münster, physikalisches Kabinet. Professor D_r Wilhelm Hittorff, *Münster in Westphalen*. — Tubes de verre pour étudier les qualités de la lumière de l'électrode négative.

1031. Königliche Eisenbahn-Direction, *Elberfeld*. — Contrôleur de la vitesse d'un train, à contact spécial (système Wiesenthal et C_r).

1032. Königliche Eisenbahn-Direction, *Hannover*. — Appareil d'épreuve ayant servi en 1877 à Guntershausen, à des essais de freins continus.

1033. Königlich-Sächsiches Polytechnikum, *Dresden.* — Appareils pour l'étude des effets mécaniques et calorifiques des décharges des piles (système Toepler).

1034. Mathematisch - physikalisches Institut der Universität zu Marburg, Professor Dr Franz Melde, *Marburg.* — Appareil électro-acoustique pour démontrer l'existence simultanée de deux ondes indépendantes, d'après Melde. Electro-monochord, de Melde.

1035. Minister dér öffentlichen Arbeiten, *Berlin.* — Appareils télégraphiques disposés pour le service des mines ; leur emploi. Lampe de sûreté Mugeler. Boussoles de mines. Indicateur électrique des niveaux d'eau. Machine électro-dynamique pour faire sauter des rochers, etc.

1036. Müller (Carl Heinrich Florenz) Fabrik electrischer alasinstrumente, *Hamburg.* — Collection de tubes électriques. Collection des appareils Crookes.

1037. Raphael (Max), Glimmerwaaren fabrikant, *Breslau.* — Objets de mica pour diverses industries électriques.

1038. Reichs-Postamt, *Berlin.* — *Zeitball* à détachement électrique construit par MM. Bamberg.

1039. René C., Consul, l'ianoforte-fabrikant, *Stettin.* — Tables d'harmonie de bois préparé à l'aide de l'oxygène ozoné; échantillons de bois naturel et préparé.

1040. Siemens et Halske, *Berlin.* — Télémètre magnéto-électrique. Indicateurs de niveau d'eau. Avertisseur à prévision pour la manœuvre du gouvernail à bord des vaisseaux; Machines pour la séparation des matières (minérales) magnétiques et diamagnétiques. Chronographes à étincelle.

1041. Stöhrer D^r et Sohn. Mechaniker, *Leipzig.* — Appareil de projection applicable dans les écoles primaires, et accessoires pour expériences électriques.

1042. Tribout (Joseph), *Metz.* — Charrue construite spécialement pour la pose d'un câble télégraphique en campagne.

1043. Wiedemann (Dr Gustav), Professor der Universität, *Leipzig.* — Appareils pour étudier les relations entre le magnétisme et la torsion. (1859-1860.)

GROUPE V
MÉCANIQUE GÉNÉRALE
—

CLASSE 14.

GÉNÉRATEURS ; MOTEURS A VAPEUR, A GAZ ET HYDRAULIQUES ET TRANSMISSIONS APPLICABLES AUX INDUSTRIES ÉLECTRIQUES.

1044. Gasmotorenfabrik zu Deutz, Actien - Gesellschaft, *Deutz bei Cöln a/m Rhein.* — Moteurs à gaz à un et à deux cylindres, d'une force effective de 8 à 50 chevaux.

1045. Siemens et Halske, *Berlin.* — Machine à vapeur rotative (système Dolgorouki), commandant directement une machine dynamo-électrique.

GROUPE VI
BIBLIOGRAPHIE, HISTOIRE
—

CLASSE 15.

COLLECTIONS BIBLIOGRAPHIQUES D'OUVRAGES CONCERNANT LA SCIENCE ET L'INDUSTRIE ÉLECTRIQUES, PLANS, CARTES, ETC., ETC.

1046. Barth (Johann Ambrosius), Verlagsbuchhandlung, *Leipzig.* — « Poggendorff's Annalen nebst Beiblättern », 7 volumes : « Annalen der Physik », 3 vol. « Beiblätter I à IV » (1877 à 1880) (publiés par l'exposant).

1047. Bischkopf (M.), Verlagsbuchhandlung, *Wiesbaden.* — Weidenbach : « Compendium der elektrischen Telegraphie » (publié par l'exposant).

1048. Baensch (Wilhelm), Verlagsbuchhandlung, *Berlin.* — 4 ouvrages de Ludwig intitulés : « Die electrische Messkunde »; « Der Reichstelegraphist » ; « Der Bau von Telegraphenlinien » et « Das Telegraphenrecht » (publiés par l'exposant).

1049. Clemens (Dr Theodor), *Frankfurt-a/Main*. — Clemens : « Heilwirkungen der Electricität und deren erfolgreiche methodische Anwendung in verschiedenen Krankheiten ».

1050. Costenoble (Herm.), Verlagsbuchhandlung, *Iena*. — Ferrini : « Technologie der Electricität » (publié par l'exposant).

1051. Direction des medicinisch-chirurgischen Friedrich - Wilhelm Instituts, *Berlin*. — 4 ouvrages sur l'électricité, de M. Winkler, professeur à l'Université de Leipzig, de M. Kessler, médecin à Breslau, et d'autres savants allemands; publiés en 1633, 1744, 1745, 1746 et 1750.

1052. Du Mont-Schauberg (M.), Buchhandlung, *Köln*. — Schellen : « Die magnet und dynamo - electrischen Maschinen » (publié par l'exposant).

053. Electro-technischer Verein, *Berlin*. — Zeitschrift des Electrotechnischen Vereins. — 1880-1881. — 3 volumes. — Mémoire sur l'activité de la Société électro-technique.

1054. Erdmagnetisches Observatorium und physikalisches Institut der Universität, *Göttingen*. — Plusieurs ouvrages de Gauss, Weber, Schering et Bleck; photographies des instruments de l'Observatoire de Gauss et photographies des lignes télégraphiques construites par Gauss et Weber en 1833.

1055. Fleischmann (Emanuel), *Frankfurt-a/Main*. — Essai sur la nature, les effets et les causes de l'électricité, etc., de M. F. H. Winkler, professeur à l'Université de Leipzig. — Traduit de l'allemand, 1748.

1056. Friedländer (R.) **& Sohn,** Verlagsbuchhandlung, *Berlin*. — Christiani : « Electricität » (publié par l'exposant).

1057. General - Direction der Grossherzoglich - Badischen Staats Eisenbahnen, *Karlsruhe in Baden*. — Collection de dessins intitulée : « Telegraph; — Sammlung von Constructionen aus dem Gebiete des Telegraphen-und Signalwesens der Eisenbahnen », 1872-1881.

1058. Häpke (Dr L.), ordentlicher Lehrer an der Realschule, *Bremen*. — Häpke : « Physiographie der Gewitter ».

1059. Hirschwald (August), Verlagsbuchhandlung, *Berlin*. — 4 ouvrages traitant de l'électricité, 5 volumes (publiés par l'exposant).

1060. Kastner (Frédéric), *rue de la Nuée-Bleue, 2, à Strasbourg (Alsace)*. — Théorie des vibrations et considérations sur l'électricité (analyse de l'électricité). Description du pyrophone et du lustre chantant électriques, instruments de musique de son invention. Photographies, brochures et morceaux de musique concernant ces instruments.

1061. Kern's (J. U.), Verlag (Max Müller), *Breslau*. — Canter : « Aufgaben aus dem Gebiete der Telegraphen-Technik » et « Der technische Telegraphendienst »(publié par l'exposant).

1062. Kitzinger (W.), Verlagsbuchhandlung, *Stuttgart*. — Fischer-Treuenfeld : « Kriegs-Telegraphie » et « Feuer-Telegraphie »(publiés par l'exposant).

1063. Laupp (H.), Buchhandlung, *Tübingen*. — Bruns : « Die Galvanokaustichen Apparate »; Zech : « Die Physik in der Electro-Therapie » (publiés par l'exposant).

1064. Meidinger (Dr H.), Professor, *Karlsruhe in Baden*. — Un volume intitulé : « Die magnet-elektrische Maschine ».

1065. Meyer (Carl Gustav Prior), Verlagsbuchhandlung, *Hannover*. — Merling : « Telegraphen-Technik » (publié par l'exposant).

1066. Minister der o"fftlichen Arbeiten, *Berlin*. — Un volume contenant : la description du réseau télégraphique dans les houillères de Sarrebrück.

1067. Mittler (E. Sund) **& Sohn,** Königliche Hofbuchhandlung, *Berlin*. — Buchholtz : « Kriegs-Telegraphie « et « Feld-Telegraphie » (publiés par l'exposant).

1068. Oldenbourg (R.), Verlagsbuchhandlung, *München*. — 7 ouvrages et journaux traitant de l'électricité, etc., 24 volumes (publiés par l'exposant).

1069. Peiser (Wolf.), Verlag, *Berlin*. — Rother : « Der telegraphenbau » (publié par l'exposant).

1070. Physiologisches Institut der Königlichen Universität zu Berlin. Professor D' E. du Bois-Reymond, *Berlin*. — 3 ouvrages de E. Du Bois-Reymond intitulés : « Untersuchungenüber thierische Elektrioität », — « Gesammelte Abhandlungen zur allgemeinen Muskel-und Nervenphysik », — et « Dr. Carl Sachs' Untersuchungen am Litterraal Gymnotus electricus, nach seinem Fode bear-beitel von Emil du Bois-Reymond. Mit zwei Abhandlungen von Gustav Fritsch ». — Ouvrage de A. Christiani : « Ueber irreciproke Leitung elektrischer Ströme ».

1071. Reichs-Postamt, *Berlin*. — « Zeitschrift des Deutsch-Oesterreichischen Telegraphen-Vereins, redigirt von D' Ph. Brix », volumes I-XVI. « Beschreibung der in der Reichs, telegraphen-Verwaltung gebräuchlichen Apparate », « Die Geschichte und Entwickelung des elektrischen Fernsprechwesens ». — Une carte représentant l'augmentation des postes télégraphiques de 1872 jusqu'aujourd'hui; un plan représentant graphiquement le mouvement des télégrammes, etc.

1072. Schmidt (Carl Gustav), Postsecretair, *Chemnitz*. — Description et dessins des appareils pour la traduction des signaux télégraphiques en écriture ordinaire, etc.

1073 Schmitt D' (Eduard) Professor an der technischen Hochschule, *Darmstadt*. — Un ouvrage intitulé : « Eisenbahnbau. — Das Signalwesen. »

1074. Siemens et **Halske**—*Berlin*. Publications. — Dessins. — Descriptions. — Plans. — Diagrammes.

1075. Springer (Julius), Verlags-

buchhandlung, *Berlin*. — 24 ouvrages et journaux traitant de l'électricité, etc.; 27 volumes (publiés par l'exposant).

1076. Stöhrer D'**& Sohn** Mechaniker, *Leipzig*.— Photogrammes représentant deux cartes géographiques des zones du pôle boréal et du pôle austral avec le méridien magnétique ; une carte des inclinaisons et une carte des déclinaisons.

1377. Teubner (B. G.), Verlagsbuchhandlung, *Leipzig*. — 2 ouvrages traitant de l'électricité, etc.; 2 volumes (publiés par l'exposant).

1078. Vieweg (Friedrich) **Sohn**, Verlagsbuchhandlung, *Braunschweig*. — 4 ouvrages traitant de l'électricité, etc.; 6 volumes (publiés par l'exposant).

1079. Voigt (Bernhard Friedrich). Verlagsbuchhandlung, *Weimar*. — Deux ouvrages traitant de l'électricité, etc.; 5 volumes (publiés par l'exposant).

1080. Weber (J.-J.), Verlagsbuchhandlung, *Leipzig*.—Galle : « Katechismus der elektrischen Telegraphie » (publié par l'exposant).

1081. Winhelmann & Söhne, Verlagsbuchhandlung, *Berlin*. — Roloff : « Der Electromagnetismus » (publié par l'exposant).

CLASSE 16.

COLLECTIONS RÉTROSPECTIVES D'APPAREILS CONCERNANT LES ÉTUDES PRIMITIVES ET LES APPLICATIONS LES PLUS ANCIENNES DE L'ÉLECTRICITÉ.

1082. Dellmann (J.), Oberingenieur, *Osnabrück*. — Électromètre pour mesurer l'électricité atmosphérique, F. Dellmann et employé en 1851-1870 (voir : „Programm des Gymnasiums in Kreuz nach, 1882 ", Poggendous Annalen " tome 55, pag. 506, tome 86 années 1852, pag 524, etc.

1083. Direction der Thüringschen Eisenbahn-Gesellschaft, *Erfurt*. — Dessin de la première construction des sonneries électriques pour le service des chemins de fer, inventé en 1846 par Leonhardt. — Plusieurs appareils télégraphiques employés au service des chemins de fer; inventés en 1845, 1846, 1847, 1849, etc., par Leonhardt et par Rier.

1084. Erdmagnetisches Observatorium und physikalisches Institut der Universität, *Göttingen.*— Electro-dynamomètre, inventé par Weber en 1846 et employé pour démontrer la loi fondamentale électro-dynamique.

1085. Königlich-Sächsisches Polytechnikum, *Dresden.* — Plusieurs anciens appareils à cadran. — Fardely, 1845; Stöhrer, 1846; von Pelchrezim, 1848; transmetteur de signaux acoustiques; sonneries diverses; horloge électrique. — Stöhrer; le premier appareil écrivant à l'encre John, etc.

1086. Kohlrausch (Dr Friedrich), Professor an der Universität, *Würzburg.* — Balance de torsion électrique; condensateur; électromètre des sinus. — Instruments originaux employés par Rudolph Kohlrausch.

1087. Mathematisch-Physikalisches Institut der Universität zu Marburg, Professor Dr Franz Melde, *Marburg.* — Electro-aimant d'une force attractive remarquable, inventé en 1851 par Romershausen.

1088. Minister der öffentlichen Arbeiten, *Berlin.* — Trois boussoles de mines, construites en 1541, au commencement du dix-huitième siècle et de nos jours.

1089. Physikalisches Kabinet der Grossherzoglich-Badischen Polytechnischen Schule, Professor Dr L. Sohnke, *Karlsruhe i/ Baden.* — Bobines de résistance, Eisenlohr.

1090. Reichs-Postamt, *Berlin.* — Modèle de la première machine électrique de Otto von Guericke. — Un œuf électrique construit au commencement du dix-huitième siècle (cet appareil appartient au prince de Pless). — Copies exactes des appareils télégraphiques les plus anciens de Sömmering, Gauss et Weber, Steinheil. — Collection des appareils à cadran les plus anciens de Leonhardt, Siemens, Kramer. — Appareil à double style de Stöhrer et de Siemens avec accessoires. — Premier télégraphe imprimeur de Siemens. — Collection des appareils Morse à style et écrivant à l'encre. — Appareil à cadran et magnéto-électrique de Siemens. — Transmetteurs rapides à l'aide de bandes de papier perforés et à l'aide de types arrangés en règles métalliques. — Appareils écrivants polarisés. — Manipulateur à transmission rapide écrivant à boîte (Dosenschriftgeber). — Collection des relais ordinaires et polarisés. — Appareil de translation de Jaite pour le service avec des appareils Hughes. — Collection de manipulateurs, galvanoscopes et galvanomètres, paratonnerres et commutateurs. — Appareil magnéto-électrique, dynamo-électrique, d'induction. — Couples électriques. — La première machine pour revêtir les fils télégraphiques d'une couche homogène de gutta-percha, construite par Siemens. — Collection des isolateurs à cloche et accessoires, etc. — Copie du téléphone Reis.

1091. Senats-Commission für Reichs-und auswärtige Angelegenheiten, *Bremen.* — Télégraphe à aiguille; — modèle d'un télégraphe à aiguille; — anneaux en porcelaine; — vases électriques; — échantillon du fil de fer employé à la construction des premières lignes télégraphiques en 1846.

1092. Siemens et **Halske,** *Berlin.* — Premier modèle (1846) de l'appareil à cadran électro-magnétique système Siemens. — Premier modèle (1856) de l'appareil à cadran magnéto-électrique, système Siemens (Armature Siemens). — Première exécution de la presse à vis construite en 1847 pour la fabrication de fils isolés par une enveloppe cylindrique de gutta-percha sans couture; échantillons de fils isolés produits par ladite presse.

Première exécution de la machine dynamo-électrique (armature Siemens) de 1866. Premier modèle de la machine dynamo-électrique à armature cylindrique de 1872. Première exécution de la locomotive électrique basée sur le principe de la transmission électrique des forces à distance.

Première exécution d'une lampe à courant dérivé (1873) exposée à Vienne en 1873.

Loch électrique. — (Voir aussi l'exposition rétrospective de l'administration centrale des Postes de l'Empire d'Allemagne.

1093. Wiedemann (Dr Gustav), Professor an der Universität, *Leipzig*. — Appareils pour étudier l'endosmose électrique et l'électrolyse des solutions. — Galvanomètre à miroir pour étudier la conductibilité calorifique des métaux. — Inventions de l'exposant de 1852, 1856 et 1853.

AMÉRIQUE DU NORD (ÉTATS-UNIS)

GROUPE I
PRODUCTION DE L'ÉLECTRICITÉ

CLASSE I.
ÉLECTRICITÉ STATIQUE.

1094. Edison (Thomas A.), *Menlo-Park.* — Bouteilles de Leyde et condensateurs dans lesquelles le vide a été fait. Appareils destinés à mettre en évidence la force éthérique.

CLASSE 2.
PILES ET ACCESSOIRES.

1095. Edison (Thomas A.) *Menlo-Park.* — Pile à craie. — Pile à gravité.

1096. Eldredge (J. Morgan), *Philadelphie.* — Pile électrique.

1097. Electro-Dynamic Company (M. Wm W. Griscom, représentant), *Philadelphie*, 2009, *Pine street.* — Piles électriques.

1098. Partz (August), *Philadelphie,* et à *Paris*, 20, *avenue Victoria.* — Nouvelle pile électrique à un liquide. — Nouvelle pile électrique à deux liquides. — Nouvelle pile thermo-électrique. — Accumulateur voltaïque.

1099. Schmanser (Dr Théodore), *Allegheny City.* — Pile disposée en vue des applications médicales.

1100. United States Signal Office, *Washington. D. C.* — Piles électriques.

CLASSE 3.
MACHINES MAGNÉTO-ÉLECTRIQUES ET DYNAMO-ÉLECTRIQUES.

1101. Edison (Thomas A.), *Menlo-Park.* — Machine dynamo-électrique et machine à vapeur établies sur le même bâtis. — Machine dynamo-électrique reposant sur un principe nouveau. — Petite machine dynamo-électrique.

1102. Hirsh (Joseph M.), *Chicago.* — Machine dynamo-électrique.

1103. Kellogg (Milo G.), *Chicago,* 220, *Kinzie street.* — Machine dynamoélectrique.

1104. Standard Electric Light C^o, *New-York*, 211, *Centre street.* — Générateur d'électricité.

1105. United States Electric Lighting Company, *New-York,* 120, *Broadway.* — Machines magnéto électriques.

1106. Weston Electric Light C^o, *Newark.* — Machines dynamo-électriques.

1107. White House Mills, *Hoosac. N.-Y.* — Machine dynamo-électrique, disque radial d'Arago.

GROUPE II
TRANSMISSION PAR L'ÉLECTRICITÉ

CLASSE 4.
CABLES, FILS ET ACCESSOIRES, PARATONNERRES.

1108. Dodson (Wilson P.), *Philadelphie,* **et Ege** (Alexandre H.), *Mechanicsburg, Penn.* — Petit modèle démontrant la pose aérienne des fils télégraphiques et la pose souterraine des autres conducteurs.

1109. Edison (Thomas A.), *Menlo-Park.* — Spécimens de tuyaux et boîtes de service, employés dans le système Edison.

1110. Hirsh (Joseph M.), *à Chicago.* Fils et câbles sans induction.

1111. Hoosac Tunnel Tri-Nitro-glycerine Works (North Adamz). — Fusées et câbles isolés.

1112. Partz (August), *à Philadelphie, et à Paris*, 20, *avenue Victoria*. Projet d'un nouveau système de conducteurs souterrains.

1113. Philips (William J.), *à Philadelphie*, 208, *W. Washington Sq.* Câble souterrain.

GROUPE III
ÉLECTROMÉTRIE.

—

CLASSE 5.
APPAREILS SERVANT AUX MESURES ÉLECTRIQUES.

1114. Edison (Thomas A.), *Menlo-Park*. — Appareils pour mesurer la résistance des lampes. Appareils pour mesurer l'énergie consommée dans les lampes. Rhéostat pour les courants forts. Thermo-galvanomètre. Rhéostat à charbon. Dynamomètre. Régulateur des courants (fluid-bridge). Photomètre. Webermètre.

GROUPE IV
APPLICATIONS DE L'ÉLECTRICITÉ

—

CLASSE 6.
TÉLÉGRAPHIE, SIGNAUX.

1115. Bailey (J. F.) et **Puskas** (Théodore), *à Paris*. — Disques électriques combinés et block-system pour chemins de fer (système Sykes).

1116. Bell (Alexander Graham), *Washington*, **Tainter** (Summer), *Washington*, et **Williams** (Charles jeune), *Boston*. — Appareils télégraphiques.

1117. Connolly bros and **Mc Tighe**. *Washington*. — Bureau central téléphonique automatique.

1118. Cumming (George), *New-York*, 503, *East 19th. street*. — Manipulateur télégraphique à contact périphérique.

1119. Edison (Thomas A.) *à Menlo-Park N. J.* — Relais à charbon. Relais à motographe. Relais à pression. Relais à expansion. Système télégraphique imprimeur pour lignes particulières. Système télégra-phique imprimeur pour la cote de la bourse. Système automatique autographique. Deux systèmes de télégraphie domestique. Système quadruplex de télégraphie. Deux systèmes de télégraphie duplex. Système de télégraphie chimique à lettres Morse. Système de télégraphie chimique à caractères romains.

1120. Electro Graphic Manufacturing C°, *à New-York*, 2, *Dutch street*. — Appareils pour la production et la transmission de l'électricité, appliqués à la télégraphie.

1121. Gray (Elisha), *à Highland-Park*. — Télégraphe électro-acoustique comprenant le système multiple ou harmonique; combinaison d'un Morse-téléphonique avec d'autres appareils pour la transmission électrique des sons musicaux et autres.

1122. Philips (William J.), *à Philadelphie*, 208, *W. Washington Sq.* — Télégraphes imprimeurs. Télégraphes de quartiers. Signal d'alarme. Appareil muni de ressorts de fenêtres et de portes.

1123. Pond Indicator Company, *New-York* et *Paris*, 41, *rue de la Victoire*. — Indicateur électrique visuel de Chester A. Pond et transmetteur électrique de J. U. Mackensie, pour signaux instantanés sur un seul fil et dans un circuit de mille stations ou plus, à l'usage des télégraphes, téléphones, signaux d'incendies, appels en cas de vols, indicateurs d'hôtels, etc.

1124. Hubbard (Charles W.), *à Boston*. — Indicateur électrique pour hôtels.

1125. White House Mills, *Hoosac. N. Y.* — Machine dynamo-électrique appliquée à la télégraphie.

CLASSE 7
TÉLÉPHONIE, MICROPHONIE, PHOTOPHONIE.

1126. Bell (Alexander Graham) **Tainter** (Sumner), *Washington*, **Williams** (Charles jeune), *Boston*. — Appareils téléphoniques et radiophoniques.

1127. Dolbear (A. Emmerson), *à Somerville*. — Système électro-téléphonique. Téléphone et parleur combinés. Application du téléphone aux relais et aux parleurs. Rotophone.

1128. Edison (Thomas A.) *à Menlo-Park*. — Téléphones. Système motographe. Système à combinaison. Système musical. Téléphonographe. Répétiteur téléphonique. Commutateur téléphonique. Microtasimètre. Odoroscope.

1129. Hirsh (Joseph M.), *Chicago*.— Téléphone.

1130. Serrell (Edw. W. J^{nr}), *New-York (actuellement à Lyon)*. — Perfectionnement du photophone.

CLASSE 8.
LUMIÈRE ÉLECTRIQUE.

1131. Ball (Clinton M.), *Troy, New-York*. — Lampes électriques à incandescence et à arc voltaïque, régulateur électrique.

1131bis. **Chavet** (V^{or}), *Paris.*—Charbons électriques et charbons de piles.

1132. Edison (Thomas A.), *Menlo-Park*. — Lampes à incandescence; procédés de fabrication de ces lampes. Chandeliers à trois lampes, à deux lampes, à une lampe. Appliques articulées ou rigides pour lampes. Régulateurs de courant. Compteurs de la consommation de lumière. Spécimens de bambou et d'autres matières carbonisées, etc.

1133. Hirsh (Joseph M.), *Chicago*. — Lampes électriques.

1134. Kellogg, (Milo C.), 220, *Kinzie street Chicago*. —Lampes à arc voltaïque.

1135. Partz (August), *Philadelphie et Paris, 20, avenue Victoria*. — Lampe électrique nouvelle Dessin d'une lampe électrique du système Werdermann à remplacement continu des charbons — Plan d'un nouveau mode d'éclairage des rues et des places publiques.

1136. Standard Electric Light C°. 211, *Centre street, New-York*.—Lampes à arc voltaïque.

1137. United States Electric Lighting C°, *New-York*, 120, *Broadway.* — Lampes électriques et appareils divers pour éclairage électrique.

1138. Weston Electric Light C°, *Newark N. J..* — Lampes électriques; commutateurs; interrupteurs; chandeliers et autres appareils pour l'installation des foyers électriques.

1139. White House Mills, *Hoosac, New-York*. — Lampe à arc voltaïque (système Ball).

CLASSE 9.
MOTEURS ÉLECTRIQUES, TRANSPORT DES FORCES.

1140. Edison (Thomas A.), *Menlo-Park*.—Moteurs électriques, pompe, machine à coudre, éventail domestique.

1141. Electro-Dynamic C°. 2009, *Philadelphie, Pine street*. — Moteurs électriques.

1142. Hirsh (Joseph M.), *Chicago*.— Moteurs électriques.

1143. Weston Electric Light C°. *Newark*. — Moteurs électriques.

1144. White House Mills, *Hoosac. N.-Y.* — Appareils pour le transport des forces.

CLASSE 11.
ÉLECTRO-CHIMIE.

1145. Hirsh (Joseph M.), *Chicago*. — Gravure photo-électrique.

1146. Edison (Thomas A.), *à Menlo-Park*. — Régulateur Webermètre à miroir. Compteur de la consommation de l'électricité par les dépôts galvaniques.

1147. Photo-Relevo Company, *New-York et Paris, 55 avenue de l'Opéra*. — Spécimens de photographie en relief et de bas-reliefs en bronze, argent et platine, obtenus par l'action de la lumière et de l'électricité.

CLASSE 12.
INSTRUMENTS DE PRÉCISION, ÉLECTRO-AIMANTS ET AIMANTS, BOUSSOLES, HORLOGERIE ÉLECTRIQUE.

1148. Edison (Thomas), à *Menlo-Park* — Régulateur Webermètre à miroir.

1149. Partz (August,) *Philadelphie*.

— Nouvel appareil d'induction électrique.

1150 United States Signal Office, à *Washington* D. C. —Appareils électriques actuellement en usage dans l'armée des Etats-Unis. Anémomètre et girouette avec un double enregistreur automatique de Gibbons et un dispositif de contacts extérieurs et intérieurs du système Eccard. Baromètre enregistrant automatiquement à distance (système Eccard). Anémoscope d'Eccard. Anémomètre enregistreur d'Eccard. Baromètre enregistreur de Gibbons. Raccords des câbles à lumière (système Swift).

CLASSE 13.

APPAREILS DIVERS.

1151. Bonwill (W. G. A.) *Philadelphie.*— Maillets électro-magnétiques pour remplir les dents, couper les marbres, etc.

1152. Edison(ThomasA.)*Menlo-Park.* — Plume électrique et presse pour faire des duplicata. Trieur magnétique. Allumeur de cigares. Sonnette à motographe. Motographe magnétique.

1153. Electric Purifier C°, 17, *Moore street, New-York.* — Purificateur électrique de la recoupe.

1154. Hasse (Robert), *Indianapolis.* — Appareils allumeurs et extincteurs pour le gaz.

1155. Partz (August), *Philadelphie,* et 20, *avenue Victoria,* Paris. — Plan d'un appareil destiné à séparer l'or et l'argent des minerais par le moyen de l'électricité.

1156. Serrel (Edw. jeune) à *New-York* et à *Lyon.* — Machine électrique pour la filature automatique de la soie. Arrêt électrique automatique.

GROUPE V

MÉCANIQUE GÉNÉRALE

—

CLASSE 14.

GÉNÉRATEURS, MOTEURS A VAPEUR, A GAZ ET HYDRAULIQUES ET TRANSMISSIONS APPLICABLES AUX INDUSTRIES ÉLECTRIQUES.

1157. Andrieu (Pierre), 31, *rue de la Butte-Chaumont, Paris,* entrepreneur de la commission des Etats-Unis.— Locomobile.

1158. Edison (Thomas A.), *Menlo-Park.* — Machine à vapeur (système Armington), avec machine dynamo-électrique et chaudière (système Babcock-Wilcox).

1159 Mason Volney W. et C°, *Providence, R. J.* — Modèle d'une griffe à friction pour actionner des machines électriques.

GROUPE VI

BIBLIOGRAPHIE, HISTOIRE

—

CLASSE 15.

COLLECTIONS BIBLIOGRAPHIQUES D'OUVRAGES CONCERNANT LA SCIENCE ET L'INDUSTRIE ÉLECTRIQUES, PLANS, CARTES, ETC., ETC.

1160. Edison (Thomas A.), *Menlo-Park.* — Photographo-livres, cartes, patents, etc.

1161. Bureau des Brevets des Etats-Unis d'Amérique, *Washington.* — Spécifications imprimées des brevets relatifs à l'électricité.

1162. Michels (John), *New-York.* — Science : publication mensuelle de revues scientifiques.

1163. Smithsonian Institution, *Washington D. C.* — Publications « Smithsonian » relatives à l'électricité.

CLASSE 16.

COLLECTIONS RÉTROSPECTIVES D'APPAREILS CONCERNANT LES ÉTUDES PRIMITIVES ET LES APPLICATIONS LES PLUS ANCIENNES DE L'ÉLECTRICITÉ.

1164. Edison (Thomas A.), *Menlo-Park.* — Plusieurs appareils de démonstration relatifs aux méthodes servant à augmenter et diminuer la résistance d'un circuit fermé, par le contact à charbon. Ces appareils montrent les phases par lesquelles a passé le transmetteur téléphonique Edison.

AUTRICHE (EMPIRE D')

GROUPE I

PRODUCTION DE L'ÉLECTRICITÉ

—

CLASSE 1

ÉLECTRICITÉ STATIQUE.

1165. Dr **Mach** (E.), professeur à l'U-niversité de *Prague* (*Bohême*). — Appareils pour l'étude des décharges électriques. — Etudes sur les ondes produites par l'étincelle.

CLASSE 2

PILES ET ACCESSOIRES

1166. Administration du chemin de fer de l'Impératrice Elisabeth, *Vienne* (*Autriche*). — Elément de pile d'une forme nouvelle.

1166bis **Administration du chemin de fer de Buschtehrad,** *à Prague* (*Bohême*). — Six éléments galvaniques.

1167 Granfeld (A.-E.), Commissaire des Télégraphes, *Vienne* (*Autriche*). — Piles portatives pour le service militaire. — Piles à courant constant et de longue durée.

1168. Rebiceck (Gustave), *Prague* (*Bohême*). — Piles thermo-électriques.

CLASSE 3

MACHINES MAGNÉTO-ÉLECTRIQUES ET DYNAMO-ÉLECTRIQUES

1169. Gülcher (R.-J.), ingénieur mécanicien, *Biala* (*Galicie*). — Machine dynamo-électrique.

1170. Krammer (Guillaume), employé du chemin de fer, *Klagenfurt* (*Carinthie*). — Appareil dynamo-électrique.

1171. Piette (Louis) et **Krizik** (François), ingénieurs, *Pilsen* (*Bohême*). — Machine dynamo-électrique.

GROUPE II

TRANSMISSION PAR L'ÉLECTRICITÉ

—

CLASSE 4

CABLES, FILS ET ACCESSOIRES; PARATONNERRES

1172. Administration du chemin de fer de Buschtehrad, *à Prague* (*Bohême*), — Paratonnerre.

1172bis. **Zenger** (K. W.), professeur à l'école polytechnique slave de *Prague* (*Bohême*). — Appareils pour démontrer l'effet des paratonnerres à conducteurs symétriques et à pointes ovoïdes.

GROUPE III

ÉLECTROMÉTRIE

—

CLASSE 6

TÉLÉGRAPHIE ET SIGNAUX.

1173. Administration du chemin de fer de Buschtehrad, *à Prague* (*Bohême*). — Appareil automatique pour donner des signaux.

GROUPE IV

APPLICATIONS DE L'ÉLECTRICITÉ

—

CLASSE 6

TÉLÉGRAPHIE, SIGNAUX.

1173bis. **Administration du chemin de fer de l'Impératrice Eli-**

sabeth, *Vienne (Autriche)*. — Appareil automatique pour la production de signaux électriques au moyen de cloches. — Système de relai pour la transmission automatique de signaux télégraphiques à courant continu.

1174. Administration de la Société autrichienne J. R. P. des chemins de fer de l'Etat, *Vienne (Autriche)*. — APPAREILS ÉLECTRIQUES : Barrière de passage à niveau ; signal d'arrêt ; cloche de signal des gardelignes ; correspondance sur le fil des signaux ; avertisseur de la marche des trains ; appareil d'enregistrement ; communication entre les voitures d'un train et indicateur des stations.

1175. Administration du chemin de fer du Prince Héritier Rodolphe, *Vienne (Autriche)*. — Plan d'un appareil électrique complet servant à la protection des convois dans l'intérieur des gares.

1176. Granfeld (A.-E.), Commissaire des Télégraphes, *Vienne (Autriche)*. — Appareil auxiliaire pour la télégraphie multiple (Hughes-Perfecter).

1177. Ministère I. R. du Commerce, Administration des Télégraphes, *Vienne (Autriche)*. — Appareils de systèmes divers employés dans le service télégraphique.

1178. Ministère I. R. de la Guerre, *a*. Bureau des Télégraphes de l'Etat-Major, *Vienne (Autriche)*. — Voiture formant une station télégraphique de campagne. — Fourgon chargé du matériel et des outils employés dans la construction des lignes télégraphiques de campagne.

1179. Schäffler (Otto), ingénieur électricien, *Vienne (Autriche)*. — Appareils télégraphiques de plusieurs systèmes pour la correspondance ordinaire et multiple. — Appareil multiple imprimeur. — Appareils pour le service des chemins de fer et pour le contrôle de la marche des trains.

1180. Tschinkel (Alfred–Albert), *Paris*, 60, *boulevard de Magenta*. — Appareils de sûreté pour changement de voie (système électrique).

CLASSE 7
TÉLÉPHONIE, MICROPHONIE.

1181. Administration du chemin de fer de Lemberg à Czernowitz, *Lemberg (Galicie)*. — Stations téléphoniques.

1182. Körner (Charles), employé des Télégraphes, *Vienne (Autriche)*. — Microphone et membrane chantante.

1183. D **Ochorowicz** (Julien), membre de l'Université, *Lemberg (Galicie)*. — Téléphones avec microphones.

1184. Schäffler (Otto), ingénieur électricien, *Vienne (Autriche)*. — Téléphones de systèmes divers avec les accessoires d'une station complète.

CLASSE 8
LUMIÈRE ÉLECTRIQUE.

1185. Egger (B.), ingénieur-électricien, *Vienne (Autriche)*. — Régulateurs pour la production de la lumière électrique. — Lampes électriques.

1186. Gülcher (R.-J.), ingénieur-mécanicien, *Biala (Galicie)*. — Grands régulateurs pour lumière électrique.

1187. Piette (Louis) et **Krizik** (François), ingénieurs, *Pilsen (Bohème)*. — Lampes électriques.

CLASSE 10
ÉLECTRICITÉ MÉDICALE.

1188. Silberling (Henri), mécanicien, *Vienne (Autriche)*. — Appareils d'induction de diverses grandeurs avec leurs piles galvaniques pour l'usage médical.

CLASSE 12
INSTRUMENTS DE PRÉCISION, ÉLECTRO-AIMANTS ET AIMANTS, BOUSSOLES, HORLOGERIE ÉLECTRIQUE.

1189. Cappilleri (Sigismond), ingénieur, *Vienne (Autriche)*. — Cosinosinomètre, instrument électromagnétique servant à la mesure des distances et aux nivellements.

1190. Egger (B.), ingénieur-électricien, *Vienne (Autriche)*. — Horloges électriques.

1191. **Geba** (Joseph), horloger, *Laibach* (*Carniole*). — Horloge de contrôle électrique.

1192. Dr **Mach** (E.), professeur à l'Université de *Prague* (*Bohême*). Chronoscope électrique à diapason ; contrôleur optique.

1193. **Schäffler** (Otto), ingénieur-électricien, *Vienne* (*Autriche*). — Appareils météorologiques enregistreurs. — Pendule électrique à secondes. — Horloges électriques secondaires.

1194. D^r von **Waltenhofen**, professeur à l'école polytechnique allemande, *Prague* (*Bohême*). — Deux balances électro-magnétiques pour essayer la trempe de l'acier et pour l'étude de la capacité magnétique des cylindres de fer doux, creux et pleins.

CLASSE 13

APPAREILS DIVERS.

1195. **Egger** (B.), ingénieur-électricien, *Vienne* (*Autriche*). — Avertisseurs d'incendie.

1196. **Geba** (Joseph), horloger, *Laibach* (*Carniole*). — Système de contacts électriques pour protection contre le vol.

1197. **Ministère I. R. de la Guerre**. *b*. Comité technique et administratif, *Vienne* (*Autriche*). — Appareils électriques pour faire sauter les mines ; échantillons de boutefeu et d'autres appareils accessoires.

1198. Dr J. **Puluj**, membre de l'Université, *Vienne* (*Autriche*). — Lampe phosphorescente. — Radiomètre électrique à ailes phosphorescentes. — Radiomètre électrique avec un disque phosphorescent. — Radiomètre électrique avec deux disques phosphorescents. — Radiomètre électrique à ailes demi-cylindriques. — Radiomètre électrique avec un cylindre tournant en verre. — Appareil électrique pour reproduire la phosphorescence par la chaleur. — Appareil pour faire voir que les décharges électriques dans le vide sont empêchées par l'électricité statique des parois.

1199. **Schäffler** (Otto), ingénieur-céletricien, *Vienne* (*Autriche*). — Avertisseurs d'incendie. — Appareil pour indiquer et enregistrer le niveau variable d'un liquide.

1200. Dr L. **Pfaundler**, professeur à l'Université d'*Innsbruck* (*Tyrol*). — Appareils pour la détermination de la chaleur spécifique des liquides par le courant électrique.

GROUPE VI

BIBLIOGRAPHIE, HISTOIRE

—

CLASSE 15

COLLECTIONS BIBLIOGRAPHIQUES D'OUVRAGES CONCERNANT LA SCIENCE ET L'INDUSTRIE ÉLECTRIQUES.

1201. **I. R. Ministère de la Guerre**. *b*. Comité technique et administratif, *Vienne* (*Autriche*). — Collection de mémoires et d'instructions électro-techniques.

BELGIQUE (ROYAUME DE)

GROUPE I
PRODUCTION DE L'ÉLECTRICITÉ.

CLASSE 1.
ÉLECTRICITÉ STATIQUE

1202. Brand (Joseph), ingénieur-opticien, à *Bruxelles*, 32, *rue de la Madeleine*. — Modèle de machine Carré, destiné à l'enseignement.

1203. Closset (Emile), constructeur, à *Bruxelles*, 4, *passage des Postes*. — Tableau diviseur de M. Melsens, membre de l'Académie royale des sciences.

CLASSE 2.
PILES ET ACCESSOIRES.

1204. Administration des Télégraphes de l'Etat. M. Delarge (F.), ingénieur en chef, directeur, à *Bruxelles*, *gare du Nord*. Modèles des piles employés : pile Daniell, pile Leclanché, pile Dulaurier, pile Minotto.

1205. Brand (Joseph), ingénieur-opticien à *Bruxelles*, 32, *rue de la Madeleine*. — Modèle de pile, destiné à l'enseignement.

1206. De Vos (Mme Vve Charles), constructeur-mécanicien, à *Bruxelles*, 4, *rue des Croisades*. — Eléments de pile.

1207. Giesbers (Jean-Martin), ingénieur, à *Bruxelles*, 5, *rue de la Bonté*. — Pile économique.

1208. Gloesener (Mlle Antonia), constructeur d'appareils électriques, à *Liége*, 70 *bis*, *avenue d'Avroy*. — Pile thermo-électrique, système Gloesener.

1209. Mourlon (Charles) **et Cⁱᵉ**, industriels, à *Bruxelles*, 61, *rue de Ruysbroeck*. — Fabrication spéciale de zincs pour piles Leclanché, Danielle, Meidinger, Bunsen, etc. Fabrication spéciale de charbon de cornue pour piles électriques de tous systèmes, etc.

1210. Planche (Edouard, fils) industriel, à *Bruxelles*, 100, *rue de Molenbeek*. — Cires pour piles.

1211. Somzée (Léon), ingénieur honoraire des Mines, à *Bruxelles*, 217, *rue Royale*. — Nouveau système de pile, d'un très petit volume, susceptible de produire pendant longtemps un courant intense.

CLASSE 3.
MACHINES MAGNÉTO-ÉLECTRIQUES ET DYNAMO-ÉLECTRIQUES.

1212. Compagnie générale belge de lumière électrique, à *Bruxelles*, 9, *rue de Ligne*. — Machines dynamo-électriques, système Lucas, système Kremeneski. Machines dynamo-électriques, inventées et construites par M. Lachaussée de Liège.

1213. Gloesener (Mlle Antonia), constructeur d'appareils électriques, à *Liége*, 70 *bis*, *avenue d'Avroy*. — Machines dynamo-électriques et magnéto-électriques, inventées par M. Gloesener.

1214. Jaspar (Joseph), constructeur-mécanicien à *Liége*, 12, *rue Jonfosse*. — Machines dynamo-électriques, système Gramme.

1214 (bis). Ponson (Jules), ingénieur-électricien, à *Liége*, 58, *rue de Fragnée*. — Electrogène, nouvelle machine magnéto-électrique ou dynamo-électrique.

GROUPE II
TRANSMISSION PAR L'ÉLECTRICITÉ

—

CLASSE 4.
CABLES, FILS ET ACCESSOIRES;
PARATONNERRES.

1215. Administration des Télégraphes de l'Etat. M. Delarge (F.), ingénieur en chef, directeur, à *Bruxelles, gare du Nord.* — Echantillons de poteaux de préparations diverses. Fils de fer et d'acier galvanisés. Isolateurs et accessoires. Types de lignes souterraines. Boîte d'épreuve de câbles. Outils divers : tarière Marshall modifiée, double bêche, appareil grimpeur, etc.

1215 (bis). **Carette-Dobbels** (D.), constructeur de paratonnerres, à *Meulebeke (Flandre occidentale).* — Paratonnerres à cinq branches et à cinq conducteurs.

1216. Cassart de Fernelmont (Max), constructeur, à *Gembloux.* Matériel en fer galvanisé pour lignes télégraphiques et téléphoniques.

1217. Closset (Emile), constructeur, à *Bruxelles, 4, passage des Postes.* Maquette du monument élevé à Laeken à la mémoire du Roi Léopold Ier, avec la représentation du système de paratonnerre Melsens. — Paratonnerres, système Melsens.

1218. David (André, fils), constructeur-mécanicien, à *Bruxelles, 84, rue des Six-Jetons.* — Matériel en fer galvanisé pour lignes télégraphiques.

1219. Dawans (A.) **et Orban**, (H.), maîtres de forges et de tréfilerie, à *Liège, rue Grétry.* — Conducteurs électriques en fer et en acier galvanisés et non galvanisés.

1220. De Fuisseaux (Léon et Ferdinand, frères), fabricants de porcelaine et de produits réfractaires, à *Baudour, près de Mons.* — Types d'isolateurs employés par tous les gouvernements de l'Europe. Applications diverses de la porcelaine à la télégraphie.

1221. De Vos (MmeVve Charles), mécanicien-constructeur, à *Bruxelles, 4, rue des Croisades.* — Paratonnerres.

1222. Flechet (Lambert) **et Cie**, industriels, à *Liège, 31, rue Lairesse.* — Poteaux télégraphiques en fer. Ferrures pour lignes télégraphiques.

1223. Gloesener (Mlle Antonia), constructeur d'appareils électriques, à *Liège, 70 bis, avenue d'Avroy.* — Modèle de paratonnerre à pointes multiples, inventé par M. Gloesener.

1224. Jaspar (Joseph), constructeur-mécanicien, à *Liège, 12, rue Jonfosse.* — Cadre renfermant des pointes et des accessoires divers de paratonnerres. Plans de paratonnerres.

1225. Jowa (Jean-François), industriel, à *Liège, 149, rue Grétry.* — Rouleaux de fil de fer galvanisé. Collection de ferrures pour lignes télégraphiques. Cabine démontable en fer et en tôle galvanisée et ondulée, destinée à servir de bureau ou d'abri le long des lignes télégraphiques. — Deux poteaux en fonte et fer galvanisés.

1226. Martiny (J. L.) **et Cie**, fabricants de caoutchouc, à *Bruxelles, 127, boulevard du Hainaut.* — Isolateurs et autres objets en ébonite.

1227. Montéfiore-Lévi (Georges), ingénieur civil. Fonderie et tréfilerie d'Anderlecht, à *Bruxelles, 415, chaussée de Mons.* Bronze phosphoreux en fils, pour téléphones, télégraphes et machines électriques. Pièces diverses pour appareils électriques.

1228. Pavoux (Eugène) **et Cie**, fabricants de caoutchouc, à *Bruxelles, 14 et 16, rue Delaunoy.* — Isolateurs et autres objets en caoutchouc, souple et durci.

1229. Sacré (Edmond), mécanicien, à *Bruxelles, 25, rue de Ruysbroeck.* — Modèles de paratonnerres et pièces détachées.

1230. Société anonyme de Grivegnée. M. Fréson, directeur-gérant, à *Grivegnée, près de Liège.* — Fils de fer et d'acier pour lignes télégraphiques et téléphoniques. Pièces diverses.

1231. Van Hulle (Frédéric), ingénieur-constructeur, à *Bruxelles*, 78, *chaussée d'Anvers*. — Paratonnerres.

1232. Ville de Gand. — Paratonnerres : système adopté pour les édifices publics.

1233. Waelput (O.), constructeur de paratonnerres, à *Gand*, 19, *rue des Rémouleurs*. — Paratonnerres.

GROUPE III

ÉLECTROMÉTRIE

—

CLASSE 5.

APPAREILS SERVANT AUX MESURES. ÉLECTRIQUES

1234. Administration des Télégraphes de l'Etat. M. Delarge (F.), ingénieur en chef, directeur, à *Bruxelles*, *gare du Nord*. — Galvanomètres et rhéostats employés pour les essais des lignes et des piles.

1235. Compagnie internationale des téléphones. Ateliers de Bruxelles. M. Gotendorf, directeur, à *Bruxelles*, 24, *rue des Douze Apôtres*. — Rhéostats. Pont de Wheatstone, comprenant un galvanomètre, une clef d'inversion de courant et un manipulateur double. Galvanomètre des tangentes. Galvanomètre différentiel. Galvanomètre vertical.

1236. De Vos (Mme Vve Charles) constructeur-mécanicien, à *Bruxelles*, 4, *rue des Croisades*. — Galvanomètres divers.

1237. Gloesener (Mlle Antonia), constructeur d'appareils électriques, à *Liège*, 70 *bis*, *avenue d'Avroy*. — Appareils de résistance, système Gloesener. Appareils d'expériences. Galvanomètres, etc.

1238. Schubart (Théodore) ingénieur-mécanicien, à *Gand*, 27, *rue du Marais*. — Electromètre de Kohlrausch. Condensateur de Kohlrausch. Balance de torsion. Electroscope à pile sèche. Boussole des sinus et des tangentes. Boussole de Weber. Galvanomètre vertical. Electro-dynamomètre de Weber.

GROUPE IV

APPLICATIONS DE L'ÉLECTRICITÉ

—

CLASSE 6.

TÉLÉGRAPHIE. SIGNAUX.

5239. Administration des Télégraphes de l'Etat. M. Delarge, (F.), ingénieur en chef, directeur, à *Bruxelles*, *gare du Nord*. — Appareils imprimeurs Hughes installés en duplex. Récepteur Morse installé en duplex. Trois postes pourvus de récepteurs Morse, de divers systèmes et de l'appareil de rappel Daussin. Ces postes comprennent les appareils accessoires usités dans les bureaux télégraphiques belges : commutateurs, transpositeurs, sonneries pendantes, relais translateurs Siemens, parleur de communication directe, parleur-récepteur, boussoles à sonnerie, etc. Appareil Hughes translateur, sonnerie à courants renversés. Parafoudre pour câble à sept fils. Poste télégraphique pour petits bureaux : table armoire et appareils.

1240. Barteloùs (Victor), à *Bruxelles*, 1, *rue du Persil*. — Commutateur susceptible d'être manœuvré à distance.

1240 (bis). Baudelet (Louis), mécanicien, à *Bruxelles*, 59, *rue de l'Hôpital*. — Télégraphe imprimeur (MM. Baudelet et Dembinski, inventeurs).

1241. Brand (Joseph), ingénieur-opticien, à *Bruxelles*, 32, *rue de la Madeleine*. — Modèle de télégraphe pour l'enseignement.

1242. Brasseur (Léon) et **De Jaer** (Octave), à *Bruxelles*, 28, *rue du Congrès*. — Appareils télégraphiques à transmission simultanée.

1243. Castado (G.), constructeur d'appareils électriques, à *Bruxelles*, 51, *rue de la Madeleine*. — Sonneries électriques et accessoires.

1244. Cerpeaux (J.), mécanicien-constructeur, à *Bruxelles*, 58, *boulevard du Nord*. — Nouveau signal électrique.

1245. Charle (Léopold), constructeur d'appareils électriques, à *Bruxelles*, 56, *rue d'Arenberg*. — Sonneries électriques et appareils divers.

1246. Closset (Émile), ingénieur, à *Bruxelles, 4, passage des Postes.* — Thermomètre avertisseur d'incendie. Appareil avertisseur contre le vol.

1247. **Compagnie internationale des téléphones.** Ateliers de Bruxelles. M. Gotendorf, directeur, à *Bruxelles, 24, rue des Douze-Apôtres.* — Appareils Morse. Parleurs. Sonneries de divers systèmes. Commutateurs. Rhéostats de bureau.

1248 Compagnie des télégraphistes de campagne. M. Malevé, capitaine commandant du génie, à *Bruxelles,* — Voiture porte-câble. Brouette de transport. Camion porte-bobines. Appareils Buckholtz, avec téléphones. Commutateur suisse. Éléments Leclanché. Boîte pour piles. Poste militaire. Joints pour câbles.

1249. De Naeyer et Cie, fabricants de papier, à *Willebroeck (Brabant).* — Bandes de papier pour appareils télégraphiques.

1250. De Vos (Mme Vve Charles), constructeur-mécanicien, à *Bruxelles, 4, rue des Croisades.* — Appareil Morse. Appareil Morse destiné à la télégraphie militaire. Relais translateurs. Parleur. Sonneries. Commutateurs. Avertisseur d'incendie. Boîtes de secours.

1251. Dupont (Charles). à *Bruxelles, 67, rue Neuve.* — Avertisseur d'incendie.

1252. Gloesener (Mlle Antonia), constructeur d'appareils électriques, à *Liège, 70 bis, avenue d'Avroy.* Télégraphes de démonstration, à aiguilles, à cadran, à clavier, à lettres. Télégraphe sous-marin. Télégraphe à molettes. Translateurs divers. Relais. Commutateurs. Sonneries. Avertisseurs. Manipulateurs.

1253. Hauman-Devos (Désiré), constructeur, à *Bruxelles, 61, rue du Nord.* — Avertisseur d'incendie, sonneries électriques, etc.

1254. Leduc (Frédéric), ingénieur des Mines, à *Bruxelles, 59, rue Gillon.* — Appareil signaleur permettant de donner un nombre indé-

terminé d'indications, au moyen d'un seul fil de ligne, et d'une seule paire de bobines. Appareil signaleur modifié, avec mise au repos automatique. Manipulateur à clavier. Manipulateur automatique.

1255. Loppens (Aimé), horloger, à *Gosselies (Hainaut).* — Parafoudre pour lignes télégraphiques. Avertisseurs d'incendie construits en 1868. Sonneries d'alarme à déclenchement électrique.

1256. Muller (Evrard), fabricant d'appareils électriques, à *Bruxelles, 42, rue d'Arenberg.* — Appareil avertisseur d'incendie.

1257. Olin et fils, fabricants de papier, à *Bruxelles, 66, rue de l'Étuve.* — Bandes de papier pour appareils télégraphiques.

1258. Planche (Edouard, fils), à *Bruxelles, 100, rue de Molenbeek.* — Encres oléiques pour usages télégraphiques.

1259. Raikem (Eugène), constructeur, à *Bruxelles, 33. rue Frère-Orban.* - Sonneries électriques et appareils divers.

1260. Richez et Cie, mécaniciens, à *Bruxelles, 26, rue d'Argent.* — Appareil Morse. Commutateurs. Sonneries électriques, etc.

1261. Vanderbiste (Edmond), opticien, à *Bruxelles, 68, rue de la Montagne.* — Sonneries électriques.

1262. Van Hulle (Frédéric), ingénieur-constructeur, à *Bruxelles, 78, chaussée d'Anvers.* — Appareils télégraphiques. Sonneries électriques, etc.

1263. Ville de Gand. —Réseau télégraphique destiné au service d'incendie : tableau descriptif, carte de la ville avec indication du réseau et de l'emplacement des postes, appareils en usage.

1264. Welsch (Jacques-Alfred), commandant des pompiers, à *Gand, 5, rue du Bas-Escaut.* —Avertisseur automatique d'incendie, indiquant l'heure à laquelle a été donnée l'alarme au poste chargé d'amener les secours.

CLASSE 7.

TÉLÉPHONIE. MICROPHONIE. PHOTOPHONIE.

1265. Bède (Emile), ingénieur, à *Bruxelles*, 41, *rue du Marteau*. — Postes téléphoniques complets.

1266. Bergé (Henri), député, professeur à l'Université de Bruxelles, 122, *rue de la Pote, à Bruxelles*. — Table téléphonique chantante : appareil de démonstration pour l'étude de la transmission du son, remplaçant le condensateur chantant.

1267. Brasseur (Léon) **et De Jaer** (Octave), à *Bruxelles*, 28, *rue du Congrès*. — Commutateur destiné à assurer le secret des communications téléphoniques.

1268. Compagnie internationale des téléphones. Ateliers de Bruxelles. M. Gotendorf, directeur, à *Bruxelles*, 24, *rue des Douze-Apôtres*. — Appareils téléphoniques divers.

1269. Courtois (Richard), constructeur d'appareils électriques, à *Liège*, 45, *rue Monulphe*. — Poste téléphonique complet.

1270. De Locht-Labye (Léon), ingénieur honoraire des mines, à *Liège*, 47, *rue Mont-Saint-Martin*. — Postes téléphoniques fonctionnant à l'aide du pantéléphone L. de Locht. Avertisseurs téléphoniques.

1271. De Vos (Mme Vve Charles), constructeur-mécanicien, à *Bruxelles*, 4, *rue des Croisades*. — Téléphones divers.

1272. Gérard (Antoine-Joseph), horloger, à *Liège*, 5, *place Saint-Lambert*. — Téléphones et microphones.

1273. Leduc (Frédéric), ingénieur des Mines, à *Bruxelles*, 59, *rue Gillon*. — Commutateur électrique automatique, destiné spécialement à la téléphonie.

1274. Libin (François), employé aux Télégraphes de l'Etat, à *Gand*, 82, *rue des Champs*. — Poste téléphonique complet, comprenant un microphone, un téléphone, un avertisseur et une sonnerie vibratoire.

1275. Martiny (J. L.) **et Cie**, fabricants de caoutchouc, à *Bruxelles*, 127, *boulevard du Hainaut*. — Téléphones en caoutchouc durci.

1276. Monseu (Arthur), directeur-gérant de la Société anonyme des glaces de *Roux* (*Hainaut*). — Téléphone belge du colonel Navez. Le même modifié par l'exposant et muni d'un appel automatique. Téléphones et microphones divers.

1277. Muller (Evrard), fabricant d'appareils électriques, à *Bruxelles*, 42, *rue d'Arenberg*. — Microphones.

1277 (bis). **Ponson** (Jules), ingénieur-électricien, à *Liège*, 58, *rue de Fragnée*. — Transmetteur téléphonique à double effet.

1278. Société anonyme Janus, fabrication de machines de précision, à *Bruxelles*, 14, *rue des Croisades*. — Trois postes téléphoniques complets (Systèmes Edison et Blake). Commutateur pour bureau téléphonique central, etc.

1279. Van Hulle (Frédéric), ingénieur-constructeur, à *Bruxelles*, 78, *chaussée d'Anvers*. — Appareils téléphoniques.

1280. Ville de Gand. — Service téléphonique : tableau descriptif; carte de la ville, avec l'indication du réseau ; appareils en usage.

1281. Wery (Alexis), mécanicien-constructeur, à *Liège*, 58, *rue de l'Université*. — Appareils téléphoniques et appareils magnéto-électriques.

CLASSE 8.

LUMIÈRE ÉLECTRIQUE.

1282. Compagnie générale belge de lumière électrique, à *Bruxelles*, 9, *rue de Ligne*. — Lampes-soleil de divers modèles. — Lanternes destinées à étouffer le bruit des foyers.

1283. Dupont (J.), photographe, à *Bruxelles*, 67, *rue Neuve*. — Photographies faites à la lumière électrique, par le procédé Van der Weyde.

1284. Gérard (Antoine-Joseph), horloger, à *Liège*, 5, *place Saint-Lambert*. — Modèles de lampes électriques.

1285. Jaspar (Joseph), constructeur-mécanicien, à *Liège*, 12, *rue Jon-*

fosse. — Régulateur électrique Jaspar. Modèles de candélabres.

1286. Somzée (Léon), ingénieur honoraire des Mines, à *Bruxelles*, 217, *rue Royale*. — Lampe électrique mixte, à incandescence et arc voltaïque.

CLASSE 9.

MOTEURS ÉLECTRIQUES; TRANSPORT DE FORCES.

1287. De Geyter (Georges), docteur en sciences, à *Mouscron*, 25, *rue de Menin*. — Moteur électrique à aimantation multipolaire, comportant une forme perfectionnée d'électro-aimants.

1288. Gérard (Antoine-Joseph), horloger, à *Liège*, 5, *place Saint-Lambert*. — Générateur électrique. Trois modèles de moteurs électriques.

1289. Giesbers (Jean-Martin), à *Bruxelles*, 5, *rue de la Bonté*. — Moteurs électriques.

1290. Gloesener (Mlle Antonia), constructeur d'appareils électriques, à *Liège*, 70 *bis*, *avenue d'Avroy*. — Appareils électro-moteurs, système Gloesener.

1291. Muller (Évrard), fabricant d'appareils électriques, à *Bruxelles*, 42, *rue d'Arenberg*. — Moteur électrique.

1292. Vanderbiste (Edmond), opticien, à *Bruxelles*, 68, *rue de la Montagne*. — Moteur électrique.

1292 (bis). Van Langenhove (A.), constructeur de machines, à *Esschene-Lombeek* (*Brabant*). — Haveuse. Perforateur au diamant noir. Scies pour l'extraction des roches en carrières, fonctionnant par l'électricité.

CLASSE 10.

ÉLECTRICITÉ MÉDICALE.

1293. Gloesener (Mlle Antonia), constructeur d'appareils électriques, à *Liège*, 70 *bis*, *avenue d'Avroy*. — Appareils électro-médicaux, système Gloesener.

CLASSE 11.

ÉLECTRO-CHIMIE.

1294. Compagnie des Bronzes. M. Fourcault (F.), directeur-gérant, à *Bruxelles*, 22, *rue d'Assaut*. — Vases, bustes, statuettes, torchères, appareils d'éclairage dorés, argentés, nickelés par voie électro-chimique.

1295. De Wilde (Prosper), professeur de chimie à l'Université de Bruxelles, 42, *rue Traversière*, à *Bruxelles*. — Appareil ozoniseur, à tubes concentriques emboîtés, produisant abondamment l'ozone par l'intervention de l'effluve électrique. Tube construit sur le même principe, servant à soumettre à l'effluve les gaz ou mélanges gazeux.

1296. Dupont et Alker, industriels, à *Haeren*, *près de Bruxelles*. — Objets et œuvres d'art obtenus par la galvanoplastie.

1297. Evely (L.-A.-P.-J.), à *Bruxelles*, 16, *rue Cantersteen*. — Cadre contenant des planches en cuivre obtenues par moulage galvanique; trois de ces planches sont recouvertes d'un dépôt de fer par voie électro-chimique.

1298. Fondu (J.-B.), à *Vilvorde*. — Meuble garni de pièces nickelées par la galvanoplastie.

1299. Lecherf (Gustave), fabricant de bronzes, à *Bruxelles*, 88, *rue Haute*. — Garnitures de portes nickelées par la galvanoplastie.

1300. Maire (Jules), fabricant de pièces d'horlogerie, à *Bruxelles*, 5, *place du Palais de Justice*. — Objets nickelés par la galvanoplastie.

1301. Neujean (Alexandre), ingénieur, **et Delaite** (Emile), industriel, à *Liège*, 52, *rue Hors-Château*. — Appareils et produits chimiques spéciaux pour la galvanoplastie, la dorure, le nickelage, etc. Produits divers obtenus par les procédés brevetés de M. A. Neujean.

1302. Vandevelde (Félix), fabricant de bronzes, à *Bruxelles*, 12, *place du Grand-Sablon*. — Flambeaux, encriers, etc., argentés par la galvanoplastie.

CLASSE 12.

INSTRUMENTS DE PRÉCISION, ÉLECTRO-AIMANTS ET AIMANTS, BOUSSOLES; HORLOGERIE ÉLECTRIQUE.

1303. Administration des Télégraphes de l'Etat. M. Delarge (F.), ingénieur en chef, directeur, à *Bruxelles, gare du Nord.* — Horloges électriques : système Bouckaert, système Thomas, système Gloesener. Régulateur portatif.

1303 (bis). **Baudelet** (Louis), mécanicien, à *Bruxelles, 59, rue de l'Hôpital.* — Boussole.

1304. Brand (Joseph),ingénieur-opticien, à *Bruxelles, 52, rue de la Madeleine.* — Boussole.

1305. Dehennault-Bouillet (Florent), fabricant d'instruments de précision, à *Fontaine-l'Évêque, 8, rue de Marchiennes.* — Boussole à suspension et à lunette centrale.

1306. Delsaulx (J.), professeur au collège de la Compagnie de Jésus, à *Louvain.* — Appareil de Babbage et Herschell, relatif à l'induction dans les masses. Appareil de M. Bertin pour la rotation électro-dynamique des liquides. Appareil réalisant l'induction magnéto-électrique, système à rotation rapide des aimants inducteurs.

1307. Desguin (Pierre), ingénieur, à *Bruxelles, 52, rue des Croisades.* — Horloges électriques Thomas.

1308. Gérard (Antoine-Joseph),horloger, à *Liège, 5, place Saint-Lambert,* — Pendule électrique.

1309. Gloesener (Mlle Antonia),constructeur d'appareils électriques, à *Liège, 70 bis, avenue d'Avroy.* — Chronographe à cylindre tournant, à pendule, à barre tombante. Multiplicateurs. Enregistreurs unique, double, triple, quadruple. Distributeur du courant électrique. Appareil pour enregistrer automatiquement la déclinaison et l'inclinaison, ainsi que leurs variations diurnes. Électro-aimants et armatures aimantées à renversement alternatif du courant, système Gloesener. Boussoles électro-magnétiques, électro-dynamiques. Modèle de boussole marine à l'abri des influences métalliques des navires, système Gloesener. Régulateurs électriques. Commutateurs électriques. Horloges électriques et magnéto-électriques. Pendules électriques diverses, système Gloesener.

1310. Le Boulengé (Paul-Emile), lieutenant-colonel d'artillerie, à *Liège, 27, Thier de la Fontaine.* — Chronographe Le Boulengé, servant à mesurer la vitesse des projectiles, avec les accessoires nécessaires aux différents genres d'installations balistiques. — Clepsydre électrique, servant à mesurer la durée de la trajectoire des projectiles, la durée de combustion des fusées à temps, etc.

1311. Loppens (Aimé), horloger, à *Gosselies.* — Horloge destinée à faire tinter des sonneries électriques servant de réveille-matin.

1312. Observatoire royal de Bruxelles. M. Houzeau directeur. — Météorographe et télémétéorographe de M. Van Wysselberghe. Projet de télémétéorographie internationale. Le météorographe sert à graver sur métal, au moyen d'un seul burin mû par un seul électro-aimant, les fluctuations de six éléments météorologiques, savoir : 1° la température de l'air ; 2° l'humidité de l'air ; 3° la quantité d'eau tombée sous forme de pluie ou de neige ; 4° la direction du vent ; 5° la pression barométrique et 6° la vitesse moyenne du vent. — Le télémétéorographe reproduit instantanément cette gravure à des distances qui peuvent atteindre plusieurs centaines de kilomètres. — Le projet de télémétéorographie internationale consisterait à relier les principaux instituts météorologiques de l'Europe, lesquels seraient en communication avec un certain nombre de postes, dont les observations s'enregistreraient simultanément dans chacun des instituts. On pourrait ainsi embrasser l'ensemble des mouvements de l'atmosphère sur la surface entière de l'Europe. Pendant la durée de l'Exposition, le Palais des Champs-Elysées est relié à l'Observatoire de Bruxelles, et le télémétéorographe enregistre à Paris les observations de la capitale de la Belgique.

1313. Schubart (Théodore), ingénieur-mécanicien, à *Gand, 27, rue du Marais.* — Météorographe de M. Van Rysselberghe. Boussole d'inclinaison. Appareil pour mesurer l'induction terrestre. Appareil pour démontrer les actions réciproques des courants sur les courants et sur les aimants.

1314. Université libre de Bruxelles. M. Rousseau, professeur de physique. — Enregistreur électrique de M. Rousseau.

1315. Van den Kerchove (Prosper), constructeur, à *Gand*, 183, *Coupure*. — Application de l'électricité à un appareil servant à estimer des longueurs avec une grande précision, en mesures métriques ou en pieds anglais et fractions de pieds anglais.

1316. Ville de Gand. — Horloges électriques, tableau descriptif, carte de la Ville avec l'indication des circuits et l'emplacement des horloges, appareils anciens, appareils en usage. — Gand est la première ville qui ait établi un service public d'horloges électriques.

CLASSE 13.

APPAREILS DIVERS.

1317. Bordiau (G.), architecte, à *Bruxelles*, 68, *rue Joseph II*. — Thermomètre transmettant l'indication de la température d'un point à un autre, construit par M. Closset, ingénieur, à Bruxelles.

1318. Brasseur (Léon), **et De Jaer** (Octave), à *Bruxelles*, 28, *rue du Congrès*. — Bouée éclairante. Avertisseur d'incendie. Avertisseur de grisou.

1319. Compagnie générale belge de lumière électrique, à *Bruxelles*, 9, *rue de Ligne*. — Appareils divers servant à l'éclairage électrique ou à la transmission de l'électricité; avertisseur d'intensité; avertisseur d'extinction; commutateur automatique à distance; galvanomètre à sonnerie, régulateur d'intensité. Four électrique.

1320. Courtois (Richard), constructeur, à *Liège*, 45, *rue Monulphe*. — Collection d'allumeurs électriques.

1321. Donny (F.), professeur à l'Université de Gand, *rue Neuve-Saint-Pierre*, à *Gand*. — Appareil pour rechercher le cuivre dans le pain.

Disposition pour rechercher les poisons métalliques dans le cas d'empoisonnement. Thermomètre à régulateur électrique à déversement.

1322. Geesbergen (Jean), constructeur-mécanicien, à *Bruxelles*, 62, *rue de Bodeghem*. — Serrure électrique se manœuvrant à distance.

1323. Gérard (Antoine-Joseph), horloger, à *Liège*, 5, *place Saint-Lambert*. — Plumes électriques.

1324. Gloesener (Mlle Antonia), constructeur d'appareils électriques à *Liège*, 70 *bis*, *avenue d'Avroy*. — Appareils électriques divers, système Gloesener. Pan-électro-magnéticum, système Gloesener.

1325. Hubert (H.), **et Durant** (H.), ingénieurs, à *Mons*, 4, *rue de la Réunion*. — Caisse contenant une pile électrique. Deux lampes de mine modifiées, de manière que le rallumage puisse être fait dans les travaux, sans qu'il soit nécessaire d'ouvrir la lampe.

1326. Musée royal de l'Industrie à Bruxelles. M. Gauthy, directeur. — Appareil photographique à obturateur électrique.

1127. Schmoele (W E.), négociant, **et Mols** (A.), directeur de la Compagnie belge du téléphone Bell, à *Anvers*. — Orgue électrique. Pianista électrique.

1328 Somzée (Léon), ingénieur honoraire des Mines, à *Bruxelles*, 217, *rue Royale*. — Appareil avertisseur du grisou, basé sur le principe de l'osmose. Lampe de houilleur transformée en lampe avertissante. Appareil indicateur des proportions du grisou, basé sur l'absorption de la chaleur par les gaz.

1329. Université libre de Bruxelles. M. Rousseau, professeur de physique. — Commutateur multiple de M. Rousseau.

1330. Vanderbiste (Edmond), opticien, à *Bruxelles*, 68, *rue de la Montagne*. — Tableau indicateur des vents. Thermoscope électrique. Commutateur automatique destiné à enflammer simultanément cinq mines.

GROUPE V
MÉCANIQUE GÉNÉRALE
—
CLASSE 14.

GÉNÉRATEURS, MOTEURS A VAPEUR, A GAP ET HYDRAULIQUES, ET TRANSMISSIONS APPLICABLES AUX INDUSTRIES ÉLECTRIQUES.

1331. Beer (frères), constructeurs de machines, à *Jemeppe, près de Liège.* — Machine à vapeur avec chaudière verticale, de la force de cinq chevaux.

1332. Cail Halot, et Cie, constructeurs de machines, à *Molenbeek-Saint-Jean (Bruxelles).* — Machine à vapeur de 40 à 50 chevaux, à détente mue par le régulateur.

1333. Carels (Alphonse et Gustave frères), constructeurs de machines fixes et de locomotives, à *Gand.* — Machine Sulzer compound de 180 chevaux indiqués sur les pistons, à marche très douce, grande régularité et dépense de vapeur très réduite.

1334. De Naeyer et Cie, constructeurs de chaudières à vapeur, à *Willebroeck (Anvers).* Cinq chaudières multitubulaires inexplosibles et économiques d'une surface de chauffe totale de 760 mètres carrés, fournissant la vapeur pour le service général de la force motrice de l'exposition. Une chaudière de 66 mètres carrés de surface de chauffe avec demi-maçonnerie de voir la disposition des tubes.

1334 (bis). **De Naeyer et Cie**, constructeurs de chaudières, à *Willebroeck (Brabant).* — Cinq chaudières multitubulaires inexplosibles et économiques, fournissant la vapeur pour le service général de l'exposition. Chaudière de la force de 40 chevaux, montée avec demi-maçonnerie, permettant de voir la disposition des tubes.

1335. De Ville-Châtel et Cie, à *Bruxelles, rue de Birmingham.* — Machine à vapeur de 25 chevaux à cylindre renversé et à détente variable par le régulateur.

1336. Fétu (Ant.) **et Deliége** constructeurs, à *Liège, 48, quai de Long*

doz. — Deux moteurs à gaz, système Otto, l'un de 8 chevaux, l'autre de 4 chevaux de force.

1337. Montéfiore-Lévi (Georges), ingénieur civil. Fonderie et tréfilerie d'Anderlecht, à *Bruxelles, 415, chaussée de Mons.* — Pièces diverses en bronze phosphoreux pour Machines. Coussinets en métal Montefiore.

1337 (bis). **Van Langenhove**, constructeur de machines, à *Esschene-Lombeek (Brabant).* —Moteur à air et moteur à eau, applicables aux industries électriques.

1338. Versé-Spelmans, Ant Brichot et Cie, industriels, à *Bruxelles, 54, rue de la Prévoyance.* Succursale à Paris, 10, rue de Chabrol. — Courroies de transmission pour machines électriques.

GROUPE VI
BIBLIOGRAPHIE, HISTOIRE
—
CLASSE 15.

COLLECTIONS BIBLIOGRAPHIQUES D'OUVRAGES CONCERNANT LA SCIENCE ET L'INDUSTRIE ÉLECTRIQUES, PLANS, CARTES, ETC., ETC.

1339. Académie royale des sciences des lettres et des beaux-arts de Belgique. M. Liagre, secrétaire perpétuel. — Bulletins de l'Académie, 2e série : Notes sur l'électricité, le galvanisme et le magnétisme, par M. Bultinck. Tome XII. — Sur l'origine de l'électricité dans les piles, par M. Martens. Tome XIII. — Sur l'électricité médicale par M. Bultinck. — Sur la direction du courant électrique, par M. Zantedeschi Tome XIV. — Sur une modification de la machine électrique de Nairne, par M. Pérard. Tome XXVIII. — Note sur un paratonnerre foudroyé à Wetteren, par MM. Gloesener et Maas. Tome XXXIII. — Sur les paratonnerres, par M. Melsens. Tome XXXVIII et XXXIX. — Développement de l'électricité statique par M. Spring. Tome XLI.—De l'application du rhé-électromètre ou paratonnerre des télégraphes, par M. Melensens. XLIII. — Paratonnerres établie sur l'hôtel de ville de Bruxelles, par

M. Melsens. Tome XLIV. — Sur les paratonnerres, par M. Melsens. Tome XLVI. — Mémoires : Notes sur les expériences de Wheatssone concernant la Télégraphie classique par M. A. Quetelet. Tome VII. — Sur le coup de foudre de la gare d'Anvers, par M. Melsens. Tome XXVI. — Statistique des coups de foudre qui ont frappé des para tonnerres ou des édifices, etc., par M. Duprez. Tome XXXI. — Mémoires couronnés : l'électricité statique et la tension d'un liquide, par M. Van der Mensbrugghe. Tome XI.

1340 Administration des Télégraphes de l'Etat. M. Delarge (F.), ingénieur en chef, directeur, à *Bruxelles, gare du Nord.* — Album du mobilier. Collection des cahiers des charges. Dessins d'appareils. Cartes du réseau télégraphique. Publications et règlements administratifs.

1341. Annales des Travaux Publics de Belgique, publiées par une Commission, de fonctionnaires sous le patronage du gouvernement. Bruxelles, années 1843-1881. — Sur l'emploi de la boussole dans les mines, par M. Quetelet. Année 1843. — Description d'une boussole de mineur à niveau constant, par M. Lambert. Année 1846. — Notice sur la télégraphie physique en général et, en particulier, sur le télégraphe-presse - piano - électro - magnétique, par M. Napoléon Barthel. Année 1848. — Notice sur les appareils à cadran et à lettres de M. Lippens, par M. Vinchent. Années 1852-1853. — Des appareils télégraphiques en 1855, dans le service des lignes télégraphiques et à l'exposition universelle de Paris, par M. Vinchent. Années 1855-1856. — Situation des lignes télégraphiques belges en 1859, en 1861, en 1862, en 1863, en 1864 et 1865, en 1866, par M. Vinchent. Années 1859-1866.

1342. Banneux (Joseph), ingénieur en chef des Télégraphes de l'État, à *Bruxelles, gare du Nord.* — Rapport sur l'établissement de la ligne souterraine de Halle à Berlin. Bruxelles, 1877.

1343. Barlet (Alphonse), ingénieur en chef aux chemins de fer de l'Etat, à *Bruxelles*, 11, *avenue de la Reine.* — Rapport sur les appareils et les procédés de chauffage et d'éclairage à l'exposition de Paris de 1878. Bruxelles, 1880, Paris, 1881.

1344. Bastings (Alexandre), docteur en médecine, à *Bruxelles*, 1, *rue Josaphat.* — De la phtisie pulmonaire. Bruxelles, 1863. — Traduction néerlandaise par le Dr Van Anroy. — Traduction allemande par le Dr Silbermann. — De la faiblesse, des maladies qu'elle engendre et de leur traitement rationnel. Bruxelles, 1875. — Guérison d'un cas grave de phtisie par électrisation méthodique des muscles de la respiration. Bruxelles, 1879. — Exposé succinct de l'emploi méthodique de l'électricité, comme traitement curatif et rationel de la faiblesse et de la plupart des maladies chroniques.

1345. Bède (Emile), ingénieur, à *Bruxelles*, 14, *rue du Marteau.* — Résumé du cours de physique professé à l'Université de Liége. Paris et Liège, 1873. — De l'état actuel de la physique. Liège, 1859. — Étude sur l'éclairage électrique en collaboration avec M. H. de Backer. Bruxelles, 1879 — L'ingénieur conseil. Bruxelles et Paris, années 1878-1880. — Des communications téléphoniques Bruxelles, 1880. — La téléphonie : histoire, description et application des téléphones, Bruxelles, 1880.

1346. Blas (C.), professeur à l'Université de Louvain, 88, *rue de Tirlemont*, à *Louvain.* — Application de l'électrolyse à l'analyse chimique, avec un essai d'une méthode générale d'analyse électrolytique. Louvain, 1881.

1347. Brasseur (Léon), à *Bauxelles*, 48, rue du Congrès. — Notice sur les appareils télégraphiques à transmission en duplex, sans condensateurs. Bruxelles, 1878.

1348. Buels (Edouard), fonctionnaire des Télégraphes de l'Etat, à *Bruxelles*, 160, *rue de Cologne.* — Etudes des dérangements de l'appareil Hughes. Bruxelles, 1881.
— Rapport sur les systèmes de tubes

pneumatiques employés en Angleterre pour le transport des dépêches télégraphiques à courtes distances.

1349. Daussin, employé de la Compagnie du Nord, à *Lille*. — Notice théorique et pratique sur l'appareil de rappel télégraphique Daussin. Dinant, 1875.

1350. De Backer (Hector), ingénieur, **et Desguin** (P.), ingénieur à *Bruxelles*. — Rapport sur la lumière électrique. Congrès international du commerce et de l'industrie. Bruxelles, 1880.

1351. Delarge (F.), ingénieur en chef, directeur des Télégraphes de l'État, à *Bruxelles, gare du Nord*. — Notice sur le matériel des lignes télégraphiques belges. Bruxelles, 1868. Bruxelles, 1873. — Note sur le télé phone. Bruxelles, 1877. — Des appareils télégraphiques à grande vitesse. Bruxelles, 1878. — Note sur le téléphone appliqué dans le voisinage des lignes télégraphiques ordinaires. Bruxelles, 1879.

1352. De Locht-Labye (Léon), ingénieur honoraire des Mines, à *Liège*, 47, *rue Mont-Saint-Martin*. — Les progrès de la télégraphie. — Les progrès de la téléphonie, ses applications pratiques. — Mémoire sur l'octroi des concessions de téléphonie locale. Liège 1880. — La téléphonie, sa théorie et ses applications. — Le pantéléphone de Locht.

1353. Desguin (Pierre), ingénieur, à *Bruxelles*, 52, *rue des Croisades*. — La machine de Ruhmkorff. Le moteur Deprez. La lampe-soleil. Bruxelles, 1872, 1879, 1881.

1354. Despret (Victor), ingénieur, à *Bruxelles*, 107, *rue Belliard*. — Des applications de l'électricité aux arts et à l'industrie. Mémoire couronné au concours universitaire de 1856-57. Bruxelles, 1859.

1355. Devivier (A. J. A.), professeur de physique à l'Université de Louvain, 95, *rue de Namur*, à *Louvain*. — Magnétisme et électricité. Cours autographié.

1356. Docq (feu M. Adrien Joseph), professeur de physique à l'Université de Louvain. — Examen des théories relatives à la nature des agents physiques. Rotterdam, 1865. Bibliothèque de l'Université de Louvain.

1357. Dupont (Henry-Firmin), conseiller au Conseil des mines, à *Bruxelles*, 2, *rue Galilée*. — De l'évaluation des frais d'installation et d'entretien des lignes et des appareils télégraphiques de l'État belge.

1358. Evrard (F.), ingénieur des Télégraphes de l'État, à *Bruxelles, gare du Nord*. — Télégraphie électrique. Origine et développement du réseau belge. Bruxelles, 1881. — Notice sur l'emploi des poteaux métalliques dans les lignes télégraphiques. Bruxelles, 1875. — La télégraphie et quelques applications de l'électricité. Liège, 1880.

1359. Evrard (F.), ingénieur des Télégraphes de l'État, **et Davreux** (P.), ingénieur au Musée royal de l'industrie, à *Bruxelles*. — De l'emploi de l'électricité dans l'industrie. Bruxelles, 1880. — Rapport sur le transport à distance de la force motrice par l'électricité, (Congrès du commerce et l'industrie). Bruxelles, 1880.

1360. Gérard (Antoine-Joseph), horloger, à *Liège*, 5, *place Saint-Lambert*. — Plans et photographies d'appareils électriques.

1361. Gibbs (John), inspecteur, chef de service des Télégraphes de l'État, à *Bruxelles, gare du Nord*. — Renseignements sur la télégraphie en Angleterre, Bruxelles, 1864.

1362. Gloesener (feu M.), professeur à l'Université de Liège, membre de l'Académie royale de Belgique. — Dissertatio inauguralis physica de identitate fluidi electrici et magnetici deducta ex theoria a clarissimo Ampere proposita. Leodii, 1823. — Oratio de vera scientias physicas excolendi methodo et vera illarum studii fine. Lovanii, 1827. — Notice sur deux petits appareils propres à changer la direction des courants électriques. Liège, 1842. — Discours prononcé à l'occasion de la réouverture solenelle des cours des l'université de Liège. Liège, 1847,

— Recherches sur la télégraphie électrique. Liège, 1855. — Analyse sommaire du mémoire de l'auteur sur la télégraphie électrique. — Analyse du mémoire sur un chronoscope nouveau présenté au nom de l'auteur par M. Despretz. — Télégraphe à aiguille perfectionné. — De l'importance du principe du renversement alternatif du courant dans les électro-aimants. Liège, 1868. — Note sur une nouvelle méthode d'enregistrement automatique, au moyen de l'électricité, de la déclinaison et de l'inclinaison magnétiques et de leurs variations diverses. — Note sur un paratonnerre foudroyé à Wetteren. — Note sur une boussole magnétique ou électro-magnétique, son importance dans les observations magnétiques et surtout dans celles faites sur la mer. — Sur le télégraphe enregistreur de M. Van Rysselberghe. — Sur un nouveau procédé pour soustraire les boussoles marines à l'influence du fer et de l'acier, qui entrent dans la construction et le chargement des navires. — Divers rapports sur des mémoires présentés à l'Académie. — Traité général des applications de l'électricité. Paris et Liège, 1re partie. — Études sur l'électro-dynamique et sur l'électro-magnétisme. Bibliothèque de Mlle A. Gloesener.

1363. **Gody** (J.), architecte au ministère des Travaux Publics, à *Bruxelles*. — Rapport sur les appareils de précision à l'Exposition universelle de Paris de 1878. Bruxelles, 1880.

1364. **Harzé** (Emile), ingénieur des Mines, à *Bruxelles*, 76, *rue de Trèves*. — Photographie d'un télégraphe à signaux contrôlés, pour mines, chemins de fer, etc.

1365. **Hochsteyn** (L.), membre de la Société de géographie de Belgique, à *Bruxelles, rue de Liedekerke*,). — Dictionnaire européen comprenant la nomenclature des bureaux postaux et télégraphiques, stations de chemin de fer, etc. Bruxelles, 1881.

1366. **Lancaster** (Albert), météorologiste inspecteur à l'Observatoire royal de Bruxelles, 129, rue royale Sainte-Marie, à *Bruxelles*. — Discussion des orages faites en Belgique pendant l'année 1878. Études des orages en Belgique.

1367. **Louyet** (feu M.). — Recherches expérimentales sur le zingage voltaïque du fer, — Notice sur un nouveau mode de dosage de métaux par voie humide et courant voltaïque. — Bibliothèque de] M. Rommelaere.

1368. **Le Téléphone,** organe spécial des entreprises téléphoniques en Belgique et à l'étranger. Administration : 1, *rue du Peuplier*, à Bruxelles.

1369. **Mazeman** (Gustave), à *Bruxelles*, 25, *rue Traversière*. — Manuel de télégraphie Hughes. Bruges, 1881.

1370. **Monseu** (Arthur), directeur de la Société anonyme des glaces de *Roux (Hainaut)*. — Conférences faites à Charleroi sur la téléphonie.

1371. **Mourlon** (Charles), constructeur électricien, *rue de Ruysbroeck*, 61, *Bruxelles*. — Guide pratique avec catalogue illustré et notice bibliographique sur les applications générales de l'électricité. Bruxelles, 1881. — Notice sur l'emploi des différents modèles de la pile Leclanché. Bruxelles, 1881.

1372. **Musée royal de l'Industrie,** à *Bruxelles*. M. Gauthy, directeur. — Bulletin du musée. Années 1841-1881, Bruxelles. — Vibrateur galvanique, par M. Lippens, année 1842· — Notice sur le zincage voltaïque du fer et autres métaux, par M. Louvet. Années 1843, 1844 et 1847. — Note sur un régualteur élecrtique par M. Jules Duboscq. Année 1851. — Nouvelle pile électrique par M. Charles Devos Année 1870. — Encreur pour appareil Morse système De Vos, par M. Gibbs. Année 1878. Le moteur électrique Deprez, par M. Desguin. Année 1879.

1373. **Navez** (Auguste), lieutenant-colonel d'artillerie en retraite, à *Bruxelles*, 144, *chaussée d'Haecht*. — Application de l'électricité à la mesure de la vitesse des projectiles. Paris, 1853. — Instruction avec atlas sur l'appareil

électro-balistique Navez. Paris, 1859.
— Rapport sur des expériences de
tir faites au moyen d'un appareil
électro-balistique système Navez.
Bruxelles, Liège et Paris 1851,
1852, 1859. —Notes et mémoires sur
un nouveau système de chro nomé-
trie électro-balistique.

1374. Navez (Auguste) **et Navez**
(Louis fils), *à Bruxelles, 144, chaussée d'Haecht.* — Application de la bobine de Ruhmkorff au téléphone
— Notes et discussions sur la théorie
du téléphone.

1375. Petit (Louis), lieutenant de
vaisseau, à *Anvers, 25, rue Jordaens.*
— Mémoire sur les phares à lumière
électrique. Bruxelles, 1880.

1376. Quetelet (feu M. Adolphe),
secrétaire perpétuel de l'Académie
royale de Belgique.— Recherches sur
l'intensité magnétique de différents
lieux de l'Allemagne et des Pays-Bas.
Bruxelles, 1830. — Recherches sur
l'intensité magnétique en Suisse et
en Italie. Bruxelles, 1831. — Recherches sur les degrés successifs
de force magnétique qu'une aiguille
d'acier reçoit pendant les frictions
multiples qui servent à l'aimanter.
— Sur le magnétisme terrestre en
Italie. Bruxelles, 1840. — Notes diverses sur l'électricité de l'air et
le magnétisme. — Notes sur la déclinaison, l'inclinaison et la force
de l'aiguille magnétique à Bruxelles
et sur la variation de ces trois éléments. — Sur la physique du globe.
Bruxelles, 1861.
Bibliothèque de Mme Vve E. Quetelet.

1377. Quetelet (feu M. Ernest), astro-
nome à l'Observatoire royal de
Bruxelles. — Recherches sur les
mouvements de l'aiguille aimantée à
Bruxelles. — Des observatoires du
nord de l'Allemagne et de la Hollande et du magnétisme terrestre.
— Notes sur la détermination de la
déclinaison et de l'inclinaison magnétiques à Bruxelles.
Bibliothèque de Mme Vve E. Quetelet.

1378. Rau (Edouard), ingénieur, à
Bruxelles, 75, rue d'Arlon. — Notices
sur les signaux électro-optiques pour

chemins de fer, dits Block-system
(Siemens et Halske). Bruxelles, 1874,
1875. — Indicateur de vitesse, système Petri, Siemens et Halske.
Bruxelles, 1879. — Notices sur l'é-
clairage électrique. Bruxelles, 1877,
1880. — Notice sur les appareils
Morse, destinés au service des chemins de fer. Bruxelles, 1876. —
Nouveau transmetteur pour appareil
Morse. — Manœuvre des excentriques
et des signaux locaux, comparaison
entre les systèmes Saxby-Farmer et
Siemens-Halske.

**1379. Revue universelle des mi-
nes, de la métallurgie, des travaux publics, des sciences et
des arts appliqués à l'industrie.**
— Rédacteur en chef : M. de Cuy-
per (Charles), professeur à l'Université de Liège. Propriétaire :
Noblet (A.), ingénieur civil. Liège,
Paris, années 1857-1881. Emploi du
collodion comme corps isolant dans
l'électricité dynamique, par M. Body.
— Machine magnéto-électrique de
M. Van Malderen, par M. Dwelshau-
wers. Année 1865. Exploitation des
Mines ; creusement des puits et galeries : amorçage électrique, machines électriques appareils d'induction, fils conducteurs, amorces
électriques ; travaux exécutés par
l'emploi simultané de la dynamite,
de l'électricité et des perforatrices
par M. Habets. Année 1874. — Machine dynamo-électrique et régulateur de lumière électrique de Siemens
et Halske. Note sur une méthode d'é-
lectrolyse l'appliquée au dosage de
certains métaux et sur la batterie ther-
mo électrique de Clamond, par M. Loi
seau. Année 1875. — Note sur un
nouveau régulateur photo-électrique
uatomatique et à point lumineux fixe,
par M. Jaspar. — Dosage électrique
du manganèse, du nickel, du zinc et
du plomb, par M. Riche. Année 1877.
— Note sur la machine Gramme, par
M. Bernimolin. Année 1878. — Rapport sur un appareil électrique construit par MM. Striedinger et Doerflin-
ger, pour faire sauter simultanément plusieurs milliers de mines, par
M. Perard.— Note sur une application
de la machine Gramme comme moteur

électrique, par M. Jaspar. — Note sur un système de répartition de la lumière électrique, par M. Jaspar. — L'éclairage électrique, par M. de Backer (H.). Année 1879. — Expériences sur le développement du magnétisme induit par la terre dans le fer laminé nerveux, par M. Perard. Année 1881

1380. Rousseau (E.), professeur de physique à l'Université de Bruxelles et à l'École militaire, à *Bruxelles*, 59, *rue du Conseil*. — Cours de physique professé l'École militaire, section des armes spéciales. Bruxelles, 1877.

1381. Samuel (P.) élève de l'Ecole du génie civil, Gand. — Notice sur un appareil enregistreur des signaux du galvanomètre à miroir. *Bruxelles*,

1382. Société scientifique de Bruxelles. R. P. Carbonnelle secrétaire, 27, *rue des Ursulines*, à *Bruxelles*. — Annales de la Société. Bruxelles, années 1875-1880 Sur certaines conséquences de la formule électro-dynamique d'Ampère, par M. Gilbert. Année 1875-1876. — Sur la détermination analytique de la charge dans une bouteille de Leyde, par le R. P. Delsaix. — Sur la démonrstation de l'équaton $AV = 4\pi\rho$ dans la théorie du potentiel par le R. P. Delsaulx. Année 1877-1878. — Sur une propriété les surfaces du second degré dans la théorie de l'électricité statique, par le R. P. Delsaulx. Année 1878-1879. — Sur la loi de force de M. Clausius entre courants élémentaires, par le R. P. Delsaulx. Année 1879-1880.

— Revue des questions scientifiques. Bruxelles, Louvain, Paris, années 1877-1881 : Phénomènes thermiques et électriques, par M. Witz. — Thermo-chimie et mécanique chimique, par M. Witz. Année 1878. — Les courants secondaires, par le R. P. Van Tricht. Année 1879. — Les mouments moléculaires, par le R. P. Thiron. — Transmission de la force motrice à distance. Année 1880.

1383. Somzée (Léon), ingénieur honoraire des Mines, à *Bruxelles*, 217, *rue Royale*. — Dessins d'un appareil d'éclairage électrique. Dessin d'un appareil avertisseur du grisou dans les mines.

1384. Staes (Eugène), à *Termonde*. — Dessin d'un nouveau système de signaux avertisseurs automatiques pour chemin de fer.

1385. Strens (feu M. Louis), fonctionnaire aux télégraphes de l'Etat. — La télégraphie électrique mise à la portée de tout le monde. — Bruxelles, 1855.
Bibliothèque de M. Strens.

1386. Valerius (H.) professeur à l'U niversité de Gand, 2, *rue du Gouvernement*, à *Gand*. — Les phénomènes de la nature, leurs lois et leurs applications aux arts et à l'industrie d'après le docteur Zimmerman. Tome I. Electricité, magnétism et galvanisme. Paris, Bruxelles, 1858. — Notice sur un nouveau chronoscope électrique. — Dangers de l'application de l'électricité au traitement des affections nerveuses. Gand, 1853. — Rapport sur la question mise au concours en 1852 : Démontrer par des faits la valeur de l'électricité dans le traitement des maladies. (Société de Médecine de Gand, 1852). — Mémoires sur l'emploi de l'électricité en médecine. Gand, 1852, 1853. — Effet singulier du courant électrique (Académie royale de Belgique, *Bulletin*, 1877).

1387. Vanderheyden (Georges), directeur de la Société générale de téléphonie, à *Gand*. — Plan en relief du réseau téléphonique de la ville de Gand.

1388. Van Gœthem Reallier et Cie, 3, *rue des Moutons*, à *Bruxelles*. — Plan d'une machine électrique.

1389. Van Holsbeck (feu M. Henri), docteur en médecine. — Compendium d'électricité médicale, Paris, Bruxelles, 1860.
Bibliothèque de l'Université de Louvain.

1390. Van Mullem (Eugène), percepteur des télégraphes de l'Etat, à *Saint-Nicolas*. — Manuel de télégraphie électrique. Gand 1879.

1391. Van Noorbeeck (Edouard), fonctionnaire du ministère des Travaux Publics, à *Bruxelles*, 32, *rue de Mérode*. — Plan d'un nouveau système de communication au moyen de l'électricité.

1392. Bibliographie rétrospective

I. Manuscrits

Devivier (A. G. A.), professeur de physique à l'Université de Louvain, 95, rue de Namur, à Louvain — Tractatus de electricitate. Sebastianus Malacord Stabuleensis, 1784.

1393. Martens. professeur à l'université de Louvain. — Corpus naturale et tractatus de electricitate. Lovanii, 1795.

1394. Université de Louvain, M. Reusens, bibliothécaire. — Cours professés à l'Université de Louvain pendant les années 1738, 1740, 1744, 1768 et 1777.

II. Livres imprimés.

Université de Louvain. M. Reusens bibliothécaiae—Peregrinus(Petrus). De magnete, seu rota perpetui motus, libellus. Augsburgi, 1558.—Taisnierius (Joannes). Opusculum perpetua memoria dignissimum, de natura magnetis et ejus effectibus. Coloniæ. 1562. — Gilbertus (Guilielmus). De magnete, magneticisque corporibus et de magno magnete tellure : physiologia nova, plurimis et argumentis et experimentis demonstrata. Londini, 1600. — Gilbertus (Guilielmus). De magnete, magneticisque corporibus, vi ejus attractiva et medicinali proprietate. Tractatus novus, illustratus per Wolffg. Lochmannum. Francofurti, 1629. — Cabeus (Nicolaus). Philosophia magnetica. Ferrariæ, 1629.—Kircher (Athanasius). Ars magnesia. Herbipoli, 1631. — Gilbertus (Guilielmus). Trac tatus sive physiologia nova de magnete magneticisque corporibus. Omnia nunc diligenter recognita. Studio D. Wolfgangi Lochmans. Sedini, 1633. — Kircherus (Athanasius). Magnes sive de arte magnetica opus tripartitum. Romæ, 1641. — Kircherus (Athanasius). Magnes sive de arte magnetica opus tripartitum. Colonia Agrippinæ, 1643. — Leotaudus (Vincentius). Magnetologia. Lugduni, 1668. — J. C. H. (M. D.) Magne tologiacuriosa. Das ist grüendtliche Abhandlung des Magneths. Mayntz, 1690) — Fay (Carolus de Cisternai du) Versuche und Abhandlungen von der Electricität derer Cöerper in den Jahren 1733 bis 1737. Erfurth, 1745. — Louis. Observations sur l'électricité. Paris 1747. — Faure (Giambattista). Congetture fisiche intorno alle Ragioni de Fenomeni osservati in nella machina ellettrica. All'illustrissimo signore G. Collicola. Roma, 1747. — Jallabert. Expériences sur l'électricité avec quelques conjectures sur la cause de ses effets. Paris, 1749. — Winckler (Joh. Henr.) Nieuwe natuurkundige ontdekkingen, aangaande de eigenschappen, werkingen, en oorzaaken der Electriciteit of uitlokkings Kragt. Amsterdam, 1751. — Waitz (J. H.). Verhandeling over de electriciteit. Amsterdam, 1751. — Semeyns (Meindert). Kortbon digeredeneering over de gesteltheid van den aardkloot van binnen, betoogt uit de magneetische werkinge. S'Gravenhage, 1760. —Nollet (M. l'abbé). Essai sur l'électricité des corps. Paris, 1765. — Baver (Fulgentius). Dissertatio experimentalis de electricitatis theoria et usu. Viennæ et Lipsiæ, 1767. — Beccaria (J. B.) Experimenta, atque observationes, quibus electricitas vindex late constituitur, atque explicatur. Augustæ Taurinorum, 1769, — Nollet (H. Ab.). Vergleichung der Wierkungen des Donners mit den Wierkungen der Electricitaet. Prag. 1769. — Priestley (Joseph). De geschiedenis en tegenwoordige staat der electriciteit. Amsterdam, 1772-1773. — Brugmannus (Ant.). Teutamina philosophica de materia magnetica ejusque actione in ferrum et magnetem. Francqueræ, 1765. — Franklin. Œuvres traduites de l'anglais, par Barbeu Dubourg. Paris, 1773. —Franklin (Benjamin). Experiments and observations on electricity made at Philadelphia in America. London, 1774. — Zallinger (Franz). Abhandlung von der Electricitaet des in Tyrol gefundenen Turmalins. Innsbruck, 1779. — Mahon. Principes d'électricité. Londres, 1781. — Donovan. Essay on the origin, progress and present state of galvanism. Dublin, 1816. — Hansteen (Christopher). Untersuchungen ueber den magnetismus der Erde. Uebersetzt von P. Treschow Hanson. Christiania, 1819. — Roesling (Christian, Librecht). Der Galvanismus. Ulm, 1824. — Ampère (André-Marie). Théorie des phénomènes électro-dynamiques, uniquement déduite de l'expérience. Paris, 1826.

CLASSE 16.

COLLECTIONS RÉTROSPECTIVES D'APPAREILS CONCERNANT LES ÉTUDES PRIMITIVES ET LES APPLICATIONS LES PLUS ANCIENNES DE L'ÉLECTRICITÉ.

1395. Administration des Télégraphes de l'Etat. M. Delarge (F.), ingénieur en chef, directeur, à *Bruxelles, gare du Nord*. — Anciens appareils qui ont été en usage à l'administration : appareil Wheatstone à deux aiguilles ; appareil Wheatstone à une aiguille ; appareil Foy et Breguet ; ppareil Lippens à manivelle ; appareil Lippens à clavier ; appareil Gloesener ; appareil Wheatstone à clavier ; appareil Morse à poids ; appareil Morse à pointe séche ; appareil Morse à molette.

1396. Brand (Joseph), ingénieur-opticien, à *Bruxelles*, 32, *rue de la Madeleine*. — Machine électrique de Nairne, datant des premières années du XIXᵉ siècle.

1397. Delsaulx (J.), professeur au collège de la compagnie de Jésus, à *Louvain*. — Télégraphe à cadran. Moteur électrique. Appareil d'induction.

1398. D'Hoy (Charles), photographe à *Gand, rue des Champs*. — Régulateur pour lumière électrique construit en 1853 par l'exposant.

1399. Gloesener (Mlle Antonia), constructeur d'appareils électriques à *Liège, 70 bis, avenue d'Avroy.* — Collection d'appareils inventés et construits par feu M. Gloesener pour servir aux démonstrations du cours de physique qu'il professait à l'Université de Liège.

1400. Lippens (Polydore), ancien constructeur d'appareils télégraphiques, à *Eecloo (Flandre orientale)*. — Appareils télégraphiques à clavier et à cadran. Accessoires d'appareils. Locomotive électrique construite en 1840.

1401 Maison des Joséphites, à *Melle-lez-Gand*. — Appareil d'induction de Clarke. Appareil de Joule. Télégraphe à cadran.

1402. Musée royal de l'industrie, à Bruxelles. M. Gauthy, directeur. — Télégraphes à cadrans de Lippens.

1403. Observatoire royal de Bruxelles. M. Houzeau (J.C.), directeur. — Batterie Wollaston, spécimen ayant servi à Ampère pour la détermination des lois des courants. Appareil de Faraday, envoyé par ce savant à l'observatoire de Bruxelles, pour la répétition des expériences sur le diamagnétisme.

1404. Université de Louvain. — M. Devivier, professeur de physique, — Collection de piles : piles à colonnes, piles à un liquide, piles sèches, piles à deux liquides, pile thermo-électrique de Nobili. Machine électrique à cylindre en verre noir. Machine électrique du système Van Marum. Batterie composée de six jarres. Appareil de Watkins pour démontrer l'action des courants sur un aimant. Galvanomètre multiplicateur pour expériences publiques. Galvanomètre à deux aiguilles. Galnomètre à quatre aiguilles. Appareil de Ritchie. Appareils pour démontrer les lois des courants sur les courants et sur les aimants. Télégraphe de démonstration. Manipulateur et récepteur d'un télégraphe à cadran. Manipulateur et récepteur d'un télégraphe électrique, système Morse, modifié par feu M. le professeur Gloesener, d'après le principe du renversemnt d'un courant. Divers modèles de bobines d'induction. Machine magnéto-électrique de Pixii. Machine magnéo électrtique de Clarke.

1405. Valérius (H.), professeur à l'Université de Gand, 2, *rue du Gouvernement*. — Machine électrique de Holtz, modèle que l'inventeur a cédé à l'Université de Gand lors de son retour de Londres, où il s'était rendu pour donner à l'Institut royal un aperçu de son importante invention.

DANEMARK (ROYAUME DE)

GROUPE I

PRODUCTION DE L'ÉLECTRICITÉ

—

CLASSE 3.

MACHINES MAGNÉTO-ÉLECTRIQUES ET DYNAMO-ÉLECTRIQUES

1407. Jûrgensen (Christopher Peter), à *Copenhague.*—Représenté par M. Gudman, à Paris, 53, *avenue de la Grande-Armée.* — Machine dynamo-électrique.

GROUPE IV

APPLICATIONS DE L'ÉLECTRICITÉ

—

CLASSE 6.

TÉLÉGRAPHIE, SIGNAUX.

1408. Lund (C.-F.), à *Copenhague.* — Sonneries électriques.

1409. Direction des Télégraphes d'Etat, à *Copenhague.* — Modèle de construction des lignes télégraphiques aériennes en Danemark.

CLASSE 13.

APPAREILS DIVERS.

1410. Lund (C.-F.), à *Copenhague.* — Appareil autographique à courants inversés.

CLASSE 16.

COLLECTIONS RÉTROSPECTIVES D'APPAREILS CONCERNANT LES ÉTUDES PRIMITIVES ET LES APPLICATIONS LES PLUS ANCIENNES DE L'ÉLECTRICITÉ.

1411. Direction des Télégraphes d'Etat, à *Copenhague.* — Buste de H. C. Oersted. Boussole employée par H. C. Oersted dans toutes ses expériences sur les phénomènes fondamentaux de l'électro-magnétisme.

ESPAGNE (ROYAUME D')

GROUPE IV

APPLICATION DE L'ÉLECTRICITÉ

CLASSE 6.

TÉLÉGRAPHIE, SIGNAUX.

1412. Bonnet (Henri), à *Cadix, rue Rosario Cepeda*, 13. — Appareils de transmission rapide à double point. Poste télégraphique portatif avec pile dans un étui.

1413. Cazorla (Alexis), à *Madrid, rue Escalinata*, 13. — Cible électrique.

1414. Direction Générale des Postes et des Télégraphes, à *Madrid*. — Poste télégraphique en service dans les bureaux d'Espagne. — Dessins représentant les outils et le matériel des lignes télégraphiques espagnoles.

1415. Echenique (Florencio), sous-directeur de section des Télégraphes à *Madrid*.—Appareil de poche pour servir de poste intermédiaire. Appareils de poche pouvant fonctionner isolément comme poste-tête de ligne, ou ensemble comme translateur. Un marteau-omnibus d'acier comprenant : tournevis, deux clefs, filière, lime, couteau et scie. — Moufles pour tendre les fils télégraphiques, fonctionnant sans ressort. Mâchoire à tendre le fil de fer. Tambour sur sa brouette pour le déroulement des fils.

1416. Orduna y Munoz (Charles), à *Madrid. Rollo* 2, et à *Paris, 4, rue Perrault chez M. Breguet*. — Télégraphe duplex sans condensateur.— Appareils divers. — Télégraphe duplex pour l'armée.

1417. Perez Blancas, Directeur de Section des Télégraphes, à *Séville*.— Appareil électro-automatique avertisseur des crues des fleuves. Appareil de télégraphie militaire.

1418. Piedras y Macho (Victor), Employé des Télégraphes, à *Villagarcia, Pontevedra*. — Poste intermédiaire (système Morse).

1419. Tendé (Alexandre) Grand Hôtel de Londres, *San-Sebastian, Guipuzcoa*. — Tableau indicateur pour sonnerie électrique.

CLASSE 7.

TÉLÉPHONIE, MICROPHONIE, PHOTOPHONIE.

1420. Bonnet (Henri), à *Cadix, rue Rosario Cepeda*, 13. — Deux postes téléphoniques avec transmetteur microphonique.

1421. Fernandez Janer (Jean), Ingénieur civil, à *Coruna*.— Microphones, dont un simple et un multiple.

1422. Soriano y Ferrer, Employé des Télégraphes, à *Alcudia (Baléares)*. — Téléphones.

CLASSE 8.

LUMIÈRE ÉLECTRIQUE.

1423. Sociedad Espanola de Electricitad à *Barcelone, Rambla del Centro*, 9. — Machine Gramme, lampes électriques.

1424. La Orden (Louis) et **Bennet** (Henri), à *Cadix, rue Murguix*, 26. — Modèle d'un appareil électrique pour l'éclairage automatique d'une balise au port de Cadix.

CLASSE 12.

INSTRUMENTS DE PRÉCISION ; ÉLECTRO—AI-MANTS ; AIMANTS ; BOUSSOLES ; HORLOGERIE ÉLECTRIQUE.

1425. Cazorla (Alexis), à *Madrid, rue Escalinata*, 13. — Thermomètre phono-électrique pour signaler les incendies. Thermomètre avertisseur pour appareils d'incubation. Baromètre électrique avertisseur.

CLASSE 13.

APPAREILS DIVERS.

1426. Cazorla (Alexis), à *Madrid, rue Escalinata*, 13. — Toise électrique pour mesurer la hauteur du corps humain.

1427. Nicolau y Montaner (Adolphe), et **Hervas Ausmendi** (Julian), à *Barcelone, rue Aribau*, 8. — Serrure électrique de sûreté avec pile et sonnerie.

1428. Vigil (Primitivo), à *Madrid.*— Filière Britannia.

GROUPE VI

BIBLIOGRAPHIE, HISTOIRE

—

CLASSE 15.

COLLECTIONS BIBLIOGRAPHIQUES D'OUVRAGES CONCERNANT LA SCIENCE ET L'INDUSTRIE ÉLECTRIQUES, PLANS, CARTES, ETC.

1429. Agil y Maestre et D. de C rtazar, ingénieurs en chef des mines, *Madrid*. — Historia, descripcion y critica de los sistemas empleados en el alumbrado de las excavaciones subterraneas.

1430. Galante (Joseph), inspecteu des télégraphes, Chef du district de Séville, à *Séville*. — Manual de mediciones electricas, un vol. in-8° avec planches.

1431. Orduna y Munoz (Charles), à *Madrid, Rollo*, 2, et à *Paris, chez M. Breguet*, 4, *rue Perrault*. — Mémoire sur les appareils duplex et quadruplex.

1432. Perez Blanca (François), Directeur de section des télégraphes, à *Seville*. — Manual de Telegrafia practica, deux vol. in-8° avec planches.

1433. Roig y Torres, à *Barcelone, rue Fontanella*, 28. — Cronica cientifica (Collection du journal).

1434. Suavez Saavedra (Antonino), Directeur de section des télégraphes, à *Barcelone*. — Tratads de Telegrafia, cinq volumes; Historia universal de la Telegrafia, 1er vol.

GRANDE BRETAGNE & IRLANDE (ROYAUME UNI DE)

GROUPE I
PRODUCTION DE L'ÉLECTRICITÉ

CLASSE 1.
ÉLECTRICITÉ STATIQUE.

1435. Apps (Alfred), *Londres, 433, Strand*. — Bobine d'induction, donnant dans l'air une étincelle de trois pieds et demi.

CLASSE 2.
PILES ET ACCESSOIRES.

1436. Bourne (Joseph), and **Son**, *près Derby, Denby Pottery Works.*— Vases de grès pour piles.

1437. Coxeter and **Son**, *Londres, 23 et 24, Grafton Street East, Tottenham Court Road.* — Petits éléments de piles d'une grande force électro-motrice, donnant des courants constants et de longue durée. — Piles simples et à combinaisons. — Pile (dite Triple).

1438. Fahrig (F. E.), *Southampton.* — Carbone pur de toutes formes, pour éléments de piles, taillé mécaniquement ou à la main.

1439. Latimer Clark, Muirhead and **C°**, *Londres, S. W. 29, Regency street, Westminster* (agent à Paris, J. Aylmer, 4, rue de Naples).— Piles Daniell et autres (système Muirhead). — Piles à manganèse de Howell.— Pile à chlorure d'argent de Warren de la Rue, avec accessoires pour l'usage médical. — Piles Minotto, à liquides superposés, au bichromate, etc.

1440. Paterson (Edward), *Londres, 67, Little Britain, Aldersgate Street.*— Piles électriques de divers systèmes.

1441. Sabine (Robert), *Londres,* (*Agent à Paris, J. Aylmer, 4, rue de Naples*). — Éléments de piles, formés de deux plaques de sélénium baignant dans de l'eau.

1442. The Scientific Toy C°, *Londres, Sun Works, Kirkwood, Road Peckham.* — Piles électriques, instructions pour leur fonctionnement (appareils destinés à l'instruction récréative de la jeunesse).

1443. Stiff (James) and **Sons**, *Londres, London Pottery, Lambeth.* — Vases poreux et vases de grès, cylindriques ou rectangulaires, pour éléments de pile.

CLASSE 3.
MACHINES MAGNÉTO-ÉLECTRIQUES ET DYNAMO-ÉLECTRIQUES.

1444. Anglo-American Brush Electric Light Corporation Limited, *Londres, 74, Hatton Garden.* — Machines dynamo-électriques pour la lumière électrique, la galvanoplastie et la transmission de la force.

1445. Blakey Emmott and C°, *Halifax.* — Machines électriques diverses.

1446. British Electric Light C° Limited, *Londres, Heddon Street, Regent Street* — Machines Gramme dynamo-électriques de divers types nouveaux, donnant des courants variables au besoin. — Machines dynamo-électriques pour la galvanoplastie. — Divers accessoires employés dans le fonctionnement des machines électriques.

1447. Coxeter and **Son**, *Londres*, 23 et 24, *Grafton Street East, Tottenham Court Road.*— Machine dynamo-électrique appropriée à la lumière électrique. — Même machine servant de moteur.

1448. Crompton (R.-E.) and **C°**, *Londres, Mansion House Buildings.* — Machines dynamo-électriques, système Bürgin.

1449. Henley (W. T.), *Londres, E. C. Drapers Gardens.* — Machines dynamo-électriques.

1450. Laing (William), *Paris*, 219, *Boulevard d'Enfer.* — Machines dynamo-électrique et magnéto-électrique.

1451. Latimer Clark Muirhead and **C°**, *Londres, S. W.* 29, *Regency Street, Westminster (agent à Paris, J. Aylmer*, 4, *rue de Naples).* — Machine électro-magnétique du docteur Hopkinson, à courants continus. — Même machine à courants alternatifs. — Machine dynamo-électrique de Andrews.

GROUPE II
TRANSMISSION PAR L'ÉLECTRICITÉ
—
CLASSE 4.
CABLES, FILS ET ACCESSOIRES, PARATONNERRES.

1452. Bourne (Joseph) and **Sons**, *près Derby, Denby Pottery Works.*— Isolateurs divers en grès.

1453. Henley (H.-T.), *Londres, E.-C., Drapers gardens.* — Echantillons de câbles fabriqués avant 1879.

1454. India Rubber Gutta Percha et Telegraph Works C°. Limited, *Londres, Silvertown.* — Divers échantillons de câbles sous-marins, câbles télégraphiques, fils isolés.

1455. Johnson (Richard) and **Nephew**, *Manchester, Bradford Iron works.* — N° 00, B. W. G., fer galvanisé pour armatures de câbles, n° 8, fil galvanisé de faible résistance. Toron de trois fils galvanisés du n° 16.

1456. Latimer Clark Muirhead and **C°**, *Londres, S. W.* 29, *Regency street, Westminster (agent à Paris, J. Aylmer*, 4, *rue de Naples).*—Câble électrique à enveloppe isolante de nigrite (système Frild). — Câbles pour lumière électrique et pour téléphones. — Câbles disposés en vue d'éviter les effets d'induction (système Muirhead). — Paratonnerres.

1457. Newall (R.-S.) **and C°**, *Londres*, 130, *Strand.*—Echantillons de câbles sous-marins. — Conducteurs de cuivre pour lumière électrique. — Paratonnerres.

1458. Paterson (Edward), *Londres*, 76, *Little Britain, Aldersgate street.* — Paratonnerres.

1459. Reid (brothers), *Londres*, 12, *Wharf Road.* — Conducteurs pour empêcher l'induction sur les circuits téléphoniques. Isolateurs (système Crighton) avec cône pour arrêter le fil.

1460. Rustless and General Iron C° (The), *Londres*, 5, *Queen street, place Cannon street.* — Tuyaux de fer inoxydables pour la pose des lignes télégraphiques souterraines. — Poteaux télégraphiques de fer.

1461. Siemens Brothers, and **C°**, **Limited**, *Londres.* — Câbles sous-marins, souterrains et aériens. — Fils isolés et nus. — Modèle de navires servant à la pose de câbles sous-marins et autres. —Câbles pour lumière électrique, etc. — Isolateurs, etc.

1462. Stiff (James) and **Sons**, *Londres, London Pottery. Lambeth.* — Isolateurs divers de grès.

1463. Submarine Telegraph C°, *Londres*, 2, *Throgmorton Avenue* et *à Paris*, 45, *rue Cambon.* — Echantillons des divers câbles posés par la Compagnie entre l'Angleterre et le continent européen. — Echantillons de câbles cassés par les ancres des navires ou par l'oxydation des armatures.

1464. Telegraph Construction et Maintenance C°, Limited, *Londres*, 38, *Old Broad street.*—Echantillons de câbles sous-marins posés par la Cie dansles diverses mers du globe depuis 1857 jusqu'à 1881.

1465. Whitecross Wire Company, Limited, *Warrington*. — Fils télégraphiques fabriqués par des procédés spéciaux et par de nouvelles machines. — Petits fils d'attache. — Fils homogènes pour armatures de câbles sous-marins.

GROUPE III
ÉLECTROMÉTRIE
—

CLASSE 5.
APPAREILS SERVANT AUX MESURES ÉLECTRIQUES.

1466. Ayrton (W. E.) and **Perry** (J.), 68, *Sloane street London*. — Galvanomètre portatif et « dead-beat » pour la mesure des courants intenses.

1467. Blakey Emmott and **Cᵒ**, *Halifax*. — Galvanomètres divers.

1468. Coxeter and **Son**, *Londres*, 23 et 24, *Grafton street, East, Tottenham Court Road*. — Galvanomètre vertical disposé pour permettre la lecture rapide des déviations causées par les courants alternatifs.

1469. Elliott (brothers), *Londres*.— Galvanomètres ; caisses de résistance et condensateurs pour essais et signaux électriques. — Micromètres pour la mesure des fils.

1470. India Rubber Gutta Percha et Telegraph Works Cᵒ, Limited, *Londres, Silvertown*. — Galvanomètres astatiques à miroir de Thomson, galvanomètres astatiques portatifs, galvanomètres des tangentes pour mesures électriques. — Caisses de résistance, forme ordinaire et circulaire, avec pont de Wheatstone. — Appareils complets pour essayer les torpilles. Manipulateurs et condensateurs.

1471. Latimer Clark Muirhead and Cᵒ, *Londres S. W.*, 29, *Regency street, Westminster* (*agent à Paris, J. Aylmer, 4, rue de Naples*. — Galvanomètres astatiques à miroirs de Thomson. — Caisses de résistance. — Condensateurs, étalons, manipulateurs, commutateurs. — Etalons de résistances. — Galvanomètre des tangentes de Schwendler.

1472. Patterson (Edward), *Londres, 76, Little Britain, Aldersgate street*. — Appareil de MM. Ayrton et Perry pour mesurer les courants dynamoélectriques. — Photomètres.

1473. Sabel (Max), *Londres, 2, Coleman street Buildings*. — Papier et feuilles d'étain pur pour la fabrication des condensateurs.

1474. Sabine (Robert), *Londres* (*agent à Paris, J. Aylmer, 4, rue de Naples*). — Galvanomètre astatique avec lampe et échelle. — Modification du pont de Wheatstone.

1475. Thomson (Sir William), *Glasgow-University*. — Electromètre absolu et électromètre à cadran (construits par White).

GROUPE IV
APPLICATIONS DE L'ÉLECTRICITÉ
—

CLASSE 6.
TÉLÉGRAPHIE, SIGNAUX.

1476. Blakey Emmott and **Cᵒ**, à *Halifax*. — Appareils télégraphiques à une aiguille. — Appareil télégraphique à sonnerie de Warburton et Crossley. — Sonneries d'appel. — Divers relais et autres appareils.

1477. Bolton (Frank, lieut. colonel), à *Londres, 4, Broad Sanctuary-Westminster*. — Appareils de télégraphie optique combinés avec des signaux électriques de télégraphie.

1478. Bright (E. B.), à *Londres, 45, Gerrard street*. — Divers appareils de télégraphie et leurs accessoires.

1479. Elliott Brothers, à *Londres*. — Manipulateurs et commutateurs pour la télégraphie.

1480. Exchange Telegraph Cᵒ Limited, à *Londres, E. C., 17 and 18, Cornhill*. — Appareils télégraphiques imprimeurs et récepteurs pour les dépêches de bourse.

1481. Foxcroft (William Mortimer), à *Londres, 54, Compton street Clerkenwell*.—Boîtes pour appareils télégraphiques à aiguille (modèle adopté par le gouvernement britannique et le Midland Railway). — Boîtes pour appareils de Block-system.

1482. India Rubber Gutta-Percha and Telegraph Works C°, Limited, à *Londres, Silvertown*. — Appareils pour le « block » system, appareils à aiguilles, à répétition. — Indicateur de train (système Walker) et autres instruments pour signaux de chemins de fer. — Appareils Morse, parleurs, manipulateurs, télégraphe A B C de Wheatstone. — Appareils télégraphiques à miroir.

1483. Latimer Clark, Muirhead and C°, *Londres*, à *Regency street*, 29, *Westminster* (*agent à Paris, J. Aylmer, 4, rue de Naples*). — Appareils télégraphiques pour chemins de fer. — Appareils Morse, parleurs, relais. — Appareils duplex (système Muirhead et système Muirhead et Winter). — Appareil quadruplex. — Appareils de télégraphie sous-marin : galvanomètres, manipulateurs, commutateurs.

1484. O'Lawlor (Louis de B.), à *Londres*, 11, *Wharton Road, West Kensington Park*. — Avertisseur d'incendie basé sur les correspondances téléphoniques.

1485. Paterson (Édward), à *Londres*, 76, *Little Britain, Aldersgate street*. — Signaux électriques pour mines, hôtels et fabriques.

1486. Reid (Thomas), à *Dundee*, 68, *Saint-Andrews street*. — Avertisseur d'incendie pour maisons et navires.

1487. Administration des télégraphes de la Grande - Bretagne (Post-Office), à *Londres*. — Appareils divers employés par l'Administration Britannique. — Appareil parleur à inversion de courant. Le manipulateur émet des courants en sens inverse, selon qu'il est abaissé ou non, ces courants actionnent un relais polarisé, qui fait fonctionner un parleur disposé en circuit local. — Appareil automatique et à grande vitesse de Wheatstone transmettant 170 mots, et au delà par minute ; la dépêche est préalablement perforée sur une bande de papier. — Relais pour l'appareil automatique et à grande vitesse de Wheatstone. Ce relais sert avec l'appareil Wheatstone pour la translation sur les longues lignes. Il est placé à une station intermédiaire entre les deux têtes de lignes. — Divers modèles de paratonnerres. — Commutateur Umschalter. — Appareil complet pour les essais de ligne. — Machine à numéroter les feuilles à dépêches. — Appareils modernes pour signaler la marche des trains (système Preece), adoptés par le chemin de fer « London and South Western » et autres. — Divers appareils pour le fonctionnement des tubes pneumatiques. — Cartouches ou boîtes à dépêches pour les tubes. — Echantillons des tubes. — Echantillon de tube après vingt-cinq ans de service. — Modèle des joints des tubes. — Vanne pneumatique à double action pour travail continu. — Vanne pneumatique à action simple pour travail intermittent. — Appareil du « block system » pour signaler le départ et l'arrivée des cartouches. — Indicateur pour station de tête de ligne, pour signaler automatiquement l'arrivée de la cartouche à la station d'arrivée. — Indicateur pour station intermédiaire. — Appareil automatique placé à une station intermédiaire d'un tube pneumatique. La durée de l'émission électrique peut être réglée à volonté au moyen de la vis de réglage qui agit comme régulateur pour l'admission de l'air au cylindre. — Perforateur pneumatique pour la préparation préalable des bandes pour l'appareil automatique de Wheatstone. — Indicateur du niveau d'eau dans un réservoir. — Le transmetteur envoie des courants renversés, selon que le flotteur monte ou descend par suite du changement du niveau d'eau. Le récepteur est actionné par une armature polarisée qui fait fonctionner l'un ou l'autre de deux mouvements d'échappement, selon que le transmetteur envoie des courants positifs ou négatifs. Montre (système Crookes) dont la marche régulière n'est pas influencée par le voisinage des électro-aimants.

1488. Sabine (Robert), à *Londres* (*agent à Paris, J. Aylmer, 4, rue de Naples*). — Appareils télégraphiques automatiques duplex et à grande vitesse de Wheatstone. — Appareils à cadran magnéto-électrique de Wheatstone. — Manipulateurs, caisses de résistances, perforateurs et accessoires pour l'appareil automatique de Wheatstone.

1489. Sax (Julius), à *Londres*, 108, *Great Russell street, Bloomsbury.* — Sonneries électriques pour maisons, hôtels, bureaux, etc. — Indicateurs pour stations téléphoniques. — Indicateur de niveau d'eau pour réservoirs.

1490. Saxby et **Farmer**, à *Londres, Bruxelles et Creil.* — Appareils de sécurité et signaux pour chemins de fer. — Signaux télégraphiques (système des enclanchements réunis; brevet Hodgson).

1491. Siemens brothers and **C°, Limited**, à *Londres.* — Télégraphes. Signaux électriques pour chemins de fer.

CLASSE 7.

TÉLÉPHONIE, MICROPHONIE, PHOTOPHONIE.

1492. Blakey Emmott and **C°**, à *Halifax.* — Transmetteur téléphonique de Crossley. — Sonnerie magnéto-électrique pour ce téléphone.

1493. Cooke (Conrad-William), à *Londres, Victoria street, 5, Westminster chambers.* — Appel téléphonique (système Cooke).

1494. Foxcroft (William Mortimer), à *Londres, 54, Compton street, Clerkenwell.* — Boites pour les téléphones Gower-Bell (modèle adopté par le gouvernement Britannique).

1495. The Gower-Bell Telephone C° Limited, à *Londres, 9, Great Winchester street.* — Téléphones Gower-Bell articulant à haute voix (modèle adopté par l'administration des télégraphes du gouvernement Britannique).

1496. Johnson (Richard) and **nephew** à *Manchester, Bradford Iron works.* — Fil galvanisé spécial n° 11, pour téléphone, fil galvanisé d'une grande résistance à la traction, pour téléphone.

1497. Latimer Clark, Muirhead and C°, à *Londres, Regency street Westminster* (*agent à Paris J. Aylmer, 4, rue de Naples*). — Transmetteurs microphoniques, récepteurs téléphoniques (système Pony Crown). — Divers appareils pour services téléphoniques.

1498. O'Lawlor (Louis de B.), à *Londres, 11, Wharton Road, West Kensington Park.* — Dispositions téléphoniques en vue d'un usage public. — Système à l'aide duquel tous les téléphones étant embrochés sur un même circuit, deux postes quelconques peuvent entrer en correspondance secrète.

1499. Paterson (Edward), à *Londres, 76, Little Britain, Aldersgate street.* — Transmetteurs microphoniques. — Téléphones. — Installations téléphoniques complètes pour services publics et privés.

1500. The Scientific Toy C°, à *Londres, Sun Works, Kirkwood Road, Peckham.* — Galvanophone ou chanteur électrique, reproduisant les sons musicaux; ceux-ci sont très renforcés par l'appareil et produisent des effets très curieux.

1501. Wollaston (James), à *Londres, 28, Saint-Petersburg Place, Bayswater.* — Téléphones portatifs articulant à haute voix pour la marine et pour l'armée (modèle adopté par l'administration militaire du gouvernement Britannique).

CLASSE 8.

LUMIÈRE ÉLECTRIQUE.

1502. Anglo-American Brush Electric Light corporation Limited, à *Londres, 74, Hatton garden.* — Régulateurs de lumière électrique (système Brush); lampes à incandescence (système Lane-Fox); appareils d'éclairage électrique.

1503. Ayrton (W.-E.) et **Perry** (J.), à *Londres, 68, Sloane street.* — Photomètre de dispersion servant à la mesure de l'intensité des foyers de lumière électrique les plus intenses.

1504. Bright (E.B.), à *Londres, 45, Gerrard street.* — Divers appareils pour la lumière électrique.

1505. British Electric Light C°, à *Londres, Heddon street, Regent street.* — Divers types de lampes électriques. — Lampes à arc voltaïque, lampes à incandescence, lampes à incandescence et à haute résistance brûlant dans le vide. — Divers appareils employés pour le fonctionnement des lampes électriques.

1506. Cohné (Sigismond), à *Londres.* — Régulateur de lumière électrique. — Charbons pour lampes.

1507. Crompton (R.-E.) and **C°**, à *Londres, Mansion House Buildings.* — Lampes électriques, système Crompton. — Foyer et lampes à main pour usage dans les mines, système Swan. — Caisses de résistance.

1508. Fahrig (F.-E.), *Southampton.* — Charbon pur pour la lumière électrique, taillé mécaniquement ou à la main.

1509. Fyfe (James), *Londres, 52, Queen Victoria Street.* — Lampes à arc voltaïque de Pilsen (brevet Piette et Krizik). — Lampe à incandescence de Joel. — Machines dynamo-électriques de Schuckert et lampes à arc voltaïque pour locomotives.

1510. Hedges-Killingworth, à *Londres, 25, Queen Annes Gate. Westminster.* — Lampes électriques à 3 charbons (système Hedges) brûlant 16 heures; disposition différentielle pour brûler en série. — Lampe étoile à 2 charbons avec morceaux de chaux pour renforcer la lumière. — Commutateur ne donnant pas d'étincelles. — Avertisseur d'extinction de lumière. — Commutateur adopté dans les docks de Liverpool. — Photographies de l'installation de l'éclairage électrique dans les docks de Liverpool.

1511. Laing (William), *Paris, 219, boulevard d'Enfer.* — Lampes électriques.

1512. Latimer, Clark, Muirhead and **C°**, à *Londres S. W. 29, Regency street Westminster*, (agent à *Paris, J. Aylmer, 4, rue de Naples*). —

Phare électrique à occultations et autres signaux. — Lampe électrique de Andrews. — Lampe électrique de Clutcly à plateau, lampes électriques de Muirhead et de Werdermann, modèles de lustres et d'appliques.

1513. The scientific Toy C°, à *Londres, Sun Works. Kirkwood Road, Peckham.* — Lampe électrique miniature brûlant automatiquement pendant deux heures.

1514. Siemens Brothers and **C° Limited**, *Londres.* — Machines, lampes et appareils accessoires relatifs à l'éclairage électrique.

1515. Swan (J. W.) *Newcastle-on-Tyne.* — Lampe à incandescence. Le globe dans lequel le vide a été fait contient une fibre de carbone de forme circulaire destinée à être traversée par le courant électrique.

CLASSE 9.
MOTEURS ÉLECTRIQUES, TRANSPORT DES FORCES.

1516. British électric Light C°, *Londres, Heddon street, Regent street.* — Moteurs électriques et machines pour la transmission de la force au moyen de l'électricité.

1517. Latimer Clark, Muirhead and **C°**, à *Londres, 9, Regency street, Westminster* (agent à *Paris, J. Aylmer, 4, rue de Naples*). — Grue électrique du docteur Hopkinson.

CLASSE 10.
ÉLECTRICITÉ MÉDICALE.

1518. Garrat (B. C.), *Londres, 16, Finsbury Square, 59.* — Instruments de thérapeutique fondés sur le magnétisme.

1519. Pulvermacher (J. L.) *Londres, 194, Regent street.* — Pile médicale à chaîne et à haute tension avec éléments renouvelables. — Bande électroscopique à chaîne. — Diverses formes d'électrodes.

1520. Rudge (J. A.), *Bath, Bond street Place.* — Brosse magnéto-électrique rotative pour l'usage médical; le frottement sur la peau produit le courant. Pompe à air électro-magnétique.

CLASSE 11.

ÉLECTRO-CHIMIE.

1521. Anglo-American Brush Electric Light corporation (Limited) *Londres, 74, Hatton garden.* — Machine dynamo-électrique pour la galvanoplastie.

1522. Sabine (Robert), *Londres (Agent à Paris. J. Aylmer, 4, rue de Naples).* — Appareil pour étudier les mouvements produits sur les surfaces du mercure par l'action électro-chimique.

CLASSE 12.

INSTRUMENTS DE PRÉCISION ÉLECTRO-AIMANTS ET AIMANTS BOUSSOLES, HORLOGERIE ÉLECTRIQUE.

1523. Ayrton (W. E.) and **Perry J.**, 68, *Sloane street.* — Appareil pour mesurer l'intermittence ou les variations rapides des courants produits par les machines dynamo ou magnéto-électriques.

1524. Cooke (Conrad-William), *Londres, Victoria street 5, Westminster chambers.* — Galvanomètre servant à mettre en évidence le courant qui traverse l'intérieur d'un élément pile (système Cooke).

1525. Henley (W. T.) *Londres E.C. Drapers Gardens.* — Aimant.

1526. The Scientific Toy C°, *Londres, Sun Works, Kirkwood Road, Pekham.* — Bobines, électro-aimants et divers autres organes pour la construction des appareils électriques simples.

1527. Thomson (Sir William) *Glasgow, University.* — Boussole de marine perfectionnée, avec miroir azimutal solaire et stellaire, avec habitacle contenant des tables de correction pour les diverses erreurs.

1528. Whitley (John) and **C°** *Londres, 7, Poultry; et à Paris, 8, place Vendôme.* — Pendule électrique.

CLASSE 13.

APPAREILS DIVERS.

1529. Bright (E.B.) *Londres, 45, Gerrard Street.* — Avertisseur d'incendie employé à Londres et à Liverpool. — Appareil pour désélectriser la laine, le crin, la soie, etc., pendant leur préparation dans les ateliers.

1530. India Rubber Gutta Percha and **Telegraph Works C°**, Limited, *Londres, Silvertown.* — Appareils pour l'explosion des torpilles. — Appareils de sûreté pour les fenêtres. — Anémomètre de Hall pour les mines; indicateur du niveau de l'eau.

1531. Latimer Clark Muirhead and **C°**. *Londres, Regency street, Westminster (agent à Paris, J. Aylmer, 4, rue de Naples).* — Indicateur électrique de grisou (système Liveing).

1532. Sabine (Robert). *Londres, (Agent à Paris. J. Aylmer, 4, rue de Naples).* — Appareil pour démontrer les ondes électriques dans les câbles. — Appareil pour mesurer électriquement les plus petits intervalles de temps. — Commutateur pour 4 circuits.

1533. The Scientific Toy C°. *Londres. Sun Works, Kirkwood Road. Peckham.* — Caisses d'appareils électriques pour expériences récréatives. Jouets électriques, etc.

1534. Webb (Browne Wolsey), *Londres N. W, 22, Harrington Square.* — Spécimens d'un contrôleur électrique et automatique enregistrant chaque somme reçue par les Caissiers, et prévenant toute fraude; Disposés pour francs et centimes, dollars et cents, livres sterling et shillings.

1535. Ayrton (W.) and **Parry** (J.), *Londres, 68, Sloane street.* — Appareil pour mesurer l'énergie dans une lampe électrique ou dans un moteur électrique.

GROUPE V

MÉCANIQUE GÉNÉRALE

—

CLASSE 14.

GÉNÉRATEURS, MOTEURS A VAPEUR, A GAZ ET HYDRAULIQUES, ET TRANSMISSIONS APPLICABLES AUX INDUSTRIES ÉLECTRIQUES.

1536. Ayrton (W.) and **Perry** (J.),

Londres, 68, Sloane street. —Dynamomètre destiné à mesurer en force de chevaux-vapeur le travail des machines servant à la production de la lumière électrique.

1537. Brotherood (Peter) à *Londres*, (*agent à Paris, H. Chapman, 10, rue Laffitte*). — Machine à 3 cylindres commandant deux générateurs Gramme C. T. Machine à 3 cylindres commandant un générateur Brush, type n° 5. Machine à 3 cylindres commandant deux générateurs Siemens, type D.

1538. (R. E.) **Crompton R. E.** and **C°**, *Londres, Mansion House buildings.* — Machine à vapeur système Compound de 14 chevaux de force.

1539. Kitson and **C°**, *Leeds, Airedale Foundry.* — Moteur à vapeur à grande vitesse, système Persons commandant une machine Brusch.

1540. Ransomes, Head & Jefferies, *Orwell Works Ipswich et Londres,* 9, *Gracechurch Street.* — Machine à vapeur mi-fixe de 10 chevaux de force. Cette machine est du même type que celle qui sert pour l'éclairage électrique sur les Thames-Embarkment, à Londres. — Machine à vapeur verticale, type II (6 chevaux de force), avec régulateur à détente automatique. Cette machine est du type employé sur les bateaux à vapeur.

1541. Robey and **C°**, *Lincoln.* — Moteurs demi-fixes et locomobiles (système Robey), avec régulateur équilibré : un de 40 chevaux normaux ou de 60 chevaux effectifs ; un de 25 normaux et de 37 effectifs ; un de 20 normaux et 30 effectifs ; un de 16 normaux et 24 effectifs ; un de 12 normaux et 18 effectifs ; un de la même force ; un de 14 normaux et 21 effectifs.

1542. Smith (Frederick J.) à *Taunton.* — Un modèle de dynamomètre pour montrer et enregistrer le travail produit à tout instant par les machines dynamo-électriques et par d'autres machines.

1543. Thomson Stern and **C°** Limited, *Glasgow et Londres.* 10. *Victoria Chambers.* — Moteur à gaz (système Clerk). Cette machine est particulièrement applicable à la commande des appareils dynamo-électriques.

1544. Wallis et Steevens, *Basingstoke — North Hants Iron Works.* — Moteur à vapeur demi-fixe muni d'un régulateur d'un nouveau système permettant de varier et de fixer la vitesse à volonté pendant la marche.

GROUPE VI

BIBLIOGRAPHIE, HISTOIRE

—

CLASSE 15.

COLLECTIONS BIBLIOGRAPHIQUES D'OUVRAGES CONCERNANT LA SCIENCE ET L'INDUSTRIE ÉLECTRIQUES, PLANS, CARTES, ETC., ETC.

1545. Cassell, Petter, Galpin and **C°**, *Londres, E.C. «La Belle Sauvage»*, *Yard, Ludgate Hill.*—Science for all, volumes I, II et III et livraisons mensuelles 37 à 41.

1546. Emmott (William Thomas), *Manchester, 14, St. Ann's square.* — Collection du journal *Design and Works.*

1547. Clark (Latimer) *Londres, 6 Westminster Chambers Victoria street.* — Collection bibliographique d'ouvrages concernant la science et l'industrie électriques.

1548. Macmillan and **C°**, *Londres,* 29 *et* 30, *Bedford street, Covent Garden.*—Livres traitant de l'électricité.

1549. Newall (R. S.) *and C°, Londres,* 130, *Strand.* — Livres et brochures.

1550. Society of telegraph engineers and electricians, *Londres ;* secrétaire pour la France, *J. Aylmer,* 4, *rue de Naples, à Paris.* — Catalogue de livres rares traitant de l'électricité, du magnétisme et de la télégraphie qui forment la collection léguée à la Société par M. Ronalds.

CLASSE 16.

COLLECTIONS RÉTROSPECTIVES D'APPAREILS CONCERNANT LES ÉTUDES PRIMITIVES ET LES APPLICATIONS LES PLUS ANCIENNES DE L'ÉLECTRICITÉ.

1551. Cooke (Conrad William). *Lon-*

dres, 5, Westminster chambers, Victoria street. — Échantillons d'instruments télégraphiques anciens. — Relais polarisé de Wheatstone.— Anciens manipulateurs pour signaux télégraphiques.—Boussole ancienne chinoise. — Boussole anglaise ancienne.

1552. King's College (l'administration de). *Londres.* — Instruments ayant appartenu à feu sir Charles Wheatstone et lui ayant servi dans ses expériences sur l'électricité.

Le premier rhéostat de Wheatstone. — Aiguille pour indiquer si un conducteur est au centre de son isolant. — Rhéostat donné par Faraday à Wheatstone. — Le premier *pont* construit par Wheatstone. — Deux autres ponts plus simples que le précédent.

Le premier perforateur fait par Wheatstone avec touches d'ivoire. — Un perforateur de construction plus récente.

Une collection de 15 appareils télégraphiques électro-magnétiques et à cadran, système Wheatstone. — Thermomètre électrique, boîte en cuivre. — Indicateur électrique d'incendie, à mercure. — Télégraphe imprimant une double rangée de points sur une bande. — Télégraphe imprimant une double rangée de points sur une bande métallique. — Télégraphe à six électro-aimants imprimant une double rangée de points. — Récepteur télégraphique alphabétique avec cadran à mouvement rotatif. — Sonnerie d'appel. — Récepteur télégraphique alphabétique et avec aiguille, cadran en mica. — Récepteur alphabétique (caisse noire).—Chronographe complet. — Premier relais de Wheatstone. — Relais dans une caisse. — Premier manipulateur à inversion de courant. — Trois autres manipulateurs. — Manipulateur inverseur à disposition automatique pour faire des émissions très rapides. — Transmetteur rapide de points et de traits. — Premier miroir rotatif de Wheatstone avec appareil à étincelle. — Transmetteur alphabétique à touches d'ivoire. — Récepteur (original) du télégraphe Wheatstone à cinq aiguilles, avec manipulateur. —Deux globes pour produire l'électricité par frottement (frottement de la main sur le globe). — Globe vertical pour produire l'électricité par frottement. — Globe vertical pour produire l'électricité par frottement, avec 2 frotteurs et une poulie (date : 1775). — Deux voltamètres électriques de Wheatstone. — Première machine dynamo-électrique de Wheatstone. — Trois moteurs électro-magnétiques. -- Phantiscope électrique. — Appareil télégraphique à une seule aiguille (date 1846). — Dessins originaux par Wheatstone de son projet de fabrication et de pose pour un câble sous-marin à établir entre la France et l'Angleterre (Douvres et Calais).— Vieux modèle de pont de Wheatstone divisé. — Elément à gaz de Grove. — Pile à eau. — Télégraphe imprimeur. — Vieux modèle de ligne télégraphique souterraine pour chemin de fer.

1553. Administration des télégraphes de la Grande-Bretagne (Post-Office), à *Londres.*—Appareils télégraphiques d'intérêt historique :

1. 1816. — Télégraphe électrique à deux cadrans de Ronalds; la lettre était désignée par une petite balle de moelle de sureau repoussée par un courant provenant de la décharge d'une bouteille de Leyde.

2. 1837. — Première ligne télégraphique souterraine posée par Cooke et Wheatstone entre Euston et Camden.

3. 1837. — Télégraphe à cinq aiguilles de Cooke et Wheastone, connu sous le nom de « Hatchment télégraph » il a fonctionné entre Paddington et West Drayton.

4. 1838.—Télégraphe à quatre aiguilles de Cooke et Wheatstone fondé sur la suppression des lettres *c. q. j. u.* et *z.* peu usitées dans la langue anglaise (a été employé sur la ligne de chemin de fer de Londres à Blackwall, en 1840).

5. 1842. Télégraphe à deux aiguilles de Cooke et Wheatstone (cet appareil est prêté par MM. Reid frères; il a fonctionné à Slough en 1842).

6. 1850. — Appareil à deux aiguilles de Cooke et Wheatstone; fa-

briqué pour le service de la Chambre des communes.

7. 1852. — Forme moderne d'un appareil à deux aiguilles (combiné par MM. Edwin et Latimer Clark) dont on se sert encore sur quelques lignes de chemin de fer.

8. 1846. — Appareil à une seule aiguille de Cooke et Wheatstone.

9. 1869. — Forme moderne d'un appareil à simple aiguille fonctionnant avec l'alphabet Morse de la confédération germanique.

10. 1843. — Télégraphe de Bain ; l'alphabet est fourni par le mouvement de deux styles.

11. 1846. — Télégraphe à feuille d'or de Highton. Une petite feuille d'or se déplace à droite ou à gauche suivant le sens du courant, les combinaisons de ces mouvements forment l'alphabet.

12. 1848. — Télégraphe à aiguille de Highton, employé par « the British and Irish Magnetic Telegraph Cᵒ. »

13. 1852. — Autre petit télégraphe à aiguille de Highton.

14. 1848. — Appareil magnéto-électrique de Henley à deux aiguilles employé par « the British and Irish Magnetic Telegraph Cᵒ. »

15. 1848. — Appareil magnéto-électrique de Henley à une aiguille employé par « the British and Irish magnetic Telegraph Cᵒ. »

16. Séries de bobines et d'aiguilles employées avec l'appareil à aiguille de Cooke et Wheatstone. — a. 1846. — Forme primitive avec longues bobines et aiguilles à aimantées. — b. 1848. — Petite aiguille de Holmes permettant un travail beaucoup plus rapide. — c. 1851. — Aiguille de Clark. — d. 1866. — Aiguille induite de Varley. — e. Aiguille de Brittan indémagnétisable. — f. Aiguille induite de Spagnoletti.

17. 1880. — Parleur à membrane métallique destinée à convertir un télégraphe optique en un télégraphe acoustique.

18. 1878. — Cadran acoustique de Neale.

19. 1855. — Sonnerie à relais de Bright employée par « the British and Irish Magnetic Telegraph Cᵒ. »

L'alphabet est formé par les sons différents de deux timbres dont les marteaux sont actionnés par des électro-aimants.

20. 1840. — Appareil alphabétique et à cadran de Cooke et Wheatstone.

21. 1840. — Appareil différent du précédent par l'usage d'une aiguille.

22. 1858. — Forme moderne de l'appareil alphabétique.

23. Collections de manipulateurs : a. 1852. — Manipulateur à simple ressort employé avec le télégraphe chimique de Bain. — b. 1854. — Manipulateur pour envoyer un conrant renversé après chaque émission principale. — c. 1854. — Manipulateur à roue de Varley. — d. 1870. — Manipulateur de Stroh.

24. Collection de relais : a. Relais d'Andrews (1868). — b. Relais de Whitehouse, (1858). — c. Relais horizontal de Varley (1856). — d. Relais de Stroh (1870). — e. Relais à noyau de fer doux. — f. Relais vertical de Varley. — g. Relais duplex de Preece (1855).

25. (1850) Télégraphe chimique de Bain.

26. (1846) Machine magnéto-électrique « Thunder-pump ».

27. (1846) Sonnerie d'appel à marteau excentrique.

28. Divers échantillons de joints pour les fils de fer de ligne télégraphique :

Joint de Cooke et Wheatstone (1841).

Joint de Reid (1844).

Joint de Clark dit « Britannia joint. » (1851).

29. 1843. — Modèle ancien de caisse de résistance pour essais électriques.

30. Appareils pour signaler la marche des trains sur les chemins de fer.

1845. — Premier modèle d'appareil pour contrôler la marche des trains, inventé par Cooke et ayant servi sur le chemin de fer de Norfolk.

1854. — Appareil pour le « block system », modèle Clark, adopté par le chemin de fer London and North Western.

1862. — Appareil à signal séma-
phorique de Preece, modèle adopté
par le chemin de fer London and
South Western.

31. Collection de paratonnerres
de divers modèles dont on s'est
servi sur les lignes Anglaises à diverses époques.

32. Diverses formes d'isolateurs
employés sur les lignes Anglaises.

**1554. Royal Institution of Great
Britain**, à *Londres*. — Collection
d'appareils historiques relatifs à
l'électricité.

Appareils originaux dont s'est
servi Faraday pour ses expériences
sur l'électricité.

1. —Aimant formé par la décharge
électrique d'une surface de 70 pieds
carrés (14 novembre 1870).

2. —Appareil original avec lequel
Faraday a obtenu la première étincelle électro-magnétique.—(1831).

3. —Appareil original de Faraday
pour produire l'induction magnéto-
électrique au moyen d'un aimant
permanent. — (1831).

4. — Des hélices et autres accessoires dont Faraday s'est servi pour
ses expériences sur l'induction.

5. Divers appareils dont Faraday
se servait pour opérer la condensation et la liquéfaction des gaz.
—(1845).

6. — Tiges en verre faites par
Faraday pour servir à ses expériences
sur l'action des aimants sur la
lumière polarisée.

7. Tubes en verre construits par
Faraday pour démontrer la nature
magnétique ou diamagnétique des
gaz. — 1850).

8. — Rectangle rotatif de Faraday
servant à constater l'effet inducteur
de la terre. — (1854).

**1555. Submarine Telegraph Com-
pany**, à *Londres, 2, Throgmorton
avenue, et à Paris, 45, rue Cambon*.
— Echantillons du premier câble,
sans armature, isolé de gutta-percha, posé entre Douvres et Calais
en 1851. — Premier câble avec armature posé entre Douvres et Os-
tende en 1857.

HONGRIE (ROYAUME DE)

GROUPE I
PRODUCTION DE L'ÉLECTRICITÉ

—

CLASSE 2.
PILES ET ACCESSOIRES.

1556. Hamar (L.), ancien professeur de physique, à *Budapest, VII, rue Rozsa*, 39. — Piles galvano-électriques à 20 éléments de charbon pour chaque pile (système Hamar). — Piles secondaires à 40 éléments de plomb pour chaque pile (système Hamar).

CLASSE 3.
MACHINES MAGNÉTO-ÉLECTRIQUES ET DYNAMO-ÉLECTRIQUES.

1557. Ganz et Cie, fonderie et fabrique de machines, à *Budapest*. — Machines électriques produisant des courants alternatifs ou des courants continus.

GROUPE III
ÉLECTROMÉTRIE

—

CLASSE 5.
APPAREILS SERVANT AUX MESURES ÉLECTRIQUES.

1558. Dr Fröhlich (J.), à *Budapest, Universié*. — Electro-dynamomètre sphérique et astatique.

1559. Ganz et Cie, fonderie et fabrique de machines, à *Budapest*. — Appareils galvanométriques.

GROUPE IV
APPLICATIONS DE L'ÉLECTRICITÉ

—

CLASSE 6.
TÉLÉGRAPHIE, SIGNAUX.

1560. Fischer (A.), à *Budapest*. — Appareils autographiques pour signaler les incendies. — Appareils télégraphiques.

CLASSE 7.
TÉLÉPHONIE, MICROPHONIE, PHOTOPHONIE.

1561. Hamar (L.), ancien professeur de physique, à *Budapest, VII, rue Rozsa*, 39. — Téléphone et microphone (système Hamar).

CLASSE 8.
LUMIÈRE ÉLECTRIQUE.

1562. Ganz et Cie, fonderie et fabrique de machines, à *Budapest*. — Lampes électriques.

1562 bis. **Hamar** (L.), ancien professeur de physique, à *Budapest, VII, rue Rozsa*, 59. — Régulateur de lumière électrique.—Lampe électrique à incandescence (système Hamar).

CLASSE 9.
MOTEURS ÉLECTRIQUES. TRANSPORT DES FORCES.

1563. Hamar (L.), ancien professeur de physique, à *Budapest, VII, rue Rozsa*, 39. — Moteur électrique (système Hamar).

CLASSE 12.
INSTRUMENTS DE PRÉCISION, ÉLECTRO-AIMANT ET AIMANTS, BOUSSOLE, HORLOGERIE ÉLECTRIQUE.

1564. Antolik (Charles), à *Arad* (Hongrie). Diagrammes d'étincelles électriques.

ITALIE (ROYAUME D')

GROUPE I
PRODUCTION DE L'ÉLECTRICITÉ

CLASSE 1.
ÉLECTRICITÉ STATIQUE.

1565. Fautrier (Pierre), ingénieur, *Venise*. — Électro-moteur du type Holtz avec un nouveau système pour la suspension des disques, construit en métal, ébonite et verre, avec deux condensateurs indépendants, pouvant fonctionner avec les conducteurs horizontaux, verticaux ou inclinés. Longueur de l'étincelle : m. 0,25.

1566. Fornioni (Celso), *Milan*. — Machine électrique à bandes de papier.

CLASSE 2.
PILES ET ACCESSOIRES.

1567. Arrighini (Ange), mécanicien, *Milan*. — Pile Grenet.

1568. Cadenazzi (Anselme), fabricant de verreries, *Mantoue*. — Verres pour pile.

1569. Ginori (Manufacture), *Doccia, près de Florence*. — Petits vases pour piles.

1570. Mugna (Jean), ingénieur professeur de physique à l'Institut R. technique, *Forli*. — Nouvelle pile électrique.

1571. Pacinotti (Antoine), professeur de physique à l'Université, de *Cagliari*. — Disques et couples pour la production de l'électricité par frottement moléculaire.

1572. Ponci (Louis), professeur, directeur de l'Institut technique, à *Côme*. — Pile électrique à colonne et à circulation liquide. — Couple électrique pour télégraphe et sonneries. — Pile électrique.

1573. Riatti (Vincent), professeur à l'Institut R. technique, *Forli*. — Huit éléments d'une pile nouvelle à courant constant sans dépolarisation.

1574. Richard (Société céramique), *Milan*. — Petits vases pour piles.

CLASSE 3.
MACHINES MAGNÉTO-ÉLECTRIQUES ET DYNAMO-ÉLECTRIQUES.

1575. Arrighini (Ange), mécanicien, *Milan*. — Machine d'induction.

1576. Donaggio, professeur (Ormisda). *Bénévent*. — Interrupteur-régulateur électro-magnétique fonctionnant par l'action répulsive des pôles homonymes. — Le même interrupteur-régulateur transformé en machine d'induction électro-magnétique avec pile au bichromate.

1577. Golfarelli (Innocent), professeur, directeur de l'établissement Galileo, *Florence*. — Machine dynamo-électrique

1578. Pacinotti (Antoine), professeur de physique à l'Université, *Cagliari*. — Petite machine électro-magnétique à *electro-aimant transversal* en forme d'anneau (exécutée en 1860, décrite et publiée en 1864). — Petit appareil magnéto-électrique à électro-aimant transversal à pelote. — Machine magnéto-électrique, avec volant électro-magnétique transversal.

1579. Scarpa (Joseph) et **Baldo** (Léandre). *Trevise.* — Bobine d'induction modifiée.

CLASSE 4.

CABLES, FILS ET ACCESSOIRES, PARATONNERRES.

1580. Battocchi (Jean-Baptiste), mécanicien, *Vérone.* — Groupe de six pointes en cuivre pur nikelées. — Barre de fer creuse en trois parties ayant en tout une longueur de 6 mètres. — Tourelle en tuf avec couverture en pierre. — Conducteur en cuivre pur à 5 fils. — Disque déchargeur en cuivre. — Isolateur en porcelaine avec supports en fer. — Tuile avec saillies pour y fixer les supports des isolateurs.

1581. Brignola (Joseph), mécanicien des chemins de fer romains, *Naples.* — Paratonnerre.

1582. Castelli (Basile), *Provezze (Brescia).* Interrupteur-déchargeur pour câbles télégraphiques : trois modèles divers.

1583. Fautrier (Pierre) ingénieur, *Venise.* — Interrupteur pour les câbles des lignes télégraphiques (système Richter). — Paratonnerre pour poteaux télégraphiques (système Richter).

1584. Ginori (Manufacture), *Doccia, près de Florence.* — Collection d'isolateurs et d'autres objets en porcelaine à l'usage de la télégraphie.

1585. Manni (François), *Dubino (Sondrio).* — Quatre morceaux de fil de fer galvanisé (nos 6-8-11-15) pour la télégraphie, soudés par un nouveau procédé. — Ce procédé de soudure offre l'avantage d'augmenter la résistance des fils à la rupture en diminuant leur résistance électrique.

1586. Richard (Société céramique), *Milan.* — Isolateurs.

CLASSE 5.

APPAREILS SERVANT AUX MESURES ÉLECTRIQUES.

1587. Bandieri (Joseph), préparateur mécanicien de l'Université de *Naples.* — Électromètre de M. le Prof. Palmieri. — Cet instrument très sensible se prête également bien à toutes les recherches relatives à l'électricité.

1588. Golfarelli (Innocent), professeur, directeur de l'établissement Galileo. *Florence.* — Rhéostat de Siemens. — Électromètre de Thomson. — Voltamètre de Poggendorff, modifié. — Galvanomètres de Weber, de Magnus, de Wiedemann, et de Golfarelli.

1589. Pierucci (Mariano), ingénieur mécanicien constructeur, *Pise.* — Interrupteur galvanique de M. le Prof. Félici, destiné à fermer ou à interrompre un circuit électrique pendant un intervalle de temps très court, mais exactement appréciable. — Appareil pour la graduation du galvanomètre, applicable à l'appareil de Melloni pour la chaleur rayonnante.

CLASSE 6.

TÉLÉGRAPHIE, SIGNAUX.

1590. Bruné (Edmond), *Ferrare.* — Appareil électro-magnétique de son invention, applicable aux sonneries et au service télégraphique (avec dessin).

1591. Cardarelli (Fidèle), ingénieur de l'administration des télégraphes de l'État. *Florence.* — Manipulateur spécial pour les câbles sous-marins et pour les lignes télégraphiques aériennes. — Table pour faciliter le calcul de quelques formules électriques.

1592. Caselli (Jean), professeur à *Sienne.* — Nouveau pantélégraphe Caselli.

1593. Castelli (Basile), *Provezze (Brescia).* — Manipulateur spécial, système Castelli, pour la transmission télégraphique simultanée, en sens contraire, sur un seul fil. — Manipulateur neutralisateur.

1594. Gerosa (Edouard et Emile), *Milan.* — Groupe complet d'appareils télégraphiques employés par l'administration italienne des télégraphes. — Id. id. : employés par l'administration française.

1595. Golfarelli (Innocent), professeur, directeur de l'établissement Galileo. *Florence.* — Appareil Morse avec accessoires. — Déchargeur télégraphique Golfarelli. — Transmetteur télégraphique Castelli. — Deux grands appareils télégraphiques automatiques imprimeurs de M. Roos. (Voir ces appareils dans le matériel exposé par la direction des télégraphes français.)

1596. Siccardi (comte Émile), *Turin.* — Nouveau manipulateur semi-automatique pour employer l'appareil Morse dans la télégraphie. — Nouveau manipulateur pour la télégraphie sous-marine à grandes distances, en y employant les appareils de S. W. Thomson, le *Miroir* et le *syphon-Recorder.*

1597. Sommati di Mombello (Jules), employé à la Direction générale des Télégraphes. *Rome.* — Transmetteur de décharge du système Morse pour câbles sous-marins et longues lignes aériennes.

CLASSE 7.

TÉLÉPHONIE, MICROPHONIE, PHOTOPHONIE.

1598. De Rossi (Michel-Etienne), professeur, à *Rome.* — Protosismographe, microsismographe et microphone sismique.

1599. Fautrier (Pierre), ingénieur, à *Venise.*—Nouveau système de téléphone.

1600. Fornioni (Celse), à *Milan.* — Photo-télégraphe.

1601. Goïran (A.), professeur de physique au lycée royal de *Vérone.* — Microsismographe à indications continues.

1602. Marcucci (Dominique), à *Livourne.* — Couple téléphonique avec avertisseur à sonnerie, fonctionnant à l'aide des courants induits par l'aimant même du téléphone.

1603. Mugna (Jean), ingénieur, professeur de physique à l'Institut R. Technique, à *Forli.* — Appareil microphonique pour étudier et prévoir les tremblements de terre.

1604. Nigra (Joseph), à *Turin.* — Nouveau téléphone Nigra, fonctionnant sans pile, avec plusieurs applications.

1605. Racagni (Charles-Félix), colonel et **Guglielmini** (Émile-Antoine), *Vérone.* — Télégraphe, téléphone de campagne et application du téléphone à la télégraphie.

CLASSE 8.

LUMIÈRE ÉLECTRIQUE.

1606. Golfarelli (Innocent), professeur, directeur de l'établissement Galileo, à *Florence.* — Trois modèles de lampe électrique.

1607. Turchini (Raphaël), à *Florence.* — Appareil régulateur pour la lumière électrique.

CLASSE 10.

ÉLECTRICITÉ MÉDICALE.

1608. Arrighini (Ange), mécanicien, à *Milan.* — Pile électrique à courant continu pour l'électricité médicale.

1609. Barzanó (Louis), chirurgien, inventeur, et **Baldinelli** (Ferdinand), constructeur, à *Milan.*—Batterie galvanique.

1610. Caselli (Azzio), professeur, à *Reggio (Emilia).*—Trachéotome galvano-caustique.

1611. De Renzi (Henri), professeur, à *Gênes.* — Tableaux graphiques relatifs à l'application de l'électrothérapie au traitement de la fièvre paludéenne.

1612. Labus (Charles), médecin, inventeur, et **Baldinelli** (Ferdinand), constructeur, à *Milan.* — Mannequin pour les exercitations laryngoscopiques.

1613. Mucci (Dominique), médecin à *Cortemaggiore (Plaisance).* — Étui en peau contenant un appareil galvano-caustique. — Voltamètre médical. — Planche représentant des varices guéries par l'électricité.

1614. Rossetti (François), directeur de l'Institut de physique de l'Université Royale de *Padoue.* — Couples thermo-électriques pour la détermination de la température superficielle des différentes parties d'un corps (à l'usage des médecins et des physiologistes). [1867].

1615. Schivardi (Plinius), médecin, inventeur, et **Baldinelli** (Ferdinand), constructeur, à *Milan*. — Grand appareil Volta-Faradique. — Galvanomètre type.

CLASSE 11.

ÉLECTRO-CHIMIE.

1616. Antonini (Daniel-Ange), *Bologne*. — Reproductions galvanoplastiques en cuivre. — Sainte-Cécile ; bas-relief d'après Donatello. — Antinoüs ; buste antique.

1617. Etablissement de l'Etat pour la fabrication des cartes-valeurs, *Turin*. — Reproduction en cuivre (galvanoplastie) du diplôme de président honoraire, présenté par le club Alpin italien à S. M. Victor Emmanuel II.
Reproduction en cuivre (galvanoplastie) du diplôme présenté par le club Alpin italien à S. M. Humbert Ier.

1618. Institut Royal topographique militaire, *Florence*. — Relief du mont Etna en galvanoplastie.— Relief du mont Vésuve en galvanoplastie. — Huit gravures photographiques sur cuivre de planches topographiques. — Deux gravures photographiques de reproductions artistiques.

1619. Joli (Benoît), *Rome*.— Reproduction en galvanoplastie de médailles antiques.

1620. Movio (Latino), *Milan* : 1°. Pot à l'eau avec cuvette et autres objets en fer ciselé. — 2. Poinçon en acier obtenu par la galvanoplastie.

CLASSE 12.

INSTRUMENTS DE PRÉCISION, ÉLECTRO-AIMANTS ET AIMANTS, BOUSSOLE, HORLOGERIE ÉLECTRIQUE.

1621. Cavignato (Joseph), mécanicien de l'observatoire astronomique. *Padoue*.—Chronographe électrique de Fuess, de Berlin, modifié par l'exposant, de façon à recevoir trois séries de signaux indépendants au lieu de deux, avec addition d'une troisième pointe écrivante.

1622. Cecchi (le père Philippe), directeur de l'observatoire Ximenien. *Florence*. — Electro-aimant rectiligne ayant deux grosses masses polaires et une seule bobine entre ces masses. Le contact est appliqué parallèlement à l'axe de l'électro-aimant. — Système électro-magnétique Cecchi avec électro-aimant cylindrique, pouvant tourner librement dans sa bobine, et fonctionnant comme contact.

1623. Erede (Joseph), professeur directeur de l'Institut technique à *Florence*. — Théodolite avec application de l'électricité pour enregistrer les angles.

1624. Ganelli (Ernest), *Crémone*.— Montre à contact électrique. — Pendule avec réveil à contact électrique. — Pendule avec réveil électrique.

1625. Gerosa (Edouard et Emile), *Milan*. — Horloges électriques et appareils divers.

1626. Golfarelli (Innocent), professeur directeur de l'établissement Galileo, *Florence*. — Chronoscope de Hipp et Wheatstone. — Horloge électrique sans engrenages.

1627. Suter (Jacques), *Catane*. — Horloge régulateur de précision à moteur électrique avec compteur électrique.

CLASSE 13.

APPAREILS DIVERS.

1628. Cabinet de physique de l'Université de *Naples*. — Batorhéomètre du professeur Julien Giordano, ou Sphéromètre à contact électrique pour mesurer les petites épaisseurs.—Explorateur thermo-électrique pour l'étude de la conductibilité thermique des corps cristallisés.

1629. Cabinet de physique de l'Université de *Turin*. — Quelques instruments qui ont servi à des recherches électrostatiques de M. le professeur Govi. — Conducteur cylindrique vertical isolé en trois parties, dont on peut enlever celle du milieu, pour démontrer toutes les propositions relatives à l'induction électrostatique. — Deux électroscopes destinés à montrer la distribution de l'action électrique dans les bons et dans les mauvais conducteurs. — Bouteilles de Leyde à col capillaire pour étudier le changement de niveau des liquides contenus dans ces bouteilles quand on les charge.

1630. Golfarelli (Innocent), professeur, directeur de l'établissement Galileo, *Florence*. — Grand hydrométrographe Golfarelli. — Machine sténographique Lamonica.

1631. Manuelli (Jacques), professeur de physique au Lycée et à l'Institut technique de *Reggio* (*Emilia*). — Contrôleur électrique indiquant le moment précis de l'accomplissement d'un certain travail ; l'enregistrement a lieu par un nouveau procédé électro-magnétique, sans y employer de papier.

1532. Rossetti (François), directeur de l'Institut de physique de l'Université Royale de *Padoue*. — Appareil Rossetti pour obtenir les images électriques lumineuses au moyen des décharges de la machine de Holtz ou des bobines de Ruhmkorff (1872). — Appareils qui ont servi à M. Rossetti pour déterminer la quantité de travail utilisé par les électro-moteurs de Holtz et pour établir les lois des courants qu'ils produisent (1874).

CLASSE 15.

Il sera publié à part un Catalogue de la collection bibliographique exposée par l'Italie.

CLASSE 16.

COLLECTIONS RÉTROSPECTIVES D'APPAREILS CONCERNANT LES ÉTUDES PRIMITIVES ET LES APPLICATIONS LES PLUS ANCIENNES DE L'ÉLECTRICITÉ.

1633. Cabinet de physique du

Musée de *Florence*, instruments de **Nobili**. — (*a*). Plaques colorées par les procédés de la métallochromie. — Appareil d'immersion. — Appareil pour les courants croisés. — Rosace colorée sur plaque métallique. — (*b*). Thermo-électricité. — Pile à couronne, pile en boîte, pile à lunette, pile à miroir, pile à rayons, pile pour thermoscope, pile linéaire avec mouvement micrométrique. — (*c*). Electro-magnétisme, globe électro-magnétique. — (*d*). Induction. — Appareil à l'aide duquel a été obtenue la première étincelle. — Electro-aimants à double effet.

1634. Cabinet des anciens instruments d'astronomie et de physique du musée de *Florence*. — Instruments de Galilée et de l'Académie du Cimento. — Pierre d'aimant armée par Galilée en 1607. — Pierre d'aimant de l'Académie du Cimento. — Instruments de Nobili. — Galvanomètre comparable. — Magnétoscope à deux aiguilles astatiques. — Le premier galvanomètre à aiguilles astatiques présenté par Nobili à la Société italienne en 1826. — Appareil pour montrer la répulsion qu'exercent les unes sur les autres les parties successives d'un même courant. — Echelle chromatique obtenue par les procédés de la métallochromie. — Pile thermo-électrique zinc-cuivre. — Neuf tubes de différentes substances pour en étudier l'influence sur l'aimantation galvanique du fer doux. — Photographies. — Machine électrique à cylindre de velours. — Gros aimant naturel armé, du poids de 2000 kilogr. environ. — Autre aimant de forme sphérique du poids de 651 kil.

1635. Cabinet de physique de l'Université de *Gênes*. — Appareils du professeur M. A. Bancalari, pour les expériences sur le diamagnétisme des gaz.

1636. Institut de *Milan*. — Reproductions photographiques des instruments qui ont servi aux recherches de Volta sur l'électricité, disposés suivant l'ordre chronologique des recherches pour lesquelles ils ont été employés. — Machine électrique montée sur des supports en bois grillé ou roussi (1771). — Machine électrique de Nairne avec conducteurs de petit diamètre d'après les idées de Volta (1778). — Deux batteries de Leyde, dont les jarres ont les parois très minces. — Bouteilles de Leyde de poche d'après Cavallo. — Deux autres batteries à parois très minces dont l'une de 16 jarres, l'autre de 12, plus petites. — Jarre dont l'armure extérieure est en plusieurs parties séparées. Le conducteur de l'armure intérieure se termine en plateau. — Jarres dont les armures extérieures et intérieures se composent de parties de diverses grandeurs, les extérieures isolées, les intérieures communiquant entre elles. — Cylindre en verre couvert de cire à cacheter sur la moitié de sa longueur, et muni de bouts en cuivre. — Electrophore avec gâteau de cire à cacheter fort mince (1775). — Electrophore dont le gateau est fait avec trois parties de térébenthine, deux de colophane et une de cire, avec un peu de minium (1775). — Electrophore portatif dont l'étui contient de petites bouteilles de Leyde que l'on peut charger avec l'électrophore. — Pistolets de Volta. Celui en cuivre est de la première forme, l'autre, en verre, de la dernière (1776). — Lampe à hydrogène qu'on allume avec l'électrophore (1777). — Eudiomètre (1777). — Appareil destiné à l'étude des atmosphères électriques. — Système isolé de conducteurs et de demi-conducteurs pour y étudier la distribution de l'électricité. — Appareils pour l'étude de la capacité des conducteurs. — Instruments pour étudier la loi suivant laquelle les actions électriques varient avec la distance. — Condensateurs dont les disques ont été vernis avec différentes substances (1780-1781). — Condensateur destiné à la démonstration de l'électricité développée par l'évaporation. — Electromètres de Henley, de Bennet et de Cavallo rendus comparables. — Appareil ayant servi à Volta pour recueillir et rendre sensibles les moindres traces d'électricité. — Micro-électroscope (1780). — Electromètre à pailles (1786). — Verre ayant servi à Volta pour obtenir l'électricité développée par les actions chimiques. — Spintéromètre ayant servi à rendre comparables les électromètres. — Electromètre atmosphérique portatif. — Balance électrique pour l'étude de la variation des actions électriques avec la distance. — Mortier électrique en cire, modelé par Volta lui-même. — Appareil pour expliquer la formation de la grêle. — Accessoires pour obtenir la lumière électrique dans le vide. — Dévidoir électrique pour montrer que la tension diminue quand la surface libre des corps électrisés s'accroît et *vice versa*. — Couples de substances hétérogènes ayant servi aux premières recherches relatives à la cause des phénomènes galvaniques (1791). — Electromètre condensateur que Volta employa pour démontrer que le contact des conducteurs hétérogènes donne naissance à de l'électricité. — Disques de cuivre et de zinc avec manches isolants pour étudier l'électrisation par le contact. — Lames de même nature destinées aux études analogues sur la grenouille. — Lames hétérogènes pour prouver leur efficacité dans la production des contractions musculaires. — Doubles couples électriques se neutralisant réciproquement. — Doubles couples électriques dont les actions s'ajoutent. — Cuve à mercure pour obtenir les contractions de la grenouille avec un seul métal. — Pile à colonne de 100 couples zinc-cuivre, enfermée dans un étui (1799). — Pile à couronne (1800). — Deux piles à colonne de 100 couples chacune enfermées dans deux étuis. — Pile à auges en verre. — Petite pile à auges avec deux tubes recourbés pour analyses chimiques. — Pile à chapelet (de Volta). — Petite pile à un seul métal et deux liquides. — Petits plateaux en os qui ont servi à la construction d'une pile à trois liquides (1804). — Pile à colonne de

40 couples zinc-cuivre séparés par des rondelles de papier trempées dans du miel. — Emporte-pièces ayant servi à Volta pour découper les disques de papier, de drap, etc. pour ses piles. — Restes de piles à colonne, de piles à auges, et de piles à couronne, etc. — Restes de piles composées de substances organiques animales et végétales. — Pile secondaire de Ritter formée de plaques d'un seul métal plongées dans une solution saline. — Appareil destiné à démontrer le développement de l'électricité par le contact d'un acide et d'un alcali. — Appareil ayant pour objet de montrer la décomposition du sel dans l'eau qui n'en contient que des traces. — Appareil qui a servi à Volta pour répéter l'expérience de la décomposition de l'eau, découverte par Nicholson (1800). — Récipients pour la décomposition des liquides. — Deux tubes courbés pour soumettre à l'action du courant deux solutions différentes. — Essais de piles sèches exécutés par Volta avant Hachette, de Luc et Zamboni. — Autres essais de piles sèches, disques de papier couvert d'étain d'un côté et de cuivre de l'autre. — Petit mortier que Volta employait pour pulvériser le charbon destiné à la préparation de ses piles sèches. — Autres ustensiles, outils et menus objets ayant servi à Volta dans ses recherches sur l'électricité.

1637. Cabinet de Physique de l'Université de *Modène*. — Anciens appareils électriques du professeur Etienne Marianini : — Galvanomètre à fils croisés. — Appareil pouvant servir comme magnétomètre ou comme rhéélectromètre. — Six petits cylindres d'acier. — Note autographe d'Etienne Marianini. — Six essais d'électro-métallochromie. — Quelques essais d'électrographie. — Petite batterie de Leyde. — Petit électromètre condensateur.

1638. Cabinet de Physique de l'Université de *Pise*. — Appareil de Matteucci pour déterminer les lignes de niveau électrique sur un disque conducteur qui tourne en présence d'un aimant.

1639. Cabinet de Physique de l'Université de *Turin*. — Moteur électro-magnétique de Botto. — Machine électro-magnétique de Botto. — Pile thermo-électrique de 120 couples (fer-platine) du même, ayant servi à la décomposition de l'eau en 1832.

1640. Institut de Physique de l'Université de *Padoue*. — Instruments de Salvatore dal Negro (1768-1839). Bélier électro-magnétique. — Moteur électro-magnétique à pendule. — Electromètre. — Instruments d'Antoine Magrini. Appareil télégraphique construit en 1837.

1641. Cabinet de Physique de l'Université de *Pavie*. — Instruments de Joseph Belli (1791-1860). Duplicateur électrique à induction. — Appareil pour l'étude de la force électromotrice de contact. — Instruments d'Alexandre Volta (1745-1827). Spintéromètre. — Electromètre à cadran et électromètres à pailles de diverses sensibilités. — Electrophore-condensateur à disques de bois, de soie, de marbre et de différents métaux. — Appareil pour la réciprocité de l'induction électrique. — Pistolet. — Eudiomètre. — Appareil pour l'électricité atmosphérique. — Disques de différents métaux. — Pile à couronne. — Pile à colonne.

1642. Cabinet de Physique du Lycée de *Vérone*. — Instruments de Joseph Zamboni (1776-1846). — Plusieurs modèles de piles sèches. — Petite pile sèche dans son étui, portant la date du 15 juillet 1812. — Un appareil mis en mouvement par des piles sèches. Zamboni avait donné le nom de *Mouvement perpétuel* à cet instrument, dont il croyait la force motrice indéfinie, mais il ne tarda pas à reconnaître que la pile sèche finissait par s'épuiser, comme toutes les autres piles, dont elle ne diffère que par le peu d'humidité qu'elle contient. — Tous ces instruments ont été construits par Zamboni lui-même.

1643. Lycée Spallanzani de *Reggio (Emilia)*. — Instruments de Nobili. — Le premier *Aimant étince-lant* construit par Nobili. — Petit *nécessaire* de Nobili pour les expériences électro-dynamiques. — Galvanomètres simples construits par Nobili. — Appareil ayant servi à la production des premiers essais de métallochromie. — Deux plaques métalliques colorées par les procédés métallochromiques.—Plusieurs piles thermo-électriques, avec les premiers couples d'essai. — Grande pile thermo-électrique montée, avec miroir condenseur.

1644. Cabinet de Physique du Lycée Volta de *Come*. — Instruments ayant appartenu et servi à Alexandre Volta (1743-1827). — Pile à couronne composée de 12 petits verres et de deux autres plus grands, contenus dans une boîte. — Douze plaques rectangulaires en zinc et autant en cuivre (15^{mm} sur 40^{mm}) pour la pile à couronne. —Electrophore. — Condensateur. — Pistolet de Volta, tout en verre. — Briquet à gaz hydrogène, qui s'allume à l'aide d'une étincelle électrique. — Eudiomètre en cristal avec pied en cuivre. — Electromètre à brins de paille. — Pile à colonne de 73 couples (diamètre 30^{mm}) sur un pied en bois avec quatre tiges métalliques vernies. — Douze plaques circulaires bi-métalliques. — Plaques carrées bi-métalliques.

1645. Institut de Physique de l'Université Royale de *Padoue*. — Boussole à cadran appartenant à l'Institut de physique de l'Université Royale de Padoue. Elle porte la date de 1597 et a servi, peut-être, à Galilée, qui donna des leçons à l'Université de Padoue de 1592 à 1610. — Ancien aimant naturel armé ayant probablement appartenu à Galilée.

JAPON (EMPIRE DU)

GROUPE I
PRODUCTION DE L'ÉLECTRICITÉ

CLASSE 2
PILES ET ACCESSOIRES.

1646. Ministère des Travaux publics, administration des télégraphes, à *Tokio.* — Vases de porcelaine. — Vases poreux. — Vases carrés et circulaires d'étoffe laquée.

GROUPE II
TRANSMISSION PAR L'ÉLECTRICITÉ

CLASSE 4
CABLES, PILES ET ACCESSOIRES. PARATONNERRES.

1647. Ministère des Travaux publics, administration des télégraphes, à *Tokio.* — Isolateurs avec tige et écrou. — Isolateurs à entrave sans fers.

NORVÈGE (ROYAUME DE)

GROUPE II

TRANSMISSION PAR L'ÉLECTRICITÉ

—

CLASSE 4.

CABLES, FILS ET ACCESSOIRES. PARATONNERRES.

1648. Le Directeur en chef des télégraphes de Norvège, *Christiania*. — Ligatures pour raccorder les câbles sous-marins et les lignes terrestres. — Tuyaux de fonte pour protéger les câbles au point d'atterrissage. — Coupe d'un poteau perforé par le pic noir et vert.

GROUPE IV

APPLICATIONS DE L'ÉLECTRICITÉ.

—

CLASSE 6.

TÉLÉGRAPHIE, SIGNAUX.

1649. Olsen (Christian Holberg Gran), *Christiania, Bogstadveien, n° 57*. — Appareils télégraphiques imprimant automatiquement. — Perforateur. — Appareils Duplex.

CLASSE 7.

TÉLÉPHONIE, MICROPHONIE, PHOTOPHONIE.

1650. Lysgård (Anna Louise Keilhau), employée de télégraphe. *Boröen*. — Appareil automatique translateur pour lignes téléphoniques.

1651. Ottesen (Hans Realf). *Bryn*, près de *Christiania*. — Téléphones.

CLASSE 10.

ÉLECTRICITÉ MÉDICALE.

1652. Steger (A.), opticien et mécanicien, *Kirkegaden, Christiania*. — Appareils électriques.

CLASSE 11.

ÉLECTRO-CHIMIE.

1653. Petersen (P.), chef de la section de photographie et de galvanoplastie de l'institut topographique, *Christiania*. — Reproductions galvanoplastiques.

1654. Tostrup (J.). *Christiania* — Reproductions galvanoplastiques en cuivre et en argent.

CLASSE 12.

INSTRUMENTS DE PRÉCISION, ÉLECTRO-AIMANTS ET AIMANTS, BOUSSOLES, HORLOGERIE ÉLECTRIQUE.

1655. Bjerknes (Dʳ C. A.), professeur à l'Université de Christiania, *Christiania, Nordahl Bruns Gade, n° 5*. — Appareils servant à démontrer des phénomènes fondamentaux d'électricité et de magnétisme par leurs analogues en hydrodynamique.

1656. Godager (Hans), opticien et mécanicien, *Throndhjem, Nordre Gade, 2*. — Collection de boussoles maritimes.

1657. Le Ministère de la marine de Norvège. *Christiania*. — Boussoles (Admiralty standard compass); grande boussole pour les monitors; boussole ordinaire; boussole à liquide; boussole à liquide pour canots (nouveau système).

1658. Pihl (Oleuf. A. L.), *Christiania.* — Appareil pour déterminer l'attraction entre deux corps magnétiques à courte distance.

CLASSE 13.

APPAREILS DIVERS.

1659. Le Ministère de la marine de Norvège, *Christiania.* — Appareils pour torpilles électriques et électro-automatiques : Table de manipulation, modèle Silwertown, modifiée, avec indicateurs pour sept torpilles électro-automatiques; télémètre électrique de Siemens et Halske avec appareils viseurs pour deux postes extérieurs; appareil pour l'inflammation de torpilles électriques; appareils télégraphiques Morse, fabriqués par Erikson à Stockholm; téléphones de Siemens et Halske; coffre d'outils pour les postes et pour les embarcations porte-torpilles.

GROUPE VI

BIBLIOGRAPHIE. HISTOIRE

—

CLASSE 15.

COLLECTIONS BIBLIOGRAPHIQUES D'OUVRAGES CONCERNANT LA SCIENCE ET L'INDUSTRIE ÉLECTRIQUES, PLANS, CARTES, ETC., ETC.

1660. Andersen (O. M.), ingénieur en chef de la ville de Christiania, *Christiania.* — Carte du réseau télégraphique et téléphonique de la ville de Christiania pour le service de l'administration télégraphique de l'État, de la police et de la surveillance contre les incendies.

1661. Bibliothèque de l'Université de Christiania, *Christiania.* — Arndtsen (A.) : Jagttagelser over den magnetiske Krafts Retning og Styrke paa en Reise langs Norges Kyster fra Christianssand til Varangerfjorden, se trouvant en « Forhandlinger i Videnskabsselskabet », 1862, pag. 15-25. — Magnetische Untersuchungen angestellt mit dem Diamagnetometer des Hrn Prof. Weber, se trouvant en « Annalen der Physik und Chemie von J. C. Poggendorff », 1858, vol. 14, pag. 587-611. — Elektrothérapi, Christiania, 1872. — Optegnelser, vedkommende Elektrothérapien. — Physik, Christiania, 1853. — Ueber den galvanischen Leitungswiderstand der Metalle bei verschiedenen Temperaturen, se trouvant en « Annalen der Physik und Chemie von J. C. Poggendorff, 1858, vol. 14, pag. 1-58. — Ueber den Leitungswiderstand des Nickels, se trouvant en « Annalen der Physik und Chemie von J. C. Poggendorff », 1858, vol. 15, pag. 148-155. — Christie (H) : Lærebog i Physik. — « Nogle diamagnetiske Forsög », se trouvant en « Nyt Magasin for Naturvidenskaberne », 10, pag. 159-191. — Einige diamagnetiske Versuche, se trouvant en « Annalen der Physik und Chemie von J. C. Poggendorff », 1858, vol. 13, pag. 577-612. — Getz (K) : Magnetiske Jagttagelser i Sommeren 1870, Christiania, 1871. — Hansteen (Chr) : Das magnetiske System der Erde. — Den magnetiske Inclinations Forandring i den nordlige tempererte Zone; Kjöbenhavn, 1855. — Den magnetiske Inclinations Forandringer i den nordlige og sydlige Halvkugle. Kjöbenhavn, 1857. — 1° En daglig og aarlig Periode i den magnetiske Krafts Retning og Styrke, udledet af Jagttagelser paa Christianias Observatorium.—2° Lufttrykket ved Havets Overflade. — Untersuchungen über den Magnetismus der Erde, Christiania, 1819. — Magnetiske Jagttagelser af Hansteen, Segelcke, Keilhau og Boeck m. pl. beregnede og meddelte af Chr. Hansteen, se trouvant en « Magasin for Naturvidenskaberne, 9, pag. 34. — Observations de l'inclinaison magnétique, faites pendant les années 1855 à 1864 à l'Observatoire de Christiania. — Om de magnetiske Kræfters Styrke og Retning i Christiania og disse Elementers Forandringer i de sidste 40 til 100 aar, se trouvant en « Forhandlinger i Videnskabsselskabet », 1865, pag. 137-148.— Om en periodisk Forandring af $11\frac{1}{9}$ aar i den horizontale Del af den magnetiske Intensitet, i hvilken Epocherne for Maximum af Intensiteten faldt sammen med Epocherne for Minimum af Inclinationen og af Solpletterne, se trouvant en « Forhandlinger i Videnskabsselskabet », 1859, pag. 108-114. — Om Jordmagnetismens Periodicitet, se trouvant en « Forhandlinger i Videnskabsselskabet », 1858, pag. 210-211. — Resultate magnetischer, astronomischer und méteorologischer Beobachtungen auf einer Reise nach dem östlichen Sibirien in den Jahren, 1828-30, Christiania, 1863. = Henrichsen (S.) : Om Svovlsyrens galvaniske Ledningsevne og dennes Afhœngighed af Temperaturen, se trouvant en « Forhandlinger i Videnskabsselskabet », 1878, n° 13. — Langberg (Chr.) : Jagttagelser over den magnetiske Intensitet paa forskjellige Steder af Europa, se trouvant en « Nyt Magasin for Naturvidenskaberne », 5 pag., 274-299. — Magnetiske Jagttagelser paa en Reise i Christianssand Stift i Sommeren 1848, se trouvant en « Nyt Magasin for Naturvidenskaberne », 6, pag. 56-87. — Lund : Anvisning til at forfœrdige og opstille den Tholardske Lyn-og Hagelafleder, se trouvant en « Magasin for Naturvidenskaberne », 9, pag. 136-154. — Lund (C.) : Den elektriske Telegraph isœr med Hensyn tildens Anvendelse for Krigsbrug, Christiania, 1874. — Maschmann : Galvaniske Forsög og deraf dragende Slutninger, se trouvant en « Magasin for Naturvidenskaberne, 2, pag. 56-54. — Mohn : Om den magnetiske Déclination i Christiania fra 1842-1862, se trouvant en « Forhandlinger i Videnskabsselskabet », 1863, pag. 67-79. — Pihl (O.) : On Magnets. Christiania, 1878. — Schiötz (O. E.) : Lœrebog i Physik. — Sinding (E. A. H.) : Mâgnetiske Undersögelser foretagne i 1868, Christiania, 1870.

1662. Le directeur en chef des télégraphes de l'Etat de Norvège, *Christiania*. — Carte du réseau télégraphique de Norwège.

1663. Hansen (D.), ingénieur en chef de la ville de Bergen, *Bergen* « Hovedbrandstationen ». — Carte des lignes télégraphiques et téléphoniques de Bergen, 1881.

1664. Mohn (H.), professeur à l'Université de Christiania, *Christiania, Nordahl Bruuns Gade*, 8. — Carte des églises foudroyées en Norvège.

1665. Schöyen (A.), directeur de l'Ecole polytechnique de Throndhjem, *Throndhjem*. — Carte des lignes télégraphiques et téléphoniques de Throndhjem, en 1881.

CLASSE 16.

COLLECTIONS RÉTROSPECTIVES D'APPAREILS CONCERNANT LES ÉTUDES PRIMITIVES ET LES APPLICATIONS LES PLUS ANCIENNES DE L'ÉLECTRICITÉ.

1666. Observatoire astronomique de Christiania, à *Christiania*. — Appareils et instruments ayant servi au professeur Hansteen pendant ses recherches et ses voyages pour l'étude du magnétisme terrestre.

PAYS-BAS (ROYAUME DES)

GROUPE IV
APPLICATIONS DE L'ÉLECTRICITÉ

CLASSE 6.
TÉLÉGRAPHIE, SIGNAUX.

1667. M. A. Mills, *Amsterdam.* — Encre télégraphique bleue et noire.

1668. Christiaan Mirandolle, *Rotterdam.* — Matière pour conserver le bois. — Poteaux télégraphiques préparés partiellement à la créosote.

CLASSE 7.
TÉLÉPHONIE, MICROPHONIE, PHOTOPHONIE.

1669. Nicolaas van Wetteren, *Haarlem.* —Barreaux aimantés pour téléphones.

CLASSE 8.
LUMIÈRE ÉLECTRIQUE.

1670. Albert Maryt, mécanicien à l'atelier de construction des armes d'artillerie, à *Delft.* — Régulateurs fonctionnant à volonté sous l'action de courants alternatifs ou de courants continus, pouvant brûler plusieurs heures, propres à l'éclairage des phares. Lampe d'usine.

CLASSE 12.
INSTRUMENTS DE PRÉCISION, ÉLECTRO-AIMANTS ET AIMANTS, BOUSSOLES, HORLOGERIE ÉLECTRIQUE.

1671. Croon et Cᵒ, *Amsterdam.* — Pendules électriques. Indicateur électrique pour ventes publiques.

1672. Dᵣ P.J. Kaiser, vérificateur des instruments nautiques de la marine neerlandaise, à *Leiden.* — Compas de relèvement, étalon règlementaire, avec habitacle. — Compas de route avec deux roses, l'une avec pivot ordinaire en acier, l'autre avec pivot globulifère en bronze d'aluminium. — Balance magnétique construite selon l'idée primitive de M. le prof. F J. Stamkart. — Electro pour aimanter les aiguilles d'acier des roses toutes montées. — Une torpille semi-sphérique contenant un avertisseur dynamo-électrique du Dᵣ P. J. Kaiser, indiquant l'approche d'un cuirassé. (Consulter la copie des rapports détaillés de la Commission chargée de l'examen de cet instrument). — Avertisseur dynamo-électrique sans torpille avec les appareils pour régler et vérifier l'instrument.

1673. H. Olland, *Utrecht.* —Boussole d'intensité du prof. F. J. Stamkart. Instrument destiné à déterminer l'intensité horizontale du magnétisme à bord d'un vaisseau, par l'observation de l'angle de deux aiguilles de boussole tournant sur pivots placés, l'un au-dessus de l'autre.

1674. Nicolas van Wetteren, *Haarlem.* — Aimants pour produire un mouvement rotatif. Aiguilles adoptées par la marine néerlandaise. Barreaux aimantés pour neutraliser l'effet du fer des navires sur les boussoles.

CLASSE 13.
APPAREILS DIVERS.

1675. Maurice de Léon et Cᵒ, à *Rotterdam.* — Jouet magnétique.

GROUPE V

MÉCANIQUE GÉNÉRALE

—

CLASSE 14.

GÉNÉRATEURS, MOTEURS A VAPEUR, A GAZ ET HYDRAULIQUES, ET TRANSMISSIONS APPLI- CABLES AUX INDUSTRIES ÉLECTRIQUES.

1676. W. H. Jacobs, ingénieur-constructeur, *Haarlem*. — Machine à vapeur rotative, brevetée d'une construction supérieure; la disposition des guides du piston étant telle, que le travail de friction est réduit à son minimum. Les guides et le piston ont de grandes surfaces, pour éviter une usure rapide en fonctionnant à haute vélocité.

GROUPE VI

BIBLIOGRAPHIE, HISTOIRE

—

CLASSE 15.

COLLECTIONS BIBLIOGRAPHIQUES D'OUVRAGES CONCERNANT LA SCIENCE ET L'INDUSTRIE ÉLECTRIQUES, PLANS, CARTES, ETC., ETC.

1677. Administration des télégraphes de l'Etat des Pays-Bas, *La Haye*. — Rapport sur la situation des télégraphes (1877-1879), 1 volume. — Description d'installation et d'appareils, 1 volume et atlas. — Description d'appareils et manuels d'instruction, 6 volumes. — Carte du réseau télégraphique néerlandais 1880.

1678. V. C. Dyckmeulen, commandant des pompiers à *Amsterdam*. — Cartes du réseau télégraphique, réunissant les diverses stations de pompiers et les sonnettes d'alarme.

1679. Johannes Bosscha, directeur de l'École polytechnique, *Delft*. — Collection de mémoires de Martinus van Marum, contenant la description de la grande machine électrique du musée de Teyler et le rapport des expériences qui ont été faites avec cet instrument (Harlem, 1785-1795). Mémoire de J. R. Deiman et A. Paets van Troostwijk contenant la descrip-

tion de la machine électrique avec laquelle ils découvrirent la décomposition de l'eau par l'électricité. (Amsterdam, 1789).

1680. Société néerlandaise du téléphone Bell, *Amsterdam*. — Plan du réseau téléphonique à Amsterdam.

1681. J. J. van Kerkwijk, membre des états généraux, conseiller du Gouvernement pour la télégraphie, *La Haye*. — Histoire de la télégraphie électro-magnétique dans les Pays-Bas, mémoire couronné, mis au concours par la Société batave de philosophie expérimentale à Rotterdam.

1682. J. F. F. Steenbergen, libraire (physicien), *Amsterdam*. — Cinq livres sur l'électricité. Cuthberson, appareils électriques. Amsterdam, 1784, 3 volumes. Cavallo, mémoire sur l'électricité, Utrecht, 1780. Deiman, description d'une machine électrique, Amsterdam, 1789.

1683. Cabinet de physique de la Fondation Teyler, *Haarlem*. — Description d'une très grande machine électrique placée dans le musée de Teyler, à Haarlem, et des expériences faites au moyen de cette machine, par Martinus van Marum, Dr en philosophie et médecine. A Haarlem, chez Jean Enschedé et fils et Jean van Walré, 1785. — Suite des expériences faites au moyen de la machine électrique de Teyler par Martinus van Marum, Dr en philosophie et médecine. A Haarlem chez Jean Enschedé et fils et Jean van Walré, 1787. — Deuxième suite des expériences faites par cette machine. A Haarlem chez Jean-Jacques Beets, 1795.

CLASSE 16.

COLLECTIONS RÉTROSPECTIVES D'APPAREILS CONCERNANT LES ÉTUDES PRIMITIVES ET LES APPLICATIONS LES PLUS ANCIENNES DE L'ÉLECTRICITÉ.

1684. Cabinet de physique de la fondation Teyler, *Haarlem*. — Grande machine électrique construite en 1785 et améliorée dans les années suivantes par Cuthberson, à Amsterdam. Cette machine, système van Marum, porte deux disques parallèles de $1^m,62$ de diamètre. Batterie électrique de vingt-cinq bouteilles présentant $12^m,6$ carrés de surface garnie. C'est avec quatre batteries de cette surface, chargées par le moyen de ladite machine électrique que Martinus van Marum a produit les effets mentionnés, entre autres par Daguin dans son *Traité de physique*, t. II, 1249, 52, 55 et 58, et dont la description détaillée se trouve dans les trois traités exposés dans la classe bibliographique. Electromètre ou balance électrique de Brook. Electromètre de Henley. Electromètre à cadran. Electromètre de Lane. Ces quatre électromètres construits par Cuthberson, ont servi à Martinus van Marum pour mesurer la charge de ses conducteurs et de ses batteries. — Electromètre construit par Adams à Londres, dans lequel les deux systèmes, celui de Brook et de Henley, se trouvent réunis. — Excitateur dont van Marum s'est servi pour étudier la trace lumineuse que le passage de l'étincelle électrique laisse sur la surface de quelques substances. Grand aimant naturel armé : Cet aimant qui a un volume de 20.7 de M^3 porte un poids de 85 kilogrammes (poids du portant et du plateau 20,2 kilogrammes). — Aimant naturel armé, dont l'armature ornée dans un style antique porte en caractères russes, l'inscription suivante : pierre pesant 12 livres, soulevant 1 poud 20 livres. (Le poud contient 40 livres et la livre russe équivaut à peu près à un demi-kilogramme). — Aimant artificiel, construit en 1877 par MM. van Wetteren frères, à Haarlem. — Aimant composé de sept lamelles pesant 45,6 kilogrammes et portant un poids de 285 kilogrammes (poids du portant et du plateau 17,4 kilogrammes).

RUSSIE (EMPIRE DE)

GROUPE I
PRODUCTION DE L'ÉLECTRICITÉ

—

CLASSE 1.
ÉLECTRICITÉ STATIQUE.

1685. Borgmann (Jean), professeur (Privat - Docent) à l'Université de *Saint-Pétersbourg*. — Appareil pour la démonstration des lois de la condensation électrique, exécuté par Frantzenn au cabinet de physique de l'Université de Saint-Pétersbourg.

CLASSE 2.
PILES ET ACCESSOIRES.

1686. Département des télégraphes. — Éléments Meïdinger, grand et petit modèles, modifiés et employés en Russie.

1687. Tichomirow (Basile), chef d'atelier de M. Eropkine et Cie, *rue Kozitsky, Moscou.* — Éléments galvaniques d'une construction spéciale.

1688. Wassiliew (Dimitri), à la fabrique Jablochkoff, *canal Obvodnoy*, 88, *Saint-Pétersbourg.* — Appareil pour le chargement et le déchargement des piles galvaniques. — Cet appareil peut servir également pour le transvasement des acides, des alcalis et en général de tous les acides qui sont sans action sur le caoutchouc. — Le transvasement s'opère soit d'un côté, soit de l'autre, selon le sens du mouvement de rotation de la manivelle.

CLASSE 3.
MACHINES MAGNÉTO-ÉLECTRIQUES ET DYNAMO-ÉLECTRIQUES.

1689. Gravier, Kuksz Luedtke et **Grether**, *rue Leszno*, 25, *Varsovie*.

— Usine de six machines dynamo-électriques de 4 chevaux chacune, à frotteurs graphités, paliers sans graisseurs et galvanomètres pour le service des machines. — Deux distributeurs avec commutateurs doubles à 32 directions chaque. — Un transformateur de courants à commutation électro - magnétique. — Deux niveleurs, ou appareils pour fixer la quantité de courant qui doit traverser un récepteur donné. — Une machine dynamo-électrique à courants continus et à commutation électro-magnétique, frotteurs graphités et paliers sans graissage.

DISTRIBUTION DE L'ÉLECTRICITÉ comprenant six machines dynamo-électriques de 4 chevaux chacune, à frotteurs graphités et paliers sans graisseurs. — Galvanomètres pour le service des machines.

Deux distributeurs à commutateurs doubles pour trente-cinq directions chacun.

Un transformateur de courant à commutation électro - magnétique, appareil qui a pour but de transformer un courant donné en courant de quantité ou en courant de tension, continu ou alternatif, en faisant varier les deux facteurs E et I du produit EI.

Quatorze lampes à arc voltaïque. — Déclanchement électro - magnétique différentiel.

Deux niveleurs, appareils à résistances variables à la main pour fixer la quantité de courant qui doit traverser un récepteur donné. — Applications diverses du courant électrique.

Une machine dynamo-électrique à courants continus ou alternatifs sans frotteurs, paliers sans graissage.

Une machine dynamo-électrique à commutation électro-magnétique.

Un mémoire imprimé sur la distribution de l'électricité à domicile pour toutes espèces d'application, comprenant les matières suivantes :

Description du matériel de production, des procédés de distribution à employer dans une ville, des moyens de régulation des courants suivant les circonstances et des appareils employés dans ce but :

Régulateur d'émission, récipient de distribution, courant et fil de retour; régulateurs de consommations; régulateur de courant pour un seul récepteur ou régulateur rhéométrique, de la transformation des courants en courants de tension ou de quantité, continus ou alternatifs, en faisant varier les deux facteurs E et I du produit EI et description d'une lampe à arc voltaïque avec régulateur rhéométrique.

1690. Latchinow (Dmitri), professeur à l'Institut du corps forestier de *Saint-Petersbourg.* — Deux dessins : *a,* machine dynamo-électrique sans fer. — *b,* dynamomètre optique.

1691. Ministère de la marine. — Grand appareil électrique de guerre, composé de deux machines dynamo-électriques de Siemens, mues par un moteur rotatoire de Graaf et Schneider, le tout installé sur un socle commun en fonte. — Les aimants inducteurs des deux machines dynamo-électriques reposent sur des barres de laiton qui, en empêchant leur contact immédiat avec le métal du socle, augmentent le rendement de ces machines. — Un commutateur inventé par M. Tvéritinow, lieutenant de marine, permet d'accumuler les pouvoirs des deux machines, qui dans ce cas, produisent une lumière équivalant à 14 000 bougies. — Lanternes, fanaux et accessoires divers. — Appareil pour chaloupes de guerre.

1692. Ministère de la marine, à *Cronstadt.* — Deux tableaux : diagrammes de la combinaison parallèle des machines dynamo-électriques d'après la méthode de M. Tvéritinow.

1693. Tvéritinow (Eugène), lieutenant de marine, *Cronstadt (Russie),* à *l'Ecole des torpilles.* — Réunion des machines dynamo-électriques avec leur moteur, au moyen d'un arbre flexible, évitant l'emploi d'un bâti commun aux deux machines, méthode proposée par l'exposant.

GROUPE II

TRANSMISSION PAR L'ÉLECTRICITÉ

—

CLASSE 4.

CABLES, FILS ET ACCESSOIRES. PARATONNERRES.

1694. Département des télégraphes, *Saint-Pétersbourg.* — Paratonnerre de Kirkoff, modifié par Tiedeman en 1871. — Paratonnerre inventé par Tiedeman en 1872. — Paratonnerre du mécanicien Deréviankine (1872), avec signal audiphone, rétablissant par lui-même le fonctionnement de la ligne télégraphique interrompue par la foudre. — Paratonnerre inventé par Palwow en 1874. — Paratonnerre de Tiedeman à vis, à pointes et à fils d'argent, proposé en 1875, pour les stations télégraphiques. — Paratonnerre de Tiedeman (1875), pour les poteaux à câbles, avec un étui en caoutchouc destiné au point de jonction des lignes souterraines et aériennes. — Paratonnerre électro-magnétique du baron Guervart, inventé en 1876. — Paratonnerre inventé par le mécanicien Nyberg, en 1877, se composant de cinq lames en cuivre et d'une tringle. — Paratonnerre inventé par le mécanicien Zwirgsdé en 1875, et perfectionné en 1881. — Commutateur universel avec paratonnerre pour les appareils télégraphiques, 1860; ce commutateur comprend 4 commutateurs; 1° pour le galvanoscope; 2° pour la pile ; 3° pour les stations intermédiaires et 4° pour la translation. Jusqu'à l'année 1860, ces quatre commutateurs étaient placés séparément sur les tables d'apareils. Commutateur inventé en 1877, par M. Ivanow;

il sert à introduire promptement l'appareil d'un circuit dans un autre. Isolateur à double isolation, introduit en Russie, en 1864 ; deux modèles : un grand et un petit. — Le même isolateur d'une autre construction, introduit en Russie en 1870. — Isolateur à double isolation avec tête taillée à 8 facettes, destiné à être vissé dans une console, proposé par M. Dolgowo Sabourow, en 1872. — Isolateur à double isolation, d'une invention récente, introduit en Russie, en 1873. Deux modèles, un grand et un petit. — Isolateur à crochet de fer, muni d'une planchette-abri en fer servant à le préserver contre les coups de pierres, par M. Krauskopf. — Isolateur à étaux servant à supporter un anneau de fil de réserve, inventé par le mécanicien Langué. — Spécimens de fils télégraphiques et de crochets pour isolateurs, fabriqués à l'usine de Lwow, à Saint-Pétersbourg. — Console pour l'isolateur à tête taillée à 8 facettes, proposé par M. Dolgowo Sabourow en 1872. — Crochet en fer avec isolateur à étau pour poteau contrôleur, servant à poser les anneaux du fil de réserve. — Crochets en fer actuellement en usage. — Etau servant à introduire un appareil télégraphique dans un point quelconque du circuit. — Etau de Poggendorff proposé par M. Nyberg mécanicien, pour réunir les lignes aux fils des bureaux. — Etau servant à réunir les fils conducteurs en cas de rupture, proposé en 1874. — Le même muni d'une seule vis. — Etau linéaire à clef d'une nouvelle construction. — Etau double pour régler la tension du fil. — Etau pour le service de surveillance. — Spécimens de torsades soudées de 2, 4 et 5 millimètres. — Spécimens de fil d'acier, fabriqués par Hobrecker à Riga : A, fil d'acier de 6 millimètres. — B, fil d'acier de 5 millimètres. — C, fil d'acier de 4 millimètres. — D, fil d'acier de 3 millimètres. — E, fil d'acier de 2 3/4 millimètres. — F, fil d'acier de 2 1/4 millimètres. — Câbles souterrains insérés dans des tubes de verre, proposés en 1836 par M. Jacobi (de l'Académie Impériale des Sciences) ayant servi à la ligne du télégraphe électro-magnétique qui faisait communiquer le Palais d'hiver avec l'Etat-major. — Spécimens de câbles fabriqués dans les ateliers du Ministère de la Marine, à Cronstadt, et destinés au service des mines et des fortifications côtières. — Spécimens de deux fils conducteurs exécutés d'après le projet de M. Jacobi, académicien, en 1846. — Spécimen de deux fils conducteurs insérés dans un tube de verre, exécutés d'après le projet de M. Jacobi en 1847. Tube-chaînette servant au passage des câbles dans les parties mobiles des ponts de la Néwa. — Modèle d'un poteau double adapté aux tournants angulaires de la ligne (sur les points où il y aurait obstacle à placer des contreforts), inventé par M. Pétrow, mécanicien. — Sacoche de mécanicien avec assortiment d'instruments. — Sacoche en cuir contenant un assortiment des outils et instruments nécessaires aux mécaniciens des Télégraphes. — Caisse d'instruments pour un bureau télégraphique. — Sacoche de surveillant avec instruments. — Matériel des mâts et poteaux, servant à l'installation des lignes au passage des rivières. — Tente appropriée d'après le projet du baron Guervart, pour les employés du télégraphe pendant la construction et la remonte des lignes. — Mât de M. Tiedeman. — Photographie de fils conducteurs recouverts de glace, entre Saint-Pétersbourg et Moscou, au mois de février 1868. Cette photographie est exécutée à mi-grandeur naturelle.

GROUPE III

ÉLECTROMÉTRIE

—

CLASSE 5.

APPAREILS SERVANT AUX MESURES ÉLECTRIQUES.

1695. **Lermontow** (Vladimir), préparateur à l'Université de Saint-Pétersbourg, à *Saint-Petersbourg*. — Galvanoscope à réflexion, construit sur les indications de M. Lermontow, par M. Frantzenne, au cabinet de physique de l'Université.

Lampe porte-échelle pour ledit galvanoscope, exécutée par M. Spring.

Pont de Wheatstone pour des résistances peu considérables.

Galvanoscope magnétomètre de M. Vander-Fliet.

Commutateur de Pohl (en bois paraffiné).

1696. Slouguinoff (Nicolas), membre de la Société de physique de Russie, à *Saint-Pétersbourg, rue Vedenskaia*, n° 14. — Compensateur pour mesurer les forces électro-motrices, construit d'après les indications de l'auteur au cabinet de physique de l'Université de Saint-Petersbourg.

1697. Stoletow, professeur à l'Université, *Moscou*. — Condensateur électrique absolu, combiné en vue de la détermination du rapport des unités électrostatiques et électromagnétiques. — Dessin et photographie.

1698. Tichomirow (Bazile), chef d'atelier de M. Eropkine, à *Moscou, rue Kozitsky*. — Galvanoscope hémisphérique.

GROUPE IV

APPLICATIONS DE L'ÉLECTRICITÉ

—

CLASSE 6.

TÉLÉGRAPHIE, SIGNAUX.

1699. Département des Télégraphes. — Manipulateur destiné à faire fonctionner des appareils à courant constant, inventé en 1871 par M. Déreviankine, mécanicien. Différentes pièces de l'appareil Hughes, inventées en Russie : chariot et levier adaptés à la transmission automatique des signes, inventés en 1874 par M. Kesberg, mécanicien.

Régulateur inventé en 1870 par Kraiewsky, mécanicien, employé actuellement dans toute l'Europe.

Roue des types pour l'appareil Hughes, exclusivement employée en Russie, portant en outre des lettres latines, les lettres russes.

Petit mécanisme appliqué à l'appareil Hughes pour le mouvement de la bande de papier, inventé en 1866 par M. Kempte, mécanicien.

1700. Dereviankine (Jean), mécanicien en chef de l'arrondissement télégraphique de Saint-Pétersbourg à *Saint-Pétersbourg. Ligowka* n° 57. — Appareil télégraphique portatif.

Petit appareil de poche pour télégraphier à l'ouïe, sans bande de papier.

CLASSE 7.

TÉLÉPHONIE, MICROPHONIE, PHOTOPHONIE.

1701. Avenarius, professeur à l'Université, *Kiew*. — Système de divisibilité de l'éclairage électrique au moyen des piles secondaires.

1702. Jacobi (Wladimir), colonel du génie, *Baskoff peréoulok*, n° 2, *Saint-Pétersbourg*. — Telekal transmetteur téléphonique de télégrammes (phonogrammes) à des distances considérables (résistance 2000 unités Siemens). Télégraphe phonétique portatif militaire. — Contrôle des conduits télégraphiques aériens et sous-marins (câbles).

1703. Vreden (Robert), docteur en médecine, à *Saint-Pétersbourg, rue Zvenigorodskaya*, n° 6. — *a*). Vingt modèles d'un nouvel appareil nommé phonophore (microphone d'une construction spéciale).

b) Six postes phonophoriques pour applications diverses, pouvant transmettre la parole à une distance variant entre 10 et 500 kilomètres.

CLASSE 8.

LUMIÈRE ÉLECTRIQUE.

1704. Dobrochotow-Maïkow (Alexis), à *Moscou, boulevard Petrowsky, maison Wonsiatsky*. — Lampes électriques et accessoires.

1705. Gravier, Kuksz, Luedtke et **Grether**, à *Varsovie, rue Lezno*, n° 25. — Quatorze lampes à arcs voltaïques, à déclanchement électromagnétique différentiel.

1706. Latchinoff (Dmitri), professeur à l'Institut du corps forestier de Saint-Pétersbourg, à *Saint-Pétersbourg*. — Deux tableaux : *a*) Economisateur de l'éclairage électrique. *b*) Fabrication des réflecteurs paraboliques au moyen de la force centrifuge.

1707. Tichomirow, chef d'atelier de M. Eropkine et C° à *Moscou, rue Kozitsky*.— Deux bougies électriques en forme de spirale.

CLASSE 9.

MOTEURS ÉLECTRIQUES
TRANSPORT DES FORCES.

1708. Pirotsky (Théodore), capitaine d'artillerie.

Un dessin :

Coupe en travers de la voie d'un chemin de fer électrique.

CLASSE 11.

ÉLECTRO-CHIMIE.

1709. Etat-major (section topographique.)

a) Reproduction en relief et en creux de deux planches de la carte spéciale de la Russie. Échelle $\frac{1}{420\,000}$ (une planche contenant la planimétrie et l'autre le terrain.)

b) Planches héliographiques des cartes-minutes de la Finlande (échelle $\frac{1}{42\,000}$; 2 planches) et de la Bessarabie (échelle $\frac{1}{126\,000}$; 2 planches.)

Épreuves des planches exposées.

1710. Expédition pour la confection des papiers de l'Etat.

Productions galvanoplastiques :

Plat italien en cuivre, représentant le cheval de Troie.

Bas-relief en fer, Michel-Ange, sur une plaque en cuivre.

Bas-relief en cuivre de l'académicien Bruni, par Krinsky.

Plat en cuivre avec portrait de Dmitri Donskoï, fait en souvenir du cinq centième anniversaire de la bataille de Koulikowo, modelé par Ch. Materne.

Rondache en cuivre avec gravure du seizième siècle; copie de l'ori-

ginal qui se trouve au musée de Tsarskoé-Sélo.

Rondache en fer avec dorure, de Henri II; copie de l'original qui se trouve au musée de Tsarskoé-Sélo.

Débris d'une ancienne cuirasse italienne du seizième siècle, en fer; copie de l'original du musée de Tsarskoé-Sélo.

Une assiette en cuivre modelée par Moine, recouverte de fer.

Médaillon central d'une rondache *le Paradis perdu*, modelée par Morel Ladeuil, en cuivre recouverte de fer.

Epaulière en cuivre avec dessin gravé; copie de l'original se trouvant au musée de Tsarskoé-Sélo.

Rondaches en fer; copies des originaux du musée de Tsarskoé-Sélo.

Bas-relief en cuivre « Pouchkine », modelé par Ch. Materne.

Bas-relief en fer de l'académicien W. Jacobi, inventeur de la galvanoplastie.

Bas-relief en fer de M. P. Kotschoubeï, président de la Société impériale polytechnique de Russie.

Ornements d'une ancienne selle; copies des originaux du musée de Tsarskoé-Sélo.

Deux reproductions héliographiques recouvertes d'or et de nickel, obtenues par M. G. Scamoni.

Poignard espagnol (main gauche), seizième siècle; copie de l'original du musée de Tsarskoé-Sélo.

Douze stéréotypes en fer.

Douze assiettes en fer.

Bas-relief : *la Musique et le chant*, modelé par Thorwaldsen.

Batterie de fusil allemand à silex; copie de l'original du musée de Tsarskoé-Sélo.

Dix assiettes en cuivre.

Epreuves de stéréotypes en fer.

Quatre bourguignottes; copies en fer galvanique.

Dix spécimens de dépôts galvaniques ; de fer, de nickel et de laiton.

1711. Kovako (Alexandre), lieutenant-colonel, gérant d'une fabrique électro-galvanique, à *Saint-Pétersbourg. Perspective Ekateringofskaia, 55.*

1) Couronne de laurier et feuille

de palmier, recouvertes d'une couche d'argent mat.

2). Six objets, fer et cuivre, recouverts d'une couche de nickel.

3). Deux planches obtenues au moyen de l'héliogravure.

CLASSE 15.

APPAREILS DIVERS.

1712. Geissler (Nicolas), mécanicien, à *Saint-Pétersbourg, rue Potchtamskaya*, 1. — Sonnerie électrique d'une nouvelle construction.

1713. Ragosine, médecin à la Clinique des maladies mentales, à *Saint-Pétersbourg, rue Kolokolnaya*, 7. — Poligraphe électro-chimique pour obtenir les courbes de pulsation de respiration, etc.

Deux tableaux :

a). Dessin représentant le polygraphe.

b). Signal électrique.

c). Appareil pour fermer les courants constants et induits.

Les appareils susmentionnés sont employés à la Clinique depuis le commencement de l'année 1879.

Tableaux des tracés graphiques.

1714. Slouguinow (Nicolas), membre de la Société de physique de Saint-Pétersbourg. — Appareil pour démontrer les effets lumineux accompagnant l'électrolyse des liquides.

GROUPE VI

BIBLIOGRAPHIE, HISTOIRE

—

CLASSE 15.

COLLECTIONS BIBLIOGRAPHIQUES D'OUVRAGES CONCERNANT LA SCIENCE ET L'INDUSTRIE ÉLECTRIQUES, ETC., ETC.

1715. Borgmann, Slouguinoff, Bobilew et **Hesehus**, membres de la Société de physique de Saint-Pétersbourg. — Vingt-deux brochures concernant l'électricité.

1716. Chwolson (Oreste), professeur (Privat-Docent), à l'Université de Saint-Pétersbourg. — Onze brochures concernant l'électricité.

1717. Crestin (Ferdinand), ingénieur

mécanicien à la fabrique de cartouches métalliques de l'État, à *Saint-Pétersbourg*. — Quinze dessins d'appareils divers.

1718. Département des Télégraphes.

1856. Le télégraphe électro-magnétique, sa théorie et son organisation (1 vol.).

1857. Les télégraphes électro-magnétiques, par B. Lampe (1 vol.).

1859. Manuel pour l'étude de la théorie du télégraphe électro-magnétique et son organisation, d'après le système Morse, par M. Parroth (1 vol.).

1865. Les batteries galvaniques et les lois du courant électrique, par M. Parroth. 1re partie (1 vol.).

1865. Les télégraphes. Description des appareils, par M. Parroth. IIe partie (1 vol.).

1870-1879. Les télégraphes. Organisation des bureaux télégraphiques, par M. Parroth. IIIe partie (1 vol.).

1871. Statistique télégraphique de l'empire de Russie (10 vol.)

1872. Instruction aux inspecteurs des télégraphes (1 vol.).

1872. Les télégraphes et leur application militaire, par le professeur Rekhnewsky (1 vol.).

1874. Programme d'enseignement de la télégraphie pratique avec les appareils Morse dans les écoles de télégraphie (1 vol.).

— Manuel des réparations ordinaires et des interruptions accidentelles des lignes télégraphiques, par B. Lampe (1 vol.).

1874. Manuel explicatif du service des lignes télégraphiques et des interruptions accidentelles dans l'échange entre les bureaux, par B. Lampe (1 vol.).

1875. Instruction concernant la forme de l'enregistrement des télégrammes (1 vol.).

1876. Budget moyen des dépenses pour l'entretien des lignes télégraphiques (1 vol.).

1876. Statut télégraphique.

1878. Statut temporaire des bureaux télégraphiques auxiliaires (1 vol.).

1878. Organisation des lignes télégraphiques aériennes, par l'inspecteur des télégraphes N. Pissarewsky (1 vol.).

— Unités appliquées aux mesures électriques, par N. Pissarewsky (1 vol.).

1878. L'appareil imprimeur Hughes, dans son état actuel, par Woscressensky (1 vol.).

— Mesure de la résistance et de l'isolation des fils télégraphiques A. Nyberg (1 vol.).

— Description des signaux sémaphoriques servant à conserver la sécurité des câbles immergés dans les rivières navigables et les canaux (1 vol.).

1878. Instruction sur l'examen et la réception des lignes nouvellement construites (1 vol.).

— Description d'un paratonnerre universel, electro-magnétique et automatique, par le baron Th. Guervarth (1 vol.).

— Les télégraphes de Perse, par Zwirgsde (1 vol.).

— Effets de l'électricité dans les conduits isolés, par N. Pissarewsky (1 vol.).

— Statut de la caisse mutuelle d'emprunt et d'épargne des employés du ressort des télégraphes (1 vol.).

— Conservation des poteaux télégraphiques, d'après le système du baron Th. Guervarth (1 vol.).

1879. Organisation des lignes télégraphiques souterraines, par N. Pissarewsky.

— Nomenclature des localités où l'envoi des télégrammes s'effectue par estafette ou exprès (1 vol.).

1880. Instructions aux inspecteurs des chemins de fer et aux chefs d'arrondissement des télégraphes pour la surveillance des télégraphes des chemins de fer (1 vol.).

— Règlement sur les lignes télégraphiques des chemins de fer (1 vol.)

— Règlement de la correspondance télégraphique intérieure (1 volume).

— Manuel de télégraphie à l'usage des télégraphistes militaires, par Newiadomsky (1 vol.).

— Les éléments à boules de Meidinger et leur usage (1 vol.).

— Règlement à l'usage des capitaines des transports à vapeur affectés au service télégraphique.

— Câble télégraphique sous-marin à travers la mer Caspienne.

— Les éléments galvaniques appliqués à la télégraphie, par N. Pissarewsky (1 vol.).

1880. Tarif pour la correspondance internationale (1 vol.).

— Règlement à suivre pendant le passage des bateaux sur les lieux où sont immergés les câbles sous-marins et fluviaux (1 vol.).

1881. Tarif pour la correspondance intérieure (1 vol.).

— Carte du réseau télégraphique de l'empire de Russie, Saint-Pétersbourg (1 vol.).

1719. A Gravier, Kuksz, Luedtke et Grether, *rue Lezno, 25, Varsovie.*
— Un mémoire imprimé sur la distribution de l'électricité à domicile pour toutes espèces d'application, comprenant les matières suivantes :

Description du matériel de production, des procédés de distribution à employer dans une ville, des moyens de régulation des courants suivant les circonstances et des appareils employés dans ce but : régulateur d'émission, récipient de distribution, courant et fil de retour régulateurs de consommations, régulateur du courant pour un seul récepteur ou régulateur rhéométrique de la transformation des courants en courants de tension ou de quantité, continus ou alternatifs, en faisant varier les deux facteurs E et I du produit EI. Description d'une lampe à arc voltaïque avec régulateur rhéométrique.

1720. La rédaction du journal de la Société de physique de Saint-Pétersbourg. — Six livraisons de ce journal.

1721. Latchinow (Dimitri), professeur à l'Institut du corps forestier, à *Saint-Pétersbourg.*

a). Le travail électro-mécanique.

b). Sur quelques propriétés de l'arc voltaïque.

c). Dynamomètre optique.

d). Machines dynamo-électriques sans fer.

e). Fabrication des réflecteurs paraboliques au moyen de la force centrifuge.

f). Economisateur de l'éclairage électrique.

g). L'éclairage à l'électricité des cavités du corps humain.

1722. Tchikolew (Vladimir), rédacteur du journal russe l'*Electricité*, à *Saint-Pétersbourg. Perspective Kronverskaya*, 15. — Vingt-quatre numéros de ce journal.

CLASSE 16.

COLLECTIONS RÉTROSPECTIVES D'APPAREILS CONCERNANT LES ÉTUDES PRIMITIVES, ET LES APPLICATIONS LES PLUS ANCIENNES DE L'ÉLECTRICITÉ.

1723. Département des Télégraphes.

Premier appareil électro-télégraphique de l'année 1832, inventé en Russie par le baron Schilling de Kanstadt, né à Réval en 1785, mort à Saint-Pétersbourg en 1837.

Sonnerie-réveil pour l'appareil Schilling.

Appareil électro-télégraphique écrivant au crayon une ligne brisée sur une plaque de porcelaine, inventé en 1839 par M. Jacobi, académicien russe.

Appareil à aiguille de M. Jacobi, 1845.

Appareil à aiguille avec mouvement d'horlogerie, de M. Jacobi, 1845.

Appareil imprimeur de M. Jacobi, 1850. Cet appareil consiste en deux parties, fonctionnant réciproquement, l'une à aiguille ou transmetteur, l'autre imprimeur ou récepteur.

Appareil électro-chimique, inventé par M. Jacobi en 1851, consistant en un simple mécanisme qui fait avancer une bande de papier placée entre une goupille en platine et un petit cylindre platiné.

Portrait photographique du baron Schilling, de Canstadt, premier inventeur des télégraphes, né à Réval en 1785, mort à Saint-Pétersbourg en 1857.

Portrait photographique de M. Jacobi, académicien russe, né le 21 septembre 1801, mort le 27 février 1874.

N. B. Les brochures, concernant l'histoire de la découverte de la galvanoplastie, se trouvent aux vitrines de l'Expédition Impériale pour la confection des papiers de l'Etat.

1724. Expédition pour la confection des papiers de l'Etat.

(*Historique*)

(Premier essai galvanoplastique, septembre 1838, date de l'invention de la galvanoplastie). Bulletin scientifique de l'Académie des sciences de Saint-Pétersbourg, n° 4, page 592. Note présentée à l'Académie le 5/17 octobre 1838. Publication dans le *Journal des Débats* le 11 février 1839.

Copie d'une planche (en relief) présentée le 5 octobre 1838 à l'Académie des sciences de Saint-Pétersbourg (5 pouces de longueur sur 3 1/2 pouces de largeur) ; copie de la planche reproduite en septembre 1839.

Traduction du texte russe :

<table>
<tr><td>VOLTA
1800</td><td>OERSTEDT
1820</td></tr>
<tr><td colspan="2">{ Le sublime plane et protége le sublime.</td></tr>
<tr><td colspan="2" align="center">**Gravure voltaïque.**</td></tr>
<tr><td colspan="2" align="right">JACOBI.</td></tr>
</table>

Copie authentique d'une planche gravée (1842), copie en relief. Texte présenté au roi de Prusse, Guillaume IV, en 1842.

Table votive. L'anode employé était en or argentifère fondu, tiré des mines de l'Oural. Original gravé sur platine. Poids de la planche reçue en or : 200-300 grammes. Dimensions : 75 centimètres de longueur et 10 de largeur.

Quatre moules galvanoplastiques et deux copies galvanoplastiques des premiers temps de la galvanoplastie, 1844-1847.

Deux plaques gravées, produites par la galvanoplastie, servant de plaques aux télégraphes à cadran, 1843.

Fragment d'une coquille de noix recouverte de cuivre galvanique, ainsi qu'une feuille végétale recou-

verte également de cuivre galvanique.

Gravures et reliefs galvanoplastiques.

Planche reproduite d'un dessin à
l'encre grasse (portrait de l'empe-
reur Nicolas Ier.)

Deux spécimens d'essais de planches galvanoplastiques en relief devant servir à l'imprimerie; une plaque en relief reproduite par la galvanoplastie.

Matrice d'une plaque authentique,
écrite à l'encre grasse, par feu Maxi-
milien de Leuchtenberg et reproduite en 1841 (galvanographie.)

Reproduction d'un cadran gravé,
servant de base à un galvanomètre
pour indiquer la déviation de l'aiguille aimantée.)

Articles et brochures :

1). Jacobi. Die Galvanoplastik,
1840, Pétersburg.

2). Notice sur la galvanoplastie,
30 avril 1840.

3). Procédé galvanique pour gra-
ver des planches daguerrotypées.
Extrait d'une lettre de M. Grove à
M. Jacobi, lue le 8 octobre 1841.

4). Ueber die Fortschritte und
den gegenwartigen stand der Galvanographie, von Fr., von Kobell,
Saint-Pétersburg, Zeitung, 1846,
n° 11.

5). Galvanographie, Saint-Pèters-
burg. Zeitung, 1845, n° 9.

6). Für Galvanoplastiker. Saint-
Pétersburg. Zeitung, 1844, n° 131.

SUÈDE (ROYAUME DE)

GROUPE I

PRODUCTION DE L'ÉLECTRICITÉ

—

CLASSE 2.

PILES ET ACCESSOIRES.

1725. Administration des Télégraphes de Suède. — Pile galvanique, construction modifiée par M. C. A. Nyström.

GROUPE II

TRANSMISSION PAR L'ÉLECTRICITÉ

—

CLASSE 4.

CABLES, FILS ET ACCESSOIRES. PARATONNERRES.

1726. Administration des Télégraphes de Suède. — Collection d'outils divers pour la construction des lignes télégraphiques.

1727. Engström (Edw.), négociant, *Stockholm*. — Crampons en fer pour monter aux poteaux télégraphiques (invention et construction de M. G. Forssberg.)

1728. Société anonyme de Lessjöfors. — Fils télégraphiques de fer galvanisé.

1729. Société anonyme de Skultuna. — Fils de cuivre à grande conductibilité.

GROUPE III

ÉLECTROMÉTRIE

—

CLASSE 5.

APPAREILS SERVANT AUX MESURES ÉLECTRIQUES.

1730. Lovén (Christian), professeur à l'école de médecine (Institut Carolin), *Stockholm*. — Électromètre capillaire pour les recherches électro-physiologiques ; construction simplifiée par l'exposant ; — Diapason chronoscopique directement applicable aux appareils enregistreurs (myographes, etc.)

1731. Thalén (Robert), professeur à l'Université d'*Upsal*. — Magnétomètre pour exploration de gisements de fer.

1732. Université de Lund. — Galvanomètre, construit par M. le professeur Er. Edlund (Stockholm) ; — Appareil pour la détermination quantitative de la chaleur dégagée dans les phénomènes de Peltier, construit par M. le professeur Er. Edlund (Stockholm).

GROUPE IV

APPLICATIONS DE L'ÉLECTRICITÉ

—

CLASSE 6.

TÉLÉGRAPHIE, SIGNAUX.

1733. Administration des Télégraphes de Suède. — Tables à appareils translateurs, duplex et à grande vitesse ; — Transmetteur construit par M. L. Carlander ; — Table d'expérience pour éprouver les lignes aériennes à boussole des tangentes, galvanomètre différentiel et pont de Wheatstone. d'après M. C. A. Nyström ; — Table d'expériences à boussole compensée ; Table d'expériences à boussole non compensée d'après M. C. A. Nyström.

1734. Administration de l'exploitation des chemins de fer de l'Etat. — Télégraphe imprimeur à courants inversés, construit par M. J. Stork, directeur des télégraphes des chemins de fer de l'Etat ; — Modèles de sémaphores à serrures électro-magnétiques ; — Disques-signaux à déclanchement électro-magnétique ; — Serrure électro-magnétique pour sémaphores et disques-signaux ; — Contact de pont ou ferme-courant pour ponts tournants.

1735. Ericson (L. M.) **et C°**, mécaniciens, *Stockholm*. — Appareil de tintement dans les clochers pour annoncer les incendies ; — avertisseurs d'incendie pour poste de police, d'après M. C. A. Nyström ; — Boîte d'alarme pour incendies.

1736. Génie militaire suédois. — Fourgon à fils et à matériaux divers pour télégraphie de campagne ; — tente-station de télégraphe de campagne.

1737. Wennman (M.), directeur intérimaire de l'école des élèves télégraphistes de *Stockholm*. — Récepteur à levier combiné pour l'écriture Morse, fonctionnant en duplex, malgré l'inversion du courant ; — relais pour le même but.

CLASSE 7.

TÉLÉPHONIE, MICROPHONIE, PHOTOPHONIE.

1738. Ericson (L. M.) **et C°**, mécaniciens, *Stockholm*. — Téléphone.

1739. Lovén (Christian), professeur à l'école de médecine (Institut Carolin), *Stockholm*. — Téléphone à mercure.

CLASSE 12.

INSTRUMENTS DE PRÉCISION, ÉLECTRO-AIMANTS ET AIMANTS, BOUSSOLES. HORLOGERIE ÉLECTRIQUE.

1740. Blix (M. G.), docteur en médecine, Upsal. — Myographe.

1741. Holmgren (Frithiof), professeur à l'Université d'*Upsal*. — Spirographe.

1742. Sörensen (P. M.), mécanicien de l'Académie des sciences, *Stockholm*. — Météorographe enregistreur, système Theorell ; — enregistreur astronomique.

CLASSE 13.

APPAREILS DIVERS.

1743. Administration des Télégraphes de Suède. — Collection de matériel d'enseignement ; — Appareil pour lignes artificielles, construit par M. C. A. Nyström.

GROUPE V
MÉCANIQUE GÉNÉRALE

—

CLASSE 14.

GÉNÉRATEURS, MOTEURS A VAPEUR, A GAZ ET HYDRAULIQUES, ET TRANSMISSIONS APPLICABLES AUX INDUSTRIES ÉLECTRIQUES.

1744. Tegnander C. S. Ingénieur, à *Göteborg*. — Machine à vapeur à grande vitesse, destinée à servir de moteur aux appareils producteurs de l'électricité.

GROUPE VI
BIBLIOGRAPHIE, HISTOIRE

—

CLASSE 15.

COLLECTIONS BIBLIOGRAPHIQUES D'OUVRAGES CONCERNANT LA SCIENCE ET L'INDUSTRIE ÉLECTRIQUES, PLANS, CARTES, ETC.

1745. Administration de l'exploitation des chemins de fer de l'Etat. — Collection de dessins d'appareils servant à la manœuvre électrique des ponts tournants.

1746. Norstedt et Söner, imprimeurs, *Stockholm*. — Collection complète des travaux scientifiques de M. le professeur Er. Edlund, insérés dans les mémoires et dans les bulletins des travaux de l'Académie royale des sciences de Suède.

CLASSE 16.

COLLECTIONS RÉTROSPECTIVES D'APPAREILS CONCERNANT LES ÉTUDES PRIMITIVES ET LES APPLICATIONS LES PLUS ANCIENNES DE L'ÉLECTRICITÉ.

1747. Administration des Télégraphes de Suède. — Télégraphe électro-magnétique, construit par par MM. J.-F. von Heland et A.-L. Fahnehjelm, 1846 ; — Relais pour la télégraphie double, construit par M. le professeur Er. Edlund, 1854 ; — Manipulateur à conduite non interrompue pour la télégraphie double, construit par M. C. A. Nyström. (Mai 1855) ; — Commutateur construit par M. C. A. Nyström (été de 1856).

SUISSE (CONFÉDÉRATION)

GROUPE I
PRODUCTION DE L'ÉLECTRICITÉ

CLASSE 2.
PILES ET ACCESSOIRES.

1748. Guillemin (Etienne), lieutenant-colonel du génie, *Lausanne.* — Pile destinée à la télégraphie militaire et à l'inflammation des mines. Amorces.

CLASSE 3.
MACHINES MAGNÉTO-ÉLECTRIQUES ET DYNAMO-ÉLECTRIQUES.

1749. Bürgin (Emile), *Bâle, Suisse.* — Machine dynamo-électrique à courant continu pour 4 lampes en série; machine dynamo-électrique à courants alternatifs, auto-excitatrice donnant 4 courants indépendants.

GROUPE II
TRANSMISSION PAR L'ÉLECTRICITÉ

CLASSE 4.
CABLES, FILS ET ACCESSOIRES, PARATONNERRES.

1750. Perrody (Esprit), *Genève, rue Chaponnière, 3.* — Voie électrique souterraine pour chemins de fer ne faisant qu'un avec la traverse métallique E. Perrody, la même voie indépendante des chemins de fer, pouvant s'appliquer partout ailleurs.

GROUPE IV
APPLICATIONS DE L'ÉLECTRICITÉ

CLASSE 6.
TÉLÉGRAPHIE, SIGNAUX.

1751. La Direction des télégraphes suisses, *Berne.* — Appareil à couleur pour courant de travail; appareil à couleur pour courant continu; appareil à couleur avec système de rappel Rothen; station de voyage; relais à translation avec petit manipulateur; manipulateur ord.; manipulateur Duplex; boussole à 52 tours; boussole à 1 et 52 tours; commutateur à 5 lames; commutateur à 10 lames; parafoudre à 2 lames; parafoudre pour 1 fil; switch à translation pour stations intermédiaires avec 1 ligne d'embranchement; sonnette d'alarme; rhéostat cylindrique à résistances variables; pile de 12 éléments charbon-zinc, complètement montés avec buffet; récepteur à pointe sèche; récepteur à pointe sèche à râteau.

CLASSE 7.
TÉLÉPHONIE, MICROPHONIE.

1752. Amsler (Alfred), *Schaffhouse, Suisse.* — Microtéléphone à flamme pour la transmission des sons par des conducteurs de grande résistance électrique.

1753. Société suisse de Téléphones. — Theiler (Richard), *à Zurich, Suisse.* — Stations téléphoniques complètes (système Theiler).

1754. Hipp (Matthias), *à Neufchâtel
(Suisse).* — Transmetteurs microphoniques (système Black.) Téléphones.

CLASSE 8.

LUMIÈRE ÉLECTRIQUE.

1755. Bürgin (Émile), *Bâle (Suisse).*
— Lampes électriques à suspension
pouvant être disposées en série sur
un même courant, brûlant pendant
quatorze heures sans qu'on ait besoin de changer les charbons. —
Une lampe à point lumineux fixe
avec réflecteur parabolique.

CLASSE 9.

MOTEURS ÉLECTRIQUES. TRANSPORT DES
FORCES.

1756. Bürgin, *Bâle (Suisse).* — Moteur électrique (système Bürgin).

CLASSE 11.

ÉLECTRO-CHIMIE.

1757. Goppelsroeder (Dr Frédéric),
Mulhouse en Alsace. — Matières co-
lorantes obtenues par voie électro-
chimique. — Fibres textiles teintes
avec ces colorants. — Appareils
pour la production électro-chimique
des colorants.

CLASSE 12.

INSTRUMENTS DE PRÉCISION, ÉLECTRO-AI-
MANTS ET AIMANTS, BOUSSOLES. HORLO-
GERIE ÉLECTRIQUE.

1758. Monnier (Denis). *Genève.* —
Méthanomètre automatique. — Ana-
lyseur automatique du grisou.
1759. Hasler (Gustave), *Berne
(Suisse).* — Instruments météorologiques enregistreurs : barographe,
thermographe, hygrographe, anémo-
ombrographe et accessoires. Indicateur du niveau de l'eau.
1760. Hipp (Matthias), *Neufchâtel
(Suisse).* — Régulateur astronomique sous pression constante. —
Régulateur 1/2 seconde commandant
des cadrans ordinaires. — Pendule
1/2 seconde commandant électriquement : Un chronographe à bande,
un thermographe, un barographe.
— Chronoscope pour la mesure des

millièmes de seconde. — Appareil
enregistreur des niveaux d'eau
avec transmetteur. — Boussole différentielle pour la mesure des forts
courants.

CLASSE 13.

APPAREILS DIVERS.

1761. Brunnschweiler et fils (fabrique de couleurs et d'encres),
Saint-Gall (Suisse). — Couleurs pour
appareils télégraphiques Morse et
Hughes.
1762. Bürgin (Émile), *Bâle (Suisse).*
Machine pour l'enflammation des
mines. Cet appareil est une petite
machine dynamo-électrique portative, mais très puissante. Elle est
adoptée par le gouvernement suisse
pour le service militaire.
1763. Colladon (Daniel), *Genève.* —
Représentations plastiques des bles-
sures faites aux arbres par la foudre.

GROUPE VI.

BIBLIOGRAPHIE. HISTOIRE.

—

CLASSE 15.

COLLECTIONS BIBLIOGRAPHIQUES D'OUVRAGES
CONCERNANT LA SCIENCE ET L'INDUSTRIE
ÉLECTRIQUES, PLANS, CARTES, ETC.

1764. Le Dr Goppelsroeder, *Mulhouse (Alsace).* — Études électro-
chimiques des dérivés du benzol.
**1765. Bureau International des
Administrations télégraphiques.**
Berne (Suisse). — Publications
administratives et scientifiques concernant la télégraphie: Cartes des
réseaux. Nomenclature des bureaux.
Statistique. Journal télégraphique.
Actes des Conférences internationales, etc.
1766. Colladon (Daniel), *Genève.*
— Mémoire sur les effets de la foudre sur les plantes ligneuses. Emploi des arbres comme paratonnerres, 1872. — Contributions à l'é-
tude de la grêle et des trombes as-
pirantes, 1879.

CLASSE 16.

COLLECTIONS RÉTROSPECTIVES D'APPAREILS CONCERNANT LES ÉTUDES PRIMITIVES ET LES APPLICATIONS LES PLUS ANCIENNES DE L'É-LECTRICITÉ.

1767. **Colladon** (Daniel), *Genève*. — Galvanomètre (année 1826) pour courants d'électricité atmosphéri-que. — Appareil employé dans une expérience électro-dynamique faite en collaboration avec Ampère (année 1827).

1768. **Hipp** (Matthias) *Neuchâtel* (*Suisse*). — Télégraphe écrivant construit en 1849. Appareil Morse écrivant à l'encre construit en 1853.

ÉCLAIRAGE ÉLECTRIQUE

Salle n° 1. Galerie de tableaux. **Compagnie générale belge de lumière électrique,** 27, *rue Tronchet, à Paris* (Lampe Soleil).

Salle n° 2. Théâtre. **Compagnie générale d'électricité,** 12, *avenue de l'Opéra, à Paris* (système Werdermann).

Salle A. Salon du Président de la République. **Compagnie générale d'électricité,** 12, *avenue de l'Opéra, à Paris* (système Reynier).

Salle n° 3. Salon (système Jamin). — Salle à manger (système Werdermann). — **Compagnie générale d'électricité,** 12, *avenue de l'Opéra, à Paris.*

Salle n° 4. Vestibule. Cuisine. Salle de bain. **Société générale d'électricité « Force et Lumière »,** 5, *avenue de l'Opéra, à Paris.*

Salles N°ˢ 5 et 6. **Compagnie générale d'électricité,** 12, *avenue de l'Opéra, à Paris* (système Jamin).

Salle B. **Compagnie générale d'électricité** 12, *avenue de l'Opéra, à Paris* (système Jablochkoff).

Salle n° 7. **Société générale d'électricité « Force et Lumière ».** 5, *avenue de l'Opéra, à Paris.*

Salle n° 8. **Anglo American Brush Electric Light Corporation Limited,** 74, *Hatton garden, à Londres.*

Salle n° 9. **M. de Meritens,** 59, *rue des Martyrs, à Paris.*

Salle n° 10. **MM. Sautter, L. Lemonnier et Cⁱᵉ,** 26, *avenue de Suffren, à Paris.*

Salle n° 11. **Compagnie générale d'électricité,** 12, *avenue de l'Opéra, à Paris* (système Jablochkoff).

Salles n° 12. **Société espagnole d'électricité,** 10, *Rambla del Canalettas, à Barcelone.*

Salle n° 13. **MM. Siemens frères** (M. G. Boistel, représentant, 8, *rue Picot, à Paris*).

Salle n° 14. **Compagnie parisienne d'éclairage par l'électricité,** 25, *rue Dufrenoy, à Paris.*

Salle C. **United States electric lighting Cᵒ** (système Maxim), 120, *Broadway, à New-York,* et 15, *avenue de l'Opéra, à Paris.*

Salle n° 15. **M. Jaspar,** 12, *rue Jonfosse, à Liège.*

Salle n° 16. **M. Anatole Gérard,** 8, *passage Collin, à Paris.*

Salle n° 17. **The Bristish Electric Light C°**, *Heddon street, Regent street, à Londres.*

Salle n° 18. **MM. Mignon et Rouart**, 137, *boulevard Voltaire, à Paris.*

Salle n° 19. **Société Lyonnaise de constructions mécaniques et de lumière électrique**, 19, *rue de Grammont, à Paris.*

Salle n° 20. **M. James Fyfe**, 52, *Queen Victoria street, à Londres.*

Salle n° 21. **Swans Electric Light C° Limited**, 13, *Mosley street, New-castle-on-Tyne.*

Salle n° 22. **Anglo American Brush Electric Light Corporation Limited**, 74, *Hatton garden, Londres.*

Salle D. **Swans Electric Light C°, Limited**, 13 *Mosley street, Newcastle-on-Tyne.*

Salles n°ˢ 23 et 24. **M. Thomas A. Edison**, *Menlo Park, U. S. A.*

ESCALIERS.

Grand escalier d'honneur. Pavillon Nord.

Rez-de-chaussée : système Werdermann (**Compagnie générale d'électricité**, 12, *avenue de l'Opéra, à Paris*).

Palier du 1ᵉʳ étage. **M. Thomas A. Edison**, *Menlo Park; V. S. A.*

Escalier du Pavillon N.-O.

Rez-de-chaussée et palier du 1ᵉʳ étage. Système Jamin (**Compagnie générale d'électricité**, 12, *avenue de l'Opéra, à Paris*).

GRANDE NEF.

Rez-de-chaussée.

Motif central : groupe de fonte artistique disposé en fontaine jaillissante, fondu et mis en place par **M. Antoine Durenne**, 30, *rue de la Verrerie.* — Décoration peinte de la tour du phare exécutée par **MM. Rubé et Chapron**, décorateurs du théâtre national de l'Opéra. — Quatre lampadaires de fonte artistique à figures, placés au pourtour du bassin central fournis par **M. Antoine Durenne.** — L'escalier placé à l'extrémité ouest de la grande nef a été construit par **M. Tétard**, entrepreneur, 150, *rue du Chevaleret, à Paris.* — Serre d'expériences construite par **MM. G. Sohier et C**ⁱᵉ, 121, *rue Lafayette, à Paris.*

PREMIER ÉTAGE.

Galerie de pourtour ; côté Ouest.

Tapisseries anciennes provenant de la collection de **M. Braquenié.** — Lampadaires de bronze à figures, appareillés pour l'éclairage électrique, fournis par **M. Barbedienne**, fabricant de bronzes d'art, *boulevard Poissonnière, à Paris.* — Grands panneaux de faïence décorative provenant des ateliers de **MM. Boulenger et C**ⁱᵉ, *à Choisy-le-Roi.*

Les écussons décoratifs portant inscrits à leur centre des noms d'électriciens célèbres ont été peints par **M. Lavastre jeune**, décorateur du théâtre national de l'Opéra.

SALLES DU Ier ÉTAGE

Salon du Président de la République :
Tentures décoratives fournies par **MM. Duplan et Hamot**, 75, *rue de Richelieu, à Paris.*

Soubassement de papier peint fourni par **MM. Gillou et fils**, 5 et 7, *passage Charles-Dallery, à Paris.*

Cheminée monumentale, style renaissance, de **M. J. Duval**, tapissier décorateur, 13 et 15, *boulevard de la Madeleine.*

Bronzes d'art appareillés pour l'éclairage électrique fournis par **MM. Susse frères**, 31, *place de la Bourse, à Paris.*

Meubles fournis par : le **Mobilier National** (M. Williamson, administrateur), par MM. Duplan et Hamot, et par M. J. Duval.

SALLE N° 1.

Galerie de tableaux.

Tableaux acquis par l'État et provenant de l'exposition des Beaux-Arts de 1881.

SALLE N° 2.

Théâtre.

Matériel de scène provenant des magasins du **Mobilier National**.
Décor peint par **MM. Rubé et Chapron**, décorateurs du théâtre national de l'Opéra.
Devanture d'avant-scène peinte par **M. Lavastre jeune**, décorateur du théâtre national de l'Opéra.
Tenture des murs de la salle : Tapisseries anciennes provenant de la collection de **M. Braquenié**.
Maquette de décoration indiquant la disposition de l'éclairage d'une scène de théâtre. — Exposition historique de l'éclairage des scènes de théâtre (**MM. Garnier**, membre de l'Institut, architecte de l'Opéra ; **Nuitter**, archiviste de l'Opéra, et **Th. de Lajarthe**, bibliothécaire de l'Opéra.

SALLE N° 3.

Salle à manger.

Cheminée de faïence, genre Bernard Palissy, fournie par **M. G. Pull**, 122, *rue Blomet, à Paris.*
Papiers peints des murs fournis par **M. Dumas** (maison Barbedienne), 24 et 26, *rue Notre-Dame des Victoires, à Paris.*
Meubles et accessoires fournis par la Société anonyme du Palais Bonne-nouvelle (**La Ménagère**, 20, *boulevard Bonne-Nouvelle*, M. P.-C. Drugé, administrateur délégué).

SALON.

Grande cheminée de marbre, avec son dessus, fournie par **M. Parfonry**, 62, *rue Saint-Sabin, à Paris.*

Soubassement de papier peint fourni par **MM. Gillou et fils.**

Tentures des murs : Étoffes riches de tenture fournies par **MM. Duplan et Hamot.**

Tapisseries modernes d'Aubusson, 2 panneaux : « *La Chasse* » et « *la Pêche* » fournis par **MM. Braquenié, et C**ⁱᵉ, 16, *rue Vivienne, à Paris.*

Toiles peintes en reproduction de vieilles tapisseries « la Toilette d'Andromède » et verdure Renaissance fournies par **M. Salagnad**, 10, *rue Royale, à Paris.*

Tentures d'applique et meubles fournis par **MM. Fleck frères** (Magasins du Tapis rouge, 65 et 67, *faubourg Saint-Martin, à Paris*).

Coffre d'un piano à clavier électrique fourni par **M. Baehr**, 11, *rue des Récollets, à Paris.*

SALLE Nᵒ 4.

Vestibule.

Grande glace fournie par **M. Chamouillet**, *rue Saint-Honoré*, 414, *à Paris.*

Papier décoratif de tenture des murs fourni par **M. Follot**, 9, *rue Beccaria, à Paris.*

Meubles provenant des magasins de **MM. A Damon et C**ⁱᵉ (Ancienne maison Krieger et H. Racault), 74, *faubourg Saint-Antoine.*

Cuisine.

Revêtement des murs : en carreaux de faïence décorative fournis par **MM. Boulenger et C**ⁱᵉ *de Choisy-le-Roi*, en collaboration avec **M. Adrien Bruneau**, 22, *rue des Petites-Écuries.*

Mobilier, fourneau et ustensiles fournis par la Société anonyme du Palais Bonne nouvelle (**La Ménagère**, 20, *boulevard Bonne-Nouvelle* ; M. P. C. Drugé administrateur délégué).

Salle de bain.

Revêtement des murs :

Faïences décoratives fournies par **MM. Boulenger et C**ⁱᵉ, *de Choisy-le-Roy*, en collaboration avec **M. Adrien Bruneau.**

Accessoires et mobilier fournis par la Société anonyme du Palais Bonne nouvelle (**La Ménagère**, M. P. C. Drugé, administrateur délégué).

SALLES Nᵒˢ 7, 8.

Auditions téléphoniques.

Tapisseries servant à la garniture extérieure et intérieure des salons d'audition, fournies par **M. L. Dalsème**, 21, *rue Saint-Marc, à Paris.*

SALLE N° 9.

Bibliothèque.

Bibliothèque de bois sculpté, fournie par **MM. Fleck** (Magasins du Tapis-Rouge, *à Paris.* — Corps de bibliothèque fourni par le **Cercle de la Librairie,** *boulevard Saint-Germain, n° 117, à Paris.*

SALLE D

Salle des séances du Congrès International des Électriciens et des Conférences.

Meubles, estrades, tribunes, fournis par **MM. Lecœur et C**ⁱᵉ, entrepreneurs, 23, *rue de Humboldt, à Paris.*

Pourtours du 1ᵉʳ étage, salles d'exposition du 1ᵉʳ étage et grande nef.

Sièges et bancs divers, fournis par **MM. Fleck frères,** (Magasins du Tapis-Rouge), la Société anonyme du Palais Bonne-Nouvelle (**La Ménagère,** M. P. C. Drugé, administrateur délégué) et **MM. Allez frères,** 1, *rue Saint-Martin, à Paris.*

Buste de la République, d'après M. Francia, sculpteur, *Paris.*

Gares d'arrivée et de départ du tramway électrique.

Machines à dater les billets en pointillé à jour fournies par **M. E. Ravasse,** constructeur, 203 et 205, *rue Lafayette, à Paris.*

TABLE DES MATIÈRES

FRANCE.

ALLEMAGNE (EMPIRE D')

AMÉRIQUE DU NORD.

AUTRICHE.

BELGIQUE.

DANEMARK (ROYAUME DE).

ESPAGNE.

GRANDE BRETAGNE ET IRLANDE (ROYAUME UNI DE).

HONGRIE (ROYAUME DE).

ITALIE (ROYAUME D').

JAPON.

NORVÈGE (ROYAUME DE).

PAYS-BAS (ROYAUME DES).

RUSSIE (EMPIRE DE).

SUÈDE (ROYAUME DE).

SUISSE (CONFÉDÉRATION).

5597. — Imprimerie A. Lahure, rue de Fleurus, 9, à Paris.

APPENDICE

RENSEIGNEMENTS

ANNEXÉS AU CATALOGUE PAR L'ÉDITEUR

L'EXPOSITION D'EDISON

L'exposition d'*Edison* est certainement la plus importante, la plus nombreuse et la plus variée de tout le palais de l'Industrie. Deux salles entières lui sont consacrées, ainsi qu'une partie du rez-de-chaussée où se trouvent les moteurs et les générateurs.

Parlons d'abord du *système d'éclairage électrique par incandescence*. Il se compose essentiellement d'un générateur électrique fournissant un courant de haute tension, de conducteurs de haute conductibilité qui servent à distribuer l'énergie électrique à une certaine distance du générateur. En certains points des circuits, sont intercalés des appareils de grande résistance qui convertissent en chaleur et en lumière l'électricité produite par le moteur, là où on le désire. Enfin l'ensemble est complété par un système d'enregistrement *quantitatif* de l'énergie électrique convertie en lumière en un point donné.

La source électrique est une machine dynamo-électrique qui, dans le but de permettre l'emploi de conducteurs de cuivre d'une section relativement faible, est construite pour fournir une force obctromotrice constante et égale à 110 *volts*.

Sa résistance intérieure est de moins de $\frac{1}{100}$ d'*ohm*.

Les parties résistantes du circuit montées en dérivations sur les conducteurs principaux (on dit aussi en *multiple arc* ou *en quantité*) se composent de filaments de charbon de 12 centimètres de longueur. Leur section transversale est de 1 millimètre carré, mais les extrémités sont plus grosses. Ce renforcement des extrémités est solidement maintenu dans des emboitements (soit à l'aide d'écrous, soit par galvanisation) et ces emboitements sont fixés à des fils de platine scellés dans les globes qui les contient et où l'on a fait le vide. Telle est en substance la forme de la lampe d'Edison qui présente une certaine analogie avec un tube de Geissler, mais qui en diffère essentiellement en ce sens que, dans la lampe d'Edison, le courant traverse un conducteur de charbon continu, tandis que dans le tube de Geissler, le circuit est interrompu et le courant doit traverser un gaz raréfié, d'une extrémité à l'autre.

Edison est le premier qui ait fait usage, et ces brevets en font foi, d'un filament de charbon incandescent *continu*, avec une résistance supérieure à dix ohms, dans un vide maintenu par un globe de verre *continu* dans lequel on scelle les conducteurs métalliques.

Le courant qui traverse les lampes peut être mesuré en permettant à une portion excessivement faible de ce courant de produire un dépôt de cuivre dans une cuve électrolytique, et de peser le métal. On peut ensuite calculer la quantité de courant totale qui a traversé le circuit par les lois bien connues de l'électrolyse.

Voilà pour le principe. Quant à l'application, pour montrer la valeur pratique de son système d'éclairage électrique. Edison a envoyé d'Amérique au palais de l'Industrie, un ensemble d'appareils qui fonctionneront pendant toute la durée de l'Exposition.

Ces appareils comprennent; une chaudière à vapeur pour un moteur de 150 chevaux ; une machine dynamo-électrique à vapeur (steam-dynamo-électric-machine) se composant d'un moteur à vapeur à grande vitesse, parfaitement équilibré, tournant à 360 tours par minute et actionnant, à la même vitesse, une armature qui lui est directement attachée, et dont le poids dépasse trois tonnes et demie. Cette armature tourne dans un champ magnétique intense formé par trois électro-aimants puissants réunis pour n'en former qu'un seul à leurs extrémités. L'armature se compose d'un grand nombre de barres isolées entre elles et isolées de l'axe; elles entourent un tambour composé de disques de cuivre et de fer. Chaque barre est fixée à deux disques de cuivre à chaque extrémité de l'axe et du groupe de disques de fer. Cette armature développe une énergie électrique équivalente à 120 chevaux et est mise en mouvement par le moteur à vapeur qui en développe 125. Elle doit alimenter mille lampes : sept cents serviront à l'éclairage du grand escalier du Palais, les trois cents autres seront réparties dans les deux salles consacrées à l'exposition d'Edison. C'est dans ces salles que l'on trouvera toutes les applications nécessaires pour démontrer que le système peut, à tous les points de vue, se substituer au **gaz**, aussi bien pour l'éclairage que pour la force motrice de la petite industrie, tours, machines à coudre, etc.

A côté de la machine puissante de 120 chevaux s'en trouvent deux plus petites qui peuvent produire chacune une énergie électrique équivalente à un travail de quinze chevaux. L'une d'elles a une force électro-motrice de 110 volts. la seconde qui doit fournir des lumières de huit bougies seulement pour la marine et les mines, n'a que 55 volts de force électro-motrice.

Disons maintenant quelques mots des salles d'exposition de M. Edison : elles renferment ses inventions les plus importantes, nous en énumérerons seulement quelques-unes :

Le *Microtasimètre*, avec lequel, en 1878, il a pu mesurer les changements les plus faibles de température. Cet appareil lui a permis de reconnaître des rayons calorifiques dans les rayons lumineux émis par la plupart des étoiles fixes : il a aussi démontré le premier la possibilité d'enregistrer les phases de mouvement produites par un rayon de lumière ondulatoire.

L'*Odoroscope*, est un appareil qui permet de rendre visible la présence de certaines huiles essentielles et des vapeurs d'hydrocarbure, et d'enregistrer leur action.

Le *Téléphonographe*, instrument des plus curieux avec lequel on reproduit la voix humaine, un temps indéterminé après que les paroles ont été prononcées, à l'aide d'une machine placée à plusieurs kilomètres de celui qui a parlé.

Le *Webermètre*, balance très délicate qui enregistre la quantité de courant qui a traversé un circuit pendant un temps donné. Les avantages de cet instrument seront très appréciés par les physiciens qui s'occupent des quantités électriques et connaissent la valeur du pont de Wheatstone et du galvanomètre de Thompson. Le Webermètre révèle et permet de mesurer un courant si faible qu'il ne déposerait que dix milligrammes de cuivre dans l'espace d'un siècle.

L'*Électro-motographe* et les nombreuses applications de son principe qui constituent un des plus beaux titres de gloire de ce génie inventif.

Nous arrêterons ici cette rapide énumération qui, pour être complète, demanderait un volume. Il nous suffit d'avoir donné une vague idée des merveilles renfermées dans les salles 23 et 24

LA LUMIERE ÉDISON

L'exposition du système d'éclairage électrique de M. Edison au Palais de l'Industrie doit être envisagée à un point de vue tout particulier qui échappera à ceux qui visiteront le Palais par occasion, en passant, pour ainsi dire.

Bien que le système soit présenté pour la première fois, il ne faut pas oublier qu'il n'est ni une expérience, ni un spectacle, mais *un fait accompli*.

Le succès du système d'éclairage électrique d'Edison, établi à Menlo-Park par l'éclairage d'un espace de un mille carré, a été suivi par son introduction dans la capitale des Etats-Unis, comme une lumière nouvelle se substituant au gaz pour tous les usages. On a déjà fait à New-York tous les travaux d'installation pour quinze mille lampes, et lorsque cette installation sera entièrement terminée, il y aura encore à faire plus de deux mille applications aux États-Unis et au Canada, car tout le monde veut cette lumière magnifique, économique et pratique.

On sent bien qu'un pareil résultat n'a pu être obtenu qu'au prix de grands sacrifices d'argent et une énorme dépense d'énergie.

On peut voir dans le salon de M. Edison, dans sa collection de photographies, quelques-unes des fabriques qui construisent l'énorme matériel qu'exigent toutes ces installations.

Voici par exemple *la première fabrique de lampes établie à Menlo-Park;* elle occupe 150 personnes qui fabriquent 2000 lampes par jour. On y voit successivement le soufflage du verre, la carbonisation, les pompes à vide, le montage des lampes et leur emballage.

La partie la plus intéressante est certainement l'atelier des pompes où l'on fait le vide dans les lampes. Ce travail s'accomplit par plus de cinq cents chutes de mercure pur, travaillant par aspiration. Ce mercure est ensuite repris par des pompes, élevé à un niveau supérieur, utilisé de nouveau et ainsi de suite.

Cet atelier est séparé du reste de l'usine de Menlo-Park par une distance de plus d'un kilomètre. Les pompes à mercure sont mises en mouvement par des machines dynamo-électriques d'Edison recevant le courant, à l'aide de conducteurs, de deux autres générateurs électriques actionnés par le moteur à vapeur de l'usine. C'est là une application pratique de la force motrice à distance.

Le *laboratoire* proprement dit se subdivise en sections respectivement consacrées à la physique, la métallurgie, la chimie et la mécanique. Il n'y a pas dans le laboratoire moins de cent personnes occupées à réaliser pratiquement les expériences conçues par Edison. Une force motrice de 80 chevaux, disponible nuit et jour, sert au fonctionnement des machines. La *bibliothèque* d'Edison mérite aussi une mention toute spéciale. Elle renferme une collection complète des recueils de toutes les sociétés savantes, Comptes rendus de l'Académie des sciences, Annales de physique et de chimie, Annales de Poggendorff, Transactions et Proceedings of the Royal Society, de Londres, Silliman's journal, Il Nuovo Cimento, etc.

Les *ateliers* d'Edison établis à New-York, Goerck-Street, occupent trois cents ouvriers munis des outils et des machines les plus perfectionnés; c'est le centre d'action actuel. C'est là que sont rassemblés tous les moteurs à vapeur, chaudières, machines dynamo-électriques, etc., employés dans le système Edison ; ces appareils sont fabriqués par des usines et des compagnies liées par contrat. C'est là où se font les études d'installations pour l'Angleterre et l'Amérique du Sud.

On y essaye, lorsqu'elles arrivent, les machines de 125 chevaux de la compagnie Porter-Allen, avec lesquelles la **Edison Illuminating C**° doit éclairer New-York.

L'**Edison Tube Company** de New-York fabrique actuellement, à raison de plusieurs kilomètres par jour, les conducteurs et les tubes qui doivent être placés dans les rues pour former les conducteurs principaux.

L'exposition d'Edison au Palais de l'Industrie renferme des spécimens de toutes les matières et les machines fabriquées par tous les ateliers qui travaillent pour les compagnies qui exploitent le système Edison.

Un de ses représentants montrera le système complet en fonction. Ce système comprend une chaudière de 150 chevaux, système Babcock et Wilcox, un moteur de 125 chevaux à grande vitesse, système Armington et Sims relié à une machine dynamo-électrique de 120 chevaux, des conducteurs, des tuyaux, des installations, des mesureurs de courant, et mille lampes qui éclaireront les salons d'Edison et le grand escalier d'honneur.

L'ÉCLAIRAGE ÉLECTRIQUE PAR INCANDESCENCE
SYSTÈME MAXIM

Les appareils exposés par la **United States Electric Lighting Company**, *de New-York*, propriétaire des brevets de *M. Hiram-Maxim*, se prêtent également bien à l'éclairage par arc voltaïque, par puissants foyers, et à l'éclairage divisé en foyers aussi petits qu'on le désire, par les lampes à incandescence.

La lumière par arc voltaïque sera représentée par deux puissants projecteurs de quarante mille bougies chacun (4000 becs Carcel), disposés sur le faîte du Palais de l'Industrie.

La lumière par incandescence, système Maxim, éclairera la salle d'honneur (salle C.) avec environ 200 lampes, dont 65 au plafond, et 16 appliques de 6 lampes chacune, disposée tout autour de la salle. Il faut ajouter à cet éclairage un certain nombre de lampes qui seront placées sur d'élégants candélabres de la maison Barbedienne.

Enfin, une partie de la nef sera éclairée par 10 lampes à arc voltaïque, d'une puissance de 200 becs Carcel chacune, chiffre ordinaire de la lumière fournie par les régulateurs employés dans l'industrie.

C'est certainement le système par incandescence qui attirera le plus l'attention des visiteurs par sa beauté, sa fixité, et surtout par l'extrême division de la lumière, aussi lui consacrerons-nous quelques lignes pour en expliquer le principe.

Pour réaliser un éclairage électrique divisé pour les usages domestiques, il est de première importance d'obtenir l'*indépendance absolue des foyers*, afin que l'on puisse éteindre et allumer à volonté un nombre quelconque de foyers sans influencer la lumière produite par tous les autres alimentés par la même source, ce qui nuirait à la fixité de l'éclairage et lui enlèverait sa plus belle qualité. Le système Maxim présente un ensemble de dispositions qui réalisent parfaitement ces conditions en réagissant sur la source électrique pour proportionner son débit à chaque instant au nombre de foyers en activité. La source électrique est une machine dynamo-électrique à courants continus avec inducteurs verticaux et un anneau allongé. Les balais collecteurs de cette machine sont reliés aux conducteurs sur lesquels sont branchées les lampes *en dérivation*. Les inducteurs de la machine génératrice sont alimentés par une machine excitatrice que représente la figure ci-dessous.

Pour régler le courant produit par la machine génératrice, il suffit d'augmenter ou de diminuer la puissance de ses inducteurs; pour cela il faut augmenter ou diminuer la puissance du courant produit par l'excitatrice. Le moyen employé par M. Maxim consiste à faire tourner les balais autour du collecteur, de façon à les rapprocher ou à les éloigner des points neutres pour affaiblir ou augmenter le courant produit par l'excitatrice. C'est ce que réalise

automatiquement le régulateur placé sur la machine excitatrice, de la façon
suivante :

Un électro-aimant, à fil fin, placé sur la machine, en dérivation sur le circuit principal, attire avec une force qui varie avec la puissance du courant une

armature à laquelle est suspendu un cliquet à deux dents opposées qui reçoit
un mouvement de va-et-vient, par une transmission intermédiaire prise sur
l'axe même de la machine. Ce cliquet se meut entre deux roues dentées qu'il
ne touche pas lorsque le courant qui traverse l'électro-aimant du régulateur

a sa valeur normale. Si, par l'allumage de nouveaux foyers, le courant s'affaiblit, l'armature, moins fortement attirée et sollicitée par un ressort antagoniste, s'éloigne, soulevant le cliquet dont la dent supérieure s'engage dans la
denture de la roue supérieure; ce mouvement est transmis par l'intermédiaire
d'engrenages aux balais qui s'éloignent alors des points neutres, le courant de
la machine excitatrice augmente, celui de la machine génératrice aussi. L'effet
inverse se produit si, par suite de l'extinction d'une ou de plusieurs lampes,
le courant était trop puissant. Un second électro-aimant, disposé sur le régulateur, à côté du premier, joue le rôle de *soupape de sûreté*. La tension du ressort antagoniste de l'armature de cet électro-aimant est réglée de telle manière,
qu'elle obéisse seulement à un accroissement excessif de l'intensité du cou-

rant, accroissement qui pourrait résulter, par exemple, de la rupture brusque
et accidentelle d'un des conducteurs principaux. Dans ce cas, la queue de
l'armature vient s'appliquer sur un contact en platine, les inducteurs de la
machine excitatrice sont placés en court circuit, le courant s'affaiblit et les
lampes sont ainsi protégées contre l'action d'un courant trop intense qui aurait
pu les détruire, jusqu'à ce qu'il soit remédié à l'accident.

La lampe à incandescence Maxim représentée ci-contre se compose d'un mince
filament de charbon fabriqué avec du papier-carton, et ayant la forme d'un M
arrondi. Ce filament est renfermé dans un globe de verre de 5 centimètres de
diamètre, dans lequel on fait le vide, puis on y laisse pénétrer des vapeurs de
gazoline, on fait le vide de nouveau, et ainsi de suite jusqu'à ce que tout l'air
ait disparu et que la pression ne dépasse pas $\dfrac{1}{100\,000}$ d'atmosphère. La vapeur

de gazoline dans laquelle se trouve le filament de charbon joue un rôle rénovateur : des dépôts de carbone viennent s'attacher aux parties les plus minces du filament, et, par suite, les plus prêtes à faiblir, il en résulte que le filament conserve son homogénéité. Les extrémités du filament sont reliées à deux fils de platine qui traversent le joint formé d'un émail spécial, c'est à ces fils que viennent se rattacher les conducteurs, par l'intermédiaire d'une monture et d'une clef analogue à un robinet de gaz, permettant d'allumer ou d'éteindre instantanément une lampe donnée.

On trouvera, d'ailleurs, dans l'*Électricien* du 1er juillet 1881 et dans *la Nature* du 29 juillet, tous les détails de fonctionnement du système Maxim, dont nous ne pouvons donner ici qu'une idée générale.

Tous les visiteurs du Palais de l'Industrie emporteront la conviction qu'il résout pratiquement le problème de la division de la lumière électrique.

L'exploitation industrielle en Amérique est d'ailleurs un fait accompli depuis près d'une année, et les ateliers de la *United States Electric Lighting Company* n'occupent pas moins de quinze cents ouvriers pour la construction des machines et des lampes, sans pouvoir suffire aux commandes. La pose des fils principaux est commencée dans New-York, et le système est en train d'y recevoir un immense développement. L'exploitation est aussi commencée en Angleterre et, avant la fin de l'Exposition, plusieurs éclairages fonctionneront d'une manière courante à Paris. Les bureaux de la *United States Electric Lighting Company* sont installés, 25, avenue de l'Opéra.

LE SYSTÈME WESTON

Le système **Weston**, dont le développement est si grand en Amérique, contribuera à l'éclairage du Palais de l'Industrie, où seront installés 4 foyers à arc voltaïque d'une puissance de 4000 candles (400 becs Carcel), et 10 foyers plus petits de 2000 candles chacun.

La machine Weston, dont la figure ci-dessous représente un des premiers modèles, est une machine dynamo-électrique à courants continus à laquelle l'inventeur s'est attaché à donner des qualités spéciales qui faisaient défaut aux machines antérieures. C'est ainsi que, pour éviter l'échauffement de l'anneau, M. Weston l'a formé d'un grand nombre de disques de fer superposés, séparés par des intervalles vides, les bobines sont enroulées dans des cannelures longitudinales et reliées à un collecteur à lames obliques. Grâce à ces dispositions, l'anneau joue le rôle d'un véritable ventilateur à force centrifuge et l'anneau reste toujours froid par suite de la circulation rapide de l'air. Les lames obliques du collecteur assurent une grande régularité au courant parce que les balais sont toujours en contact avec deux lames et qu'il n'y a ainsi aucune interruption du circuit.

La lampe Weston est fondée sur le principe différentiel, ce qui permet de disposer un nombre indéterminé de foyers sur un même circuit. Au Palais de l'Industrie les dix foyers de 2000 candles seront alimentés par une seule machine Weston. La lampe Weston, dont on trouvera une description complète dans l'*Électricien* du 1ᵉʳ août 1881, est d'une grande simplicité, ce qui assure son bon fonctionnement. Il n'y a en réalité que deux pièces mobiles : l'armature et le porte-charbon supérieur, sans aucun mouvement d'horlogerie. Aussi donne-t-elle une lumière d'une fixité remarquable, que d'autres systèmes peuvent peut-être atteindre, mais qu'ils ne pourront certainement pas dépasser.

La réputation des machines Weston n'est plus à faire en Amérique et il y en a actuellement plus de *mille* en service courant pour les usages galvanoplastiques ; elles commencent à être aussi très répandues en Angleterre.

Quant aux lampes Weston, on les emploie actuellement pour l'éclairage électrique d'une partie de la Cité, à Londres.

L'UNIFICATION DE L'HEURE

Il n'existe qu'un seul moyen d'arriver à l'unification de l'heure économiquement et sûrement, c'est par le *réglage électrique*. **M. Collin**, 118, *rue Montmartre*, s'en est occupé des premiers, comme le constatent ses brevets, dont le premier date de 1866 ; et il y a aussi des premiers réussi, ainsi que le prouvent les nombreuses installations de son système qu'il a faites en France et à l'étranger.

M. Collin estime avec juste raison que, pour les besoins de la vie ordinaire, le réglage *chaque seconde* est inutile ; le public n'en a pas besoin d'une part, les horloges, d'autre part, ne marquent pas la seconde, et enfin le jeu des aiguilles ne permet pas de constater une différence de quelques secondes. Il est cependant désirable que le public puisse se procurer, dans quelques cas particuliers, l'heure exacte à la seconde.

Voici comment toutes ces conditions se trouvent réalisées dans le système de M. Collin, décrit dans ses brochures de 1876 et 1880.

L'Observatoire détermine astronomiquement, à intervalles de temps très rapprochés, l'heure *exacte* pour le méridien de Paris. Des horloges de très haute précision, placées dans les conditions les plus favorables et toujours sous les yeux des astronomes, conservent cette heure exacte. Ce sont les *Garde-Temps*.

Les Garde-Temps servent à régler des *Régulateurs-types* de précision qui, à leur tour, régleront et maintiendront d'autres horloges, construites avec soin, *par l'emploi de l'électricité*. Ces horloges, réglées par les *Régulateurs-types*, désignées sous le nom de *Centres horaires*, donneront la seconde et serviront à régler les diverses horloges qui leur seront reliées électriquement. Cès Centres horaires seraient réglés toutes les heures.

Les horloges réglées par les Centres horaires ne demandent l'emploi de l'électricité que toutes les heures, toutes les six, douze ou **vingt-quatre heures**, suivant les cas. Dans ces conditions, il est facile d'emprunter, pour le service de l'unification de l'heure, les lignes télégraphiques existantes, sans nuire au service des dépêches. Le système de M. Collin réalise donc l'unification de l'heure dans Paris, et, si on le veut, *dans toute la France*, par des moyens sûrs et peu coûteux.

M. Collin insiste beaucoup sur le réglage des Centres horaires *chaque heure*, et non pas *chaque seconde*.

Le réglage à chaque seconde, qui n'augmenterait pas de beaucoup la précision, présenterait par contre plusieurs inconvénients ; il demanderait 3600 fois plus de contacts dans le même temps, — et l'on sait que les contacts électriques demandent beaucoup de soin et d'entretien pour bien fonctionner, — il faudrait aussi établir des lignes spéciales, ce qui augmenterait beaucoup le prix d'installation et priverait plusieurs villes des bienfaits de l'unification de l'heure. En résumé, le système de M. Collin, dont on pourra étudier tous les détails en examinant les appareils exposés, en s'aidant des brochures explicatives très claires qu'il a publiées sur ce sujet, réalise parfaitement, économiquement et sûrement, le problème de l'*unification de l'heure à Paris et dans toute la France*.

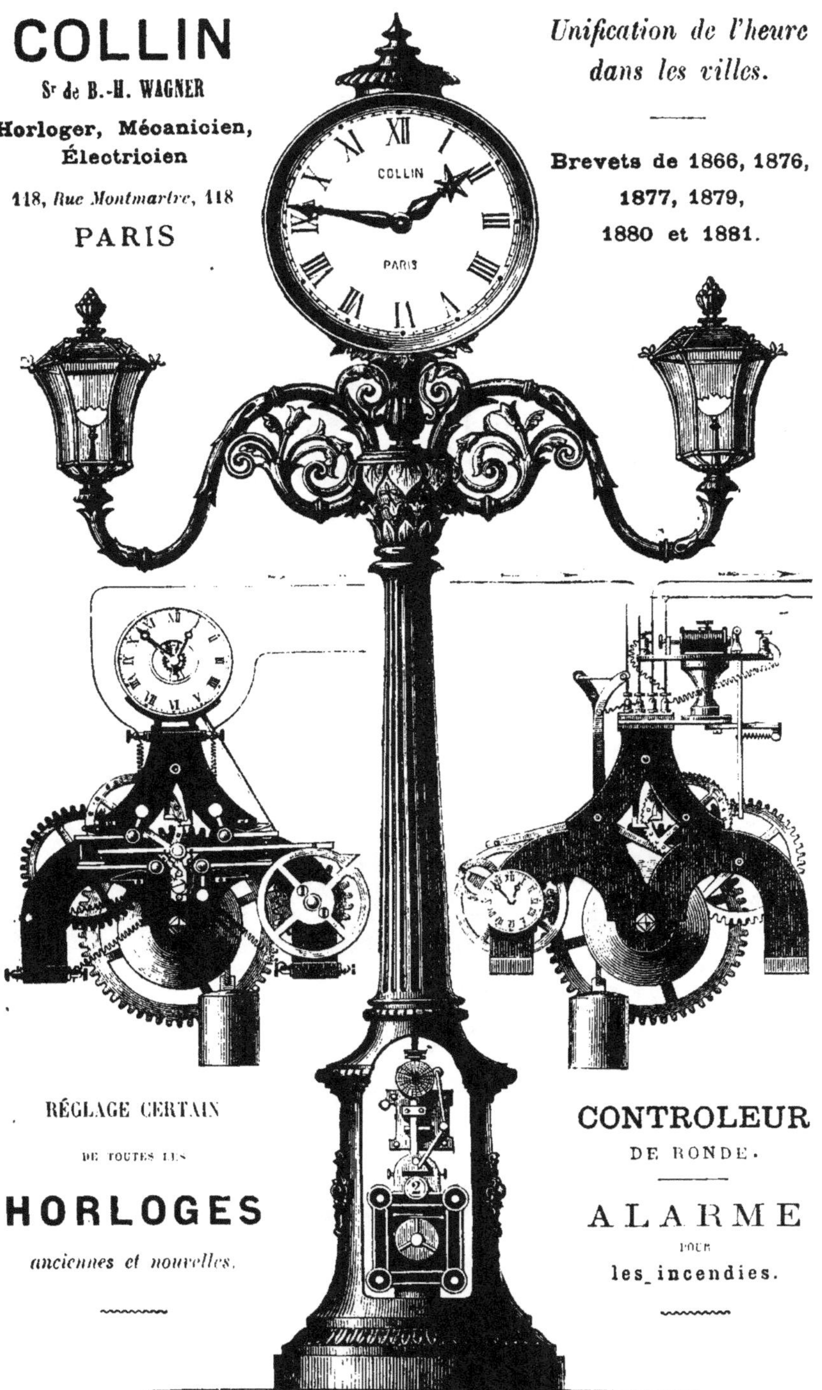

Candélabre avec horloge remise à l'heure. Contrôleur de ronde. Alarme pour incendie et contrôleur de l'heure à laquelle a été donnée l'alarme.

L'ÉCLAIRAGE ÉLECTRIQUE PAR INCANDESCENCE
SYSTEME SWAN

L'intérêt de l'éclairage électrique domestique se porte aujourd'hui tout en-- tier du côté de l'incandescence. La lampe *Swan*, qui éclaire la salle du Congrès et la salle 21, au premier étage du Palais de l'Industrie, et au rez-de-chaussée le bureau de la Commission britannique et le Pavillon des Postes anglaises, réalise, à tous les points de vue, les conditions qu'on peut réclamer d'un éclairage parfait. Il n'y a qu'à regarder pour s'en rendre compte, et nous n'avons pas grand mérite à en enregistrer par avance le succès complet.

M. *Joseph Swan*, de Newcastle-on-Tyne, l'inventeur de la lampe à incandescence qui porte son nom n'est pas un nouveau venu dans l'électricité. Il a frayé des premiers, il y a plus de vingt ans déjà, les sentiers battus par tant de chercheurs.

A l'époque où la pile était le seul générateur d'électricité connu, M, Swan avait construit une lampe à incandescence de charbon de /papier dans le vide qui ne donna pas tous les résultats attendus par suite de l'insuffisance de la source et l'imperfection du vide obtenu avec les appareils de cette époque.

L'invention des machines dynamo-électriques a changé entièrement la question de face, et fait passer l'éclairage électrique du domaine de la science dans celui de l'industrie. La pompe de Sprengel a permis aussi la production du vide à un degré qui n'avait pas été atteint jusqu'alors.

Dans ces conditions toutes nouvelles, il y avait lieu de reprendre le problème en mettant à profit les ressources dont la science et l'industrie venaient d'être dotées, aussi M. Swan s'appliqua-t-il, dès l'année 1877, à perfectionner les anciens systèmes à incandescence de charbon et à faire disparaître leurs inconvénients. Voici quels étaient ces inconvénients :

Dans ces formes anciennes, les charbons étaient beaucoup trop gros, il fallait donc employer des courants puissants qui étaient, par ce fait, mal utilisés. Leur durée était d'autre part très limitée. Enfin, dernier inconvénient, le verre s'obscurcissait en très peu de temps par suite d'un dépôt très abondant de carbone sur ses parois sous forme d'une fumée noire. M. Swan a réussi à triompher complètement de ces trois graves inconvénients que présentait l'éclairage par incandescence de charbon.

M. Swan est arrivé à fabriquer son charbon en filaments très fins d'une assez grande résistance, variant entre 30 et 100 ohms, et qui, traversés par un courant dont l'intensité ne dépasse pas un weber, fournissent une lumière de 12 à 25 bougies (environ 1,5 à 2,5 bec Carcel).

Pour augmenter la durée, il fallait empêcher les rentrées d'air si difficiles à éviter avec les systèmes antérieurs dans lesquels les nombreux joints étaient une grande cause de perte. Les pompes ordinaires employées pour faire le vide étaient aussi bien insuffisantes. On ne s'inquiétait guère de l'air renfermé dans les pores du charbon lui-même, et qui, lorsqu'il devenait chaud par le passage du courant, se répandait dans le globe. Enfin, on ne s'était pas occupé non plus de rendre la résistance électrique des points de jonction *moindre* que celle du charbon incandescent lui-même.

Il fallait donc entreprendre une série d'expériences sur l'incandescence du charbon dans un vide presque parfait, — un vide aussi parfait que celui que M. Crookes nous a appris à produire, — pour savoir à quoi s'en tenir sur les points délicats de la question que nous venons d'énumérer.

C'est dès le mois d'octobre 1877 que M. Swan entreprit cette étude expérimentale avec M. Stearn. Il reconnut que pour produire un bon vide, il fallait *faire passer le courant pendant l'opération*.

Pour établir un bon contact entre le filament de charbon incandescent et les supports qui lui amènent le courant, il fallait augmenter la section aux points de fixation.

La lampe à laquelle M. Swan est arrivé à la suite de ses nombreuses recherches, dont nous n'avons pu donner ici qu'un aperçu, se compose d'un mince filament de charbon contourné en un tour de spirale et placé dans un globe où l'on a fait un vide presque parfait. Ce charbon, fabriqué avec un bristol particulier présente une très grande homogénéité, une grande élasticité, et durcit par l'usage, c'est-à-dire par le passage du courant. Sa finesse est excessive, et il ne paraît pas beaucoup plus gros qu'un cheveu.

Nous n'avons à faire ici l'éloge de la beauté et de la fixité de la lumière. L'expérience parle ici pour nous. La salle des séances du Congrès international des électriciens et celle du petit buffet du premier étage qui lui est contiguë sont éclairées par cette lumière agréable et douce, admirablement fixe, et indéfiniment divisée.

Disons quelques mots de la nature des courants qui conviennent à la lampe Swan. La lampe Swan fonctionne avec toute espèce de courants. Machines magnéto et dynamo-électriques, courants continus, redressés ou alternatifs, piles ou accumulateurs lui conviennent également bien.

Elles fonctionnent avec les machines à courants alternatifs de M. de Méritens, les machines à courants continus Gramme et Siemens, les machines Brush, et les accumulateurs Faure. C'est là une qualité précieuse qui permet de les employer avec la plupart des générateurs d'électricité déjà existants pour des installations antérieures où l'on faisait usage de l'arc voltaïque. Le mode de liaison ou de montage des lampes varie avec la nature des courants que peuvent fournir les machines.

Ainsi par exemple avec les machines Brush qui fournissent des courants dont la tension est relativement élevée, on arrive à alimenter cent soixante lampes disposées sur seize circuits parallèles sur chacun desquels sont placées dix lampes en tension. Avec une machine à gros fil, il faut au contraire disposer toutes les lampes en dérivation (multiple arc).

Dans chaque cas, la nature de la machine doit servir de guide pour l'installation des lampes, de manière à obtenir l'effet maximum.

Depuis près d'une année déjà, les lampes à incandescence de M. Swan ont quitté le domaine de l'expérience pour passer dans celui de la pratique, et l'on n'en est plus à compter le nombre des applications qu'elles ont déjà reçues en Angleterre. Les premières installations ont été faites à Newcastle-on-Tyne, le pays de l'inventeur. Depuis, M. Spattiswoode, le président de la Société Royale de Londres, en a fait usage pour l'éclairage de son château de Comb-Bank.

Sir W. Armstrong éclaire aussi sa résidence de Craigside dans des conditions particulières qu'il est intéressant de signaler. Le générateur électrique est une machine dynamo-électrique de Siemens et le moteur une turbine de huit chevaux placée à près de 1500 mètres du château dans lequel sont disposées 74 lampes. Malgré l'énorme distance qui comporte un développement de plus de trois kilomètres de fil, une force de huit chevaux est largement suffisante.

La bibliothèque, de onze mètres de longueur sur sept de largeur est magnifiquement éclairée avec douze lampes. Huit suffisent pour la salle à manger, et quarante-huit éclairent la galerie de tableaux; l'effet est alors comparable à la lumière du jour. Toutes les lampes sont montées en dérivation sur les conducteurs principaux venant de la machine. Sir W. Armstrong estime que chaque lampe a une puissance d'environ vingt-cinq bougies.

Cette installation, dont Sir W. Armstrong témoigne la plus grande satisfaction montre bien que la divisibilité de la lumière électrique par l'incandescence est aujourd'hui un fait pratiquement accompli et que la lampe de M. Swan résoud le problème de l'éclairage domestique dans des conditions qu'on n'aurait jamais osé espérer ni prévoir il y a seulement quelques années.

Ses usages se multiplient chaque jour. L'Amirauté anglaise vient d'installer la lampe Swan sur son grand cuirassé l'*Inflexible*; déjà les Compagnies maritimes adoptent ce mode d'éclairage : la Cie Inman pour ses nouveaux steamers *City of Richmond*, *City of Rome*, etc. — La Cie Cunard pour la *Servia*, — la Cie White Star pour l'*Asiatique*, etc.

M. Swan n'arrête pas là ses efforts : ces mois derniers il éclairait avec sa lampe de sûreté les mines de Plasley (comté de Nottingham) et s'attirait les remerciements et les compliments de la Commission royale des Ingénieurs. Enfin nous abrégeons cette énumération en disant que l'usage de la lampe de Swan est facilement certifié par l'activité qui règne dans l'usine de Newcastle, où plus de mille lampes sont fabriquées par semaine, sans que cependant leur inventeur puisse satisfaire aux nombreuses demandes qui lui arrivent de toutes parts.

Tous les visiteurs du Palais de l'Industrie emporteront la conviction que l'éclairage électrique par incandescence est l'éclairage de l'avenir et que la lampe Swan installée à l'Exposition par l'Ingénieur en chef M. Henry Edmunds, et son fidèle compagnon, notre compatriote, M. Maurice Simon, en représente la forme la plus parfaite et la plus pratique.

SIGNAUX ÉLECTRIQUES POUR CHEMINS DE FER
SYSTÈME SYKES PATENT LOCK AND BLOCK

Le but de cette invention est d'empêcher, de rendre même impossible qu'un pointeur-aiguilleur, à une station donnée, puisse laisser passer un second train dans la section intermédiaire entre lui et la station d'où émane le signal, celle-ci se trouvant à n'importe quelle distance, avant que le premier train ne soit entré dans la section suivante.

Ce système a été adopté par la compagnie « London Chatham and Dover Railway, the metropolitan District (souterrain) Railway C° » de Londres et plusieurs autres Compagnies anglaises de chemins de fer ; et actuellement MM. Puskas et Bailey, n° 19, rue d'Argenteuil à Paris, en l'introduisant sur les principales places d'Europe, en font ressortir les immenses avantages.

Les inspecteurs du « Board of Trade » d'Angleterre le recommandent en disant que « se servir de cette invention, c'est rendre impossible tout accident par collision ». Les directeurs du chemin de fer « The Metropolitan District Railway » ajoutent : « C'est le meilleur appareil qui existe, car les signaux se ferment d'eux-mêmes et présentent ainsi une double sécurité. Comme fonctionnement l'appareil ne laisse rien à désirer et nous le recommandons tout spécialement à l'attention générale ».

M. Ruddell de la compagnie « London Chatam and Dover » dit : « c'est le meilleur système pratique qu'on ait encore inventé pour empêcher les collisions sur les voies ferrées ».

On peut voir fonctionner à la section américaine de l'Exposition internationale, au rez-de-chaussée, à côté du bureau du Commissariat américain, les modèles de ce nouveau système.

A TRAVERS L'EXPOSITION

Quand on pénètre dans le Palais de l'Industrie, actuellement ouvert aux merveilles contemporaines de l'Électricité, on est saisi d'un profond étonnement en présence de l'extraordinaire abondance des objets qui s'y rencontrent, et de l'innombrable quantité des machines qui s'y agitent. Il y a quelques années seulement, il était à peine question des applications de l'Électricité ; aujourd'hui elles apparaissent de toutes parts et contribuent déjà à augmenter les ressources de la science, de l'industrie, de la vie domestique ; elles se succèdent si vite et en si grande abondance que les physiciens peuvent à peine en suivre les progrès.

L'exposition internationale de l'Électricité ouvre une ère nouvelle dans l'histoire de la science. C'est le règne de l'Électricité qui s'annonce, à côté de celui de la vapeur ; après les Watt et les Stephenson, nous saluons aujourd'hui les Gramme, les Siemens et les Jablochkoff, les Graham Bell et les Edison.

Le Chemin de fer électrique.

Nous pénétrons à l'entrée de la grande nef du Palais de l'Industrie commodément assis dans le wagon du chemin de fer électrique qui nous a conduit des chevaux de Marly (place de la Concorde) à la porte du Palais. On glisse mollement sur les rails de fer, sous l'action de la force produite à distance par une puissante machine dynamo-électrique, dont le courant est conduit jusqu'au wagon par un câble métallique conducteur [1].

Ce mode de transport est vraiment remarquable quand on songe que la force motrice est lointaine, que le wagon est entraîné sans qu'on puisse, en aucune façon, voir le moteur, ni même se douter qu'il existe. Le premier chemin de fer électrique a été construit par MM. Siemens et Halske dans l'enceinte de l'Exposition de Berlin en 1879. Les savants constructeurs ont, depuis cette époque, complété leur œuvre, qui avait d'abord commencé par être considérée comme une belle expérience d'électricité et un simple objet de curiosité scientifique ; ils ont su la rendre pratique.

Assurément, ce système électrique est encore susceptible de nombreuses améliorations, de nombreux perfectionnements ; mais tel qu'il est maintenant,

1. Les lecteurs qui désireraient avoir des renseignements précis sur le chemin de fer électrique les trouveront dans le journal l'*Électricien, Revue générale d'électricité* (25, avenue de l'Opéra). Dans le n° 5 du 15 juin 1881, une notice explicative très intéressante a paru sur ce sujet intéressant sous le titre : *Les chemins de fer électriques* à Berlin et à Paris.

tel qu'il se montre à l'exposition d'électricité, il peut être sûr d'un brillant avenir, surtout pour son usage dans les grandes villes.

La Section étrangère.

Nous descendons du chemin de fer, et nous avons sous les yeux la section étrangère de l'exposition d'Électricité, qui occupe la moitié de la grande nef. Les États-Unis, l'Angleterre, l'Allemagne et la Belgique ont rempli une place considérable, et offrent aux visiteurs les produits multiples d'une science en complet développement. L'Autriche et la Hongrie, l'Italie, la Russie, la Suisse, les Pays-Bas, le Danemark, la Norvège, la Suède et le Japon même qui a exposé, tiennent aussi un rang important dans le domaine de l'Électricité.

L'Exposition des États-Unis abonde en objets des plus remarquables, parmi lesquels brillent, au premier rang, ceux de M. Graham Bell et d'Édison. M. Graham Bell a envoyé d'Amérique de nombreux spécimens de ses appareils téléphoniques et radiophoniques, et des appareils télégraphiques d'un puissant intérêt.

Le Phare électrique.

En arrivant au milieu de la grande nef nous apercevons un phare monumental, modèle de ceux que l'on installe sur les côtes de France et qui ne lance plus au loin les rayons de la lampe à huile, mais bien ceux de l'éclatante lumière électrique. Le phare domine une pièce d'eau où circule l'ingénieux canot électrique de M. G. Trouvé.

A côté du phare nous visitons la serre où M. P.-P. Dehérain exécute ses études relatives à l'action exercée par la lumière électrique sur les végétaux.

L'Exposition française.

Toute la seconde partie de la grande salle du rez-de-chaussée est occupée par la France; c'est là dans la partie sud du Palais que nous voyons fonctionner la grande machine à vapeur de plus de 1000 chevaux qui le soir actionne toutes les machines dynamo-électriques alimentant les innombrables foyers de lumière. C'est là que nous admirons les expositions de la Ville de Paris, du Ministère des postes et des télégraphes, du Ministère de la guerre, des principales lignes de chemins de fer. C'est là que nous passons en revue les machines Gramme, celles de l'Alliance et de Siemens, les appareils d'éclairage Jablochkoff, les admirables applications de la galvanoplastie, de l'argenture et de la dorure faites par Christofle.

Fabrication des câbles électriques, système Berthoud, Borel et Cie.

Signalons en passant l'élégante et ingénieuse machine de la Société anonyme des câbles électriques, système Berthoud, Borel et Cie, qui fonctionne sous les yeux même des visiteurs et qui permet de produire des câbles d'un nouveau genre donnrnt d'excellents résultats.

Les câbles du système Berthoud, Borel et Cie, se distinguent des autres câbles électriques par la méthode d'isolement du fil conducteur. Le cuivre qui constitue *l'âme*, est isolé au moyen de coton imbibé, de paraffine et de résine. Une presse recouvre le câble ainsi formé, d'une couche protectrice de plomb. C'est cette dernière opération à laquelle on assiste à l'Exposition. Le câble tout préparé, est passé sous plomb, devant le visiteur. Le tuyau en se formant entraîne le câble qui s'enroule automatiquement sur la bobine destinée à le recevoir.

Les Galeries du premier étage.

Les galeries du premier étage ne nous offrent pas moins de curiosités; nous allons continuer notre promenade en les traversant une à une. Commençons par les galeries du Pavillon Sud-Ouest. Leur contenu offre un véritable intérêt pratique. Les organisateurs ont installé là, une salle de théâtre et de conférences qui est éclairée le soir à la lumière électrique; puis s'ouvre une galerie de tableaux dont les couleurs ne seront plus dénaturées par la lumière de la lampe à huile ou du gaz ; nous parcourons ensuite une salle à manger, un salon, une antichambre, une cuisine et une salle de bain, où se trouvent accumulées toutes les ressources que l'électricité peut fournir au *confort* et aux commodités de la vie, tels que sonneries électriques, signaux, allumoirs domestiques, etc.

Les salles du Pavillon Nord-Ouest sont occupées par des kiosques où sont exhibés des jouets électriques. Parmi ceux-ci, nous avons remarqué la charmante jardinière de MM. Houlmann frères, fabricants d'oiseaux-chanteurs mécaniques, et d'ingénieux oiseaux réveille-matin, dont les appareils sont vraiment délicieux. On visite plus loin les objets exposés par la société Jablochkoff; puis dans la galerie qui s'étend le long des Champs-Élysées, on parcourt successivement les salles des appareils téléphoniques de l'électricité domestique, des accessoires de la lumière électrique, et de la photographie de M. Liébert à la lumière électrique.

Photographie à la lumière électrique de M. Liébert.

Les beaux résultats obtenus par cet habile photographe sont aujourd'hui connus de tous, et les magnifiques épreuves, qu'il sait produire, donnent la preuve incontestable qu'en fait de photographie, la lumière électrique est supérieure au soleil.

L'installation de M. Liébert à l'Exposition d'électricité est organisée dans les conditions les plus remarquables; un grand réflecteur parabolique concentre les rayons de la lumière électrique sur le modèle, mais par une disposition particulière cette lumière se trouve diffusée et le cliché est rapidement impressionné. Cette disposition est semblable à celle que M. Liébert a adoptée dans ses ateliers de la rue de Londres, où il produit une si grande quantité de clichés, qui fournissent des portraits d'art d'une rare perfection.

Électricité médicale. — Télégraphie. — Salle du congrès.

Nous continuons à passer en revue les salles de l'électricité médicale, des instruments de précision, de la télégraphie électrique et de ses accessoires, des piles électriques de l'horlogerie électrique, du Musée rétrospectif où se voient de vieux instruments de l'électricité primitive, des autographes des

principaux fondateurs de la science électrique. A la suite de ces salles success-
sives, nous arrivons dans une autre salle d'appareils téléphoniques, puis dans
la salle de lecture, qui précèdent la grande salle du congrès des Électriciens (Pavillon Nord-Est) où plus de trois cents personnes pourront trouver
place. Enfin, deux pièces spéciales sont attribuées à l'Exposition spéciale
d'Edison.

L'exposition de M. T. A. Edison. (salles 24 et 25)

En quittant la salle du congrès, nos yeux sont frappés d'un mouvement de
courroies et de poulies. Ces reflets de candélabres en cristal, ces charmants
aspects que nous offrent les tapisseries dont les murs sont revêtus, forment un
encadrement délicieux autour d'innombrables machines, mises en mouvement

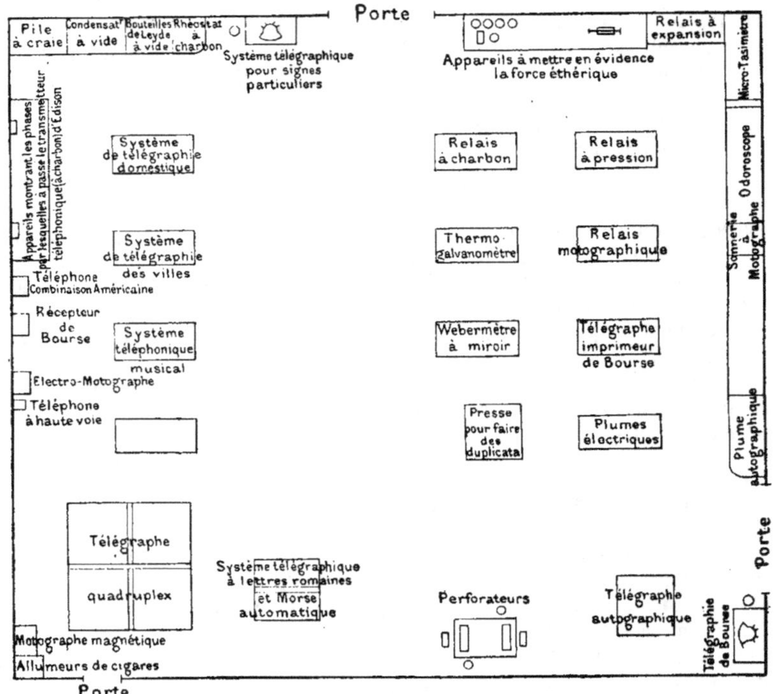

par une force invisible. Nous nous arrêtons, enchantés de ce spectacle et nous
regardons autour de nous. Aussitôt nous reconnaissons l'endroit où nous
sommes et l'homme auquel nous devons ce spectacle : c'est un des plus illustres
génies d'un grand pays qui a préparé cette exposition admirable aussi féconde
pour l'esprit que pour les yeux.

Nous demandons des explications à l'un des nombreux assistants qu'Edison
a chargés d'opérer ces merveilles; il nous les fait toutes passer en revue. En
avançant de quelques pas, nous nous trouvons au centre du système Edison.
C'est de ce point que l'opérateur contrôle et distribue sa lumière et sa force.
Notre guide touche une manivelle; en un instant, nous sommes tous plongés
dans l'obscurité, on ne voit plus briller qu'une simple lumière, pareille à celle
que nous laissons sur notre table de travail. Cette lumière unique est éteinte à

son tour et rallumée en un instant. Un autre objet est touché : soudain un mur entier resplendit de feux, il en est de même d'un second, puis d'un troisième. Les candélabres projettent un éclat scintillant et cela se répète une douzaine de fois dans une minute.

Nous aimons à expérimenter et nous suivons l'exemple qui nous a été donné. Nous touchons aussi à une manivelle et le bruit des machines cesse; à notre volonté tout marche de nouveau comme auparavant : les machines à coudre reprennent leur mouvement, les pompes fonctionnent et les mouvements de va-et-vient recommencent. Cette conscience de la force est ravissante. On dirait que nous concevons de grandes idées et que ces idées se réalisent tout d'un coup.

Telle est la voie dans laquelle M. Edison est entré, pour nous fournir les moyens d'animer par l'électricité tous les instruments destinés à nos usages

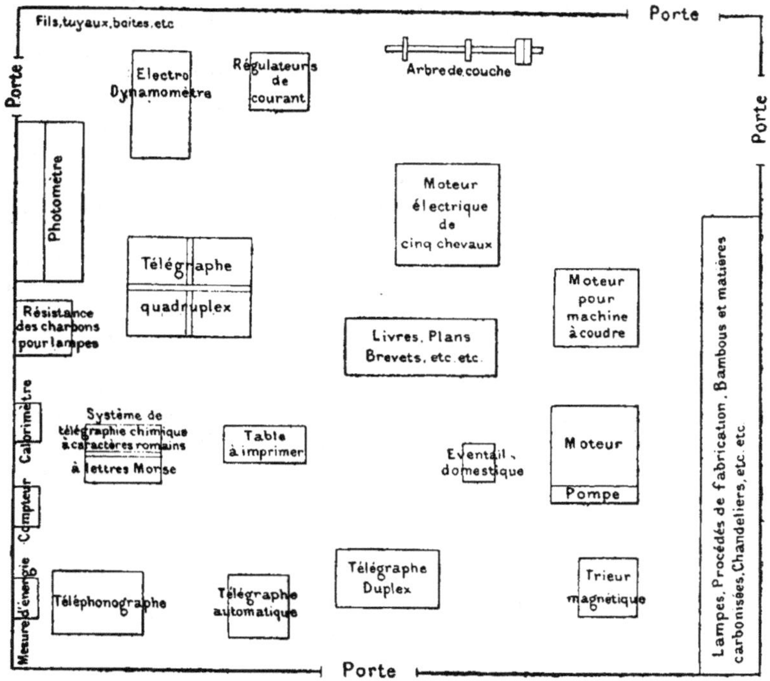

domestiques, ou à animer les outils de nos ateliers. Pas de moulins à faire tourner; plus de fatigue du corps et de l'esprit pour les ouvriers de nos villes industrielles. Edison a imaginé les formes multiples des applications qui nous sont utiles.

Une machine de la force d'un homme ou de 1 à 5 chevaux, à votre gré, peut être transportée dans vos demeures sans aucun danger pour votre santé, sans que par son fonctionnement il résulte aucune fatigue pour vos membres. On n'est pas forcé d'être attentif, de dépenser son énergie personnelle à aider la machine, elle fonctionne toute seule. Nous pouvons n'utiliser que ce que nos besoins exigent et ne payer que la force que nous utilisons.

Le soir nous voyons fonctionner la grande lumière électrique, portant le nom d'Edison, nous pouvons l'admirer dans toute sa splendeur.

Elle est produite par l'incandescence d'un vulgaire morceau de charbon et nous promet assurément des résultats tout à fait surprenants. Nous pourrons désormais tenir dans nos mains un candélabre électrique à 16 branches. Chose merveilleuse, il nous est possible de faire briller sous l'eau cette ravissante lumière et d'appliquer le feu sans s'éteindre sur un bloc de glace.

Il n'y a pas dans cette lumière électrique d'Edison, d'intermittence qui fatigue les yeux. Elle ne produit ni odeur désagréable, ni bruit; c'est de la lumière, simple, pure, aux reflets d'or.

Tel est le produit de la machine que nous avons vue à l'étage inférieur, tournant avec une vitesse de 500 tours par minute. Nous avons ici une transformation intéressante de la force en lumière.

Avec quelle netteté cette délicieuse lumière ne fait-elle pas ressortir toutes les couleurs des beaux tableaux qui ornent le premier salon d'Edison, tableaux qui ont été le plus bel ornement des salons de MM. Arnold et Trip et dont la valeur a été estimée à plus de 250000 francs. Avec quelle perfection elle fait valoir les nuances si pures et si fraîches des tentures artistiques qui sont aussi exposées contre les murs et qui imitent avec une si parfaite fidélité les plus merveilleuses tapisseries des Gobelins et des autres fabriques les plus célèbres. Ces tentures, d'un mérite réel, sont bien dignes d'être signalées ; elles ont été peintes par quelques-uns de nos grands artistes, et nous les avons déjà admirées précédemment dans la salle Melpomène. Il y a là un résultat obtenu considérable, et un avenir d'une importance capitale.

Les deux salons d'Edison, à eux seuls, forment une exposition complète, et unique. Nous voyons fonctionner le télégraphe quadruplex, une des gloires du célèbre inventeur. Ce système merveilleux permet d'envoyer à la fois plusieurs dépêches par un seul et même fil, et ces dépêches peuvent se croiser dans deux sens différents.

Nous entendons fonctionner le téléphone à charbon d'Edison, qui est usité actuellement dans presque tous les pays du monde et qui est accompagné de modèles de toutes les formes de cet instrument, depuis la première expérience avec du charbon en fil jusqu'au transmetteur de charbon compact employé pour reproduire les sons de la voix humaine; tous ces appareils sont exposés dans une collection historique qui montre à quel point le sujet a été étudié par M. Edison.

M. Edison a été le premier à se servir de cette propriété particulière du carbone pour varier la résistance d'un circuit télégraphique, et avant que personne n'ait abordé cette question, il l'avait déjà employé dans la construction d'une grande variété d'instruments scientifiques et pratiques, parmi lesquels se trouvent le microtasimètre, le relai télégraphique et le rhéostat à charbon.

On voit aussi plusieurs formes de magneto-téléphones, construits par M. Edison bien avant que cet inventeur ait exécuté ses premiers essais de téléphone parlant. Ces appareils déjà anciens étaient capables de transmettre un discours, mais à cause de la surdité dont il est atteint, M. Edison n'a pas entendu fonctionner son premier instrument. Les faits relatifs à cet historique sont décrits tout au long dans un volume de source officielle qui se trouve dans la bibliothèque de M. Edison.

Nous admirons dans les deux salons d'Edison une innombrable quantité d'inventions ingénieuses et souvent étonnantes qui sont sorties de l'imagination féconde de ce puissant travailleur.

Ici c'est le phonographe qui enregistre la parole humaine, la reproduit, et qui, par des dispositions toutes nouvelles, dont M. Edison semble seul avoir le secret, la transmet en outre à distance par le téléphone ; plus loin c'est la plume électrique qui permet de reproduire une lettre, un dessin, à un nombre considérable d'exemplaires.

Nous ne nous lassons point d'entendre l'électro-motographe d'Edison, la plus belle invention peut-être de cet incomparable inventeur, appareil étonnant qui permet de transmettre au loin la parole comme dans le téléphone, mais en la reproduisant avec son intensité naturelle.

L'électro-monographe consiste en un cylindre de chaux, d'hydrate de potasse et d'une petite quantité d'acétate de mercure, ce cylindre tourne en frictionnant légèrement une lame de platine reliée à une membrane de mica ; quand les courants ondulatoires provenant d'un transmetteur à charbon, arrivent dans ce récepteur, ils traduisent leur effet en augmentant ou en diminuant la résistance due au frottement du cylindre contre le métal, et déterminent des déplacements de la lame de mica, qui vibrera synchroniquement avec le courant ondulatoire, et, par suite, synchroniquement aussi avec la lame du transmetteur. Le résultat obtenu est surprenant et ne manquera pas d'obtenir un très grand succès de la part des visiteurs.

Ces appareils si nombreux, si remarquables sont groupés avec beaucoup de méthode dans les deux salons consacrés à Edison. Cette exposition a été organisée par les soins de plusieurs collaborateurs du célèbre physicien, parmi lesquels nous citerons l'un des plus sympathiques et des plus distingués, M. Otto A. Moses. Nous devons mentionner aussi le nom de M. Charles Batchelor, un physicien de grande valeur qui ne cesse de prêter le concours de son talent à M. Edison.

En voyant toutes ces merveilles, on se demande quel est cet homme étonnant qui, en si peu d'années, a pu atteindre le point culminant du monde scientifique et de l'invention pratique ? Son histoire ressemble à celle de Franklin et de Faraday ; elle commence par lui car il ne compte pas d'aïeux. Ces trois hommes furent seuls les architectes de leurs édifices. Il n'avaient hérité de leurs parents que leur rude constitution.

Edison a été dans sa jeunesse simple petit porteur de journaux, il doit sa renommée et son influence actuelles à son indomptable energie, qui lui a valu en Amérique le surnom de « Napoléon de l'invention ».

Thomas Alva Edison n'a que 34 ans, mais ce n'est pas par son âge, c'est par ses travaux qu'il faut le mesurer ; il fait en dix ans ce qui donnerait l'immortalité à un seul travailleur ; nous devons donc juger sa force par la brièveté du temps qu'il a mis à produire de grands résultats.

Sa jeunesse a été pleine de promesses ; à l'âge de 12 ans, nous le voyons déjà capable de se suffire à lui-même et de s'instruire. Après avoir vendu des journaux, nous le voyons bientôt capable de les imprimer lui-même.

Ce simple petit porteur ne tarde pas à s'efforcer d'abréger la durée de son travail, en créant un télégraphe dont il se trouvait être l'ingénieur, le directeur et le propriétaire.

On voit, d'après ce récit, que l'homme se trouvait déjà dans l'enfant.

Il n'y a rien de trop grand maintenant pour Edison ; il peut fabriquer une lumière tout à fait pratique et facile à appliquer. Les premiers efforts de cet inventeur ont tous été précoces, et dès sa jeunesse les idées germaient dans son cerveau, comme dans un sol fertile.

La nature, malheureusement, a enlevé à Edison un de nos sens les plus précieux : l'ouïe. Le grand physicien est sourd ; mais s'il n'entend pas les sons matériels, il est doué d'une sorte d'intuition morale merveilleuse, qui multiplie en quelque sorte sa perspicacité et le met sans cesse en relation avec le monde intellectuel.

M. Edison a longtemps été le directeur d'une multitude d'industries diverses qui le mettaient à la tête de plusieurs centaines d'ouvriers qu'il commandait. Mais le véritable but de sa vie, la condition de son existence, c'était de créer, de produire, d'améliorer et de perfectionner.

Il abandonna son établissement industriel de Newark, pour se retirer dans la campagne ; il emporta avec lui ses instruments, ses projets et par-dessus tout son génie et les ressources de sa féconde intelligence.

Aujourd'hui M. Edison a fixé sa résidence à Menlo-Park, et c'est là qu'au milieu de son laboratoire où il est pourvu de tous les engins de la science moderne, il multiplie ses découvertes et ses travaux. Il sème littéralement ses brevets sur le champ des inventions, et la plupart d'entre eux suffirait à faire la fortune d'un seul artisan.

L'électricité est par-dessus tout la véritable passion de M. Edison ; c'est à l'électricité qu'il pense sans cesse, pour s'en servir comme d'un agent propre à enfanter les merveilleuses applications qu'il médite et qu'il réalise.

Aérostat dirigeable électrique de M. Gaston Tissandier.

C'est sur la galerie du premier étage du Palais que l'on peut voir le petit modèle d'aérostat dirigeable exposé par M. Gaston Tissandier qui, pour la première fois, a songé à appliquer les moteurs électriques et les piles secondaires de M. Gaston Planté ou leur perfectionnement, à la navigation aérienne. Le modèle exposé est le dixième du ballon que M. Tissandier se propose de construire. Ce modèle de forme allongée, mesure 4 mètres de longueur sur 1^{m}30 de diamètre au milieu. Quand il est gonflé d'hydrogène pur, ce petit aérostat à un excédent de force ascensionnelle de 2 kilogr. Il enlève son moteur électrique, fort habilement construit par M. Trouvé, et ses accumulateurs. Sous l'action d'une petite hélice servant de propulseur, sa vitesse dans un air calme peut atteindre 3 mètres à la seconde. M. Tissandier a calculé qu'un aérostat dix fois plus volumineux, construit sur le même principe, avec une machine dynamo-électrique de 300 kilogr. et 900 kilogr. de piles secondaires pourrait avoir une vitesse propre de 25 kilomètres à l'heure environ ce qui lui assurerait la direc-ion absolue dans l'atmosphère par les temps relativement calmes, et lui permet-trait d'enlever plusieurs voyageurs. Un second aérostat du même genre, un peu moins allongé que le premier, est en outre exposé par M. Gaston Tissan-dier, dans la galerie du rez-de-chaussée. Ce petit modèle gonflé d'air est attelé à un manège et tourne sous l'action de l'hélice de propulsion. Nous ferons observer qu'un moteur dynamo-électrique offre de grands avantages au point de vue aérostatique puisqu'il supprime les deux inconvénients de la machine à vapeur : le feu qui menace d'incendier l'aérostat et la combustion du charbon qui le déleste constamment.

L'exposition de l' « Électricien ».

Non loin de là, on s'arrête devant l'exposition de l'*Électricien*, une des plus remarquables publications spéciales qui ait paru depuis peu. Cette revue hebdomadaire compte déjà de nombreuses notices techniques qui ont attiré l'attention des savants compétents, tout en étant fort utiles aux spécialistes.

Nous avons feuilleté les livraisons de *l'Électricien* et nous y avons remarqué notamment l'exposé des beaux travaux de M. Mercadier sur la *Radiophonie*. Les articles de M. A. Niaudet sur les *Bureaux téléphoniques*, de M. C.-M. Gariel sur la *Formule des piles*, de M. E. Hospitalier sur la *Division de la lumière électrique*, de M. Fontaine sur les nouvelles machines Gramme, nous ont paru dignes d'être signalés; ils indiquent nettement le caractère de cette Revue, qui s'occupe tout à la fois de la science pure et de la science appliquée.

Les produits exposés par *l'Électricien* ne sont pas seulement relatifs à la publicité du journal. Les organisateurs de cette publication ont créé un *Laboratoire de physique expérimentale* où s'exécutent des travaux de recherche et des mesures précises des piles de différents systèmes, ce qui peut offrir un grand intérêt pratique. Le laboratoire de *l'Électricien* est situé rue du Renard, à Paris; il est muni de toutes les ressources de la science actuelle, et les expérimentateurs y ont le gaz et l'eau, la force motrice fournie par une machine à gaz, l'électricité engendrée par une machine Gramme. Le laboratoire de *l'Électricien* a exposé des piles secondaires de M. Gaston Planté, qu'il est actuellement outillé pour confectionner dans d'excellentes conditions, des allumoirs électriques et différents objets qui ne manqueront pas d'intéresser le visiteur.

L'exposition de M. Collin.

Parmi les plus utiles applications de l'électricité à la sécurité publique, nous mentionnerons le remarquable système de contrôleur d'alarme de M. Collin, en usage au grand Opéra, à la Gaîté et dans d'autres établissements financiers.

Dans ce système, dès que le veilleur s'aperçoit d'un incendie, il doit abattre le bouton de l'alarme, et aussitôt au poste ou chez le concierge, une aiguille indicatrice montre sur un cadran de quel lieu l'alarme a été donnée, l'attention étant attirée par la sonnerie d'un timbre électrique qui ne cesse que lorsqu'on remet l'aiguille à zéro. Ce système a ce grand avantage que, quel que soit le nombre de boîtes de repère, un seul fil suffit pour les réunir tous au cadran indicateur. On comprend aussitôt qu'il peut être employé avec de grands avantages dans les Théâtres, les établissements publics, les filatures et autres, et même chez les particuliers, par l'emploi d'un seul fil, mais on apprécie plus encore ces avantages pour les villes, cela évitant des dépenses considérables. Cela est, comme on le voit, très pratique et très ingénieux.

M. Collin a exposé des horloges, et dans le nombre, des systèmes qui se rattachent à ses études sur l'unification de l'heure par l'électricité, il présente en outre des modèles de paratonnerre, et les si utiles et si ingénieux contrôleurs de ronde que tant d'industries utilisent actuellement avec tant de profit.

L'Exposition de M. A. Borrel, élève et successeur de J. Wagner
neveu, 47, *rue des Petits-Champs, à Paris.*

Dans la salle 19 *Horlogerie*, nous avons remarqué les appareils de *remise à l'heure électrique* des horloges publiques, les cadrans récepteurs, les signaux et avertisseurs électriques, ainsi que les paratonnerres de la maison J. Wagner (Borel, successeur), dont les principaux produits figurent dans le Pavillon de la Ville de Paris. Les nombreux appareils de la maison Wagner, sont employés aujourd'hui dans un très grand nombre d'établissements publics, où l'on peut s'assurer qu'ils fonctionnent dans les conditions les plus satisfaisants.

L'éclairage électrique.

Si, pendant le jour, l'Exposition d'électricité offre au visiteur un intérêt de premier ordre et un attrait peu commun, quand vient la nuit, les merveilles qu'elle recèle réservent un spectacle tout à fait inouï, qui tient véritablement du prodige. Des milliers de foyers étincellent, et des torrents d'électricité faisant jaillir l'arc voltaïque ou produisant la lumière par incandescence, inondent de lumière le Palais tout entier. Jamais pareille expérience d'éclairage électrique n'aura été produite dans un espace si restreint, et par un si grand nombre de procédés différents.

Les salles successives sont éclairées par les appareils électriques portant les noms suivants : Werdermann, lampes-soleil; Reynier, Jamin, Force et lumière, Jablochkoff, Société espagnole d'Électricité, lampes d'incandescence Maxim, Jaspar, Gérard, Mignon et Rouart; *Britisch Electric lighting*, Lontin et Cie, Fyfe, Swan, Brush, Edison.

L'éclairage électrique par incandescence, système Maxim.
The United States Electric Lighting Company.

Parmi les nombreux systèmes d'éclairage électrique par incandescence, nous avons remarqué celui de M. Maxim, qui paraît résoudre d'une façon complète le problème de l'éclairage domestique. Ce système remarquable qui éclaire le soir la grande salle d'honneur du premier étage comprend un grand nombre de foyers séparés, qui sont élégamment groupés les uns à côté des autres et forment un charmant plafond lumineux. La lumière électrique, obtenue, est d'une fixité parfaite puisqu'elle est produite par l'incandescence d'un mince conducteur de charbon contenu dans un petit ballon de verre. L'œil est agréablement impressionné et n'a pas à être incommodé par les intermittences et les irrégularités de rayonnement, si fatigantes et si désagréables. L'éclairage électrique par incandescence système Maxim est exploité par une grande Compagnie américaine, *The United States Electric Lighting C^o*, qui a déjà obtenu un grand succès aux États-Unis et en Angleterre. Cette Compagnie ne tardera pas à installer dans plusieurs points de la capitale l'éclairage que le promeneur à l'Exposition d'électricité peut apprécier dès à présent, en voyant les résultats qu'il produit dans la grande salle d'honneur du premier étage. Le plafond lumineux, comme le visiteur peut s'en assurer, brille d'un éclat remarquable, et les appliques dont les murs sont garnis, rivalisent de lumière avec celle qui tombe des parties supérieures de la salle [1].

La lampe à incandescence, système Maxim, présente de grands avantages; elle s'allume et s'éteint à volonté, instantanément, par la manœuvre d'un simple commutateur, sa puissance peut être facilement graduée, depuis la simple veilleuse jusqu'à son éclat maximum; la lumière est d'une fixité absolue; enfin, l'incandescence pure réalise la division presque indéfinie de la lumière électrique.

La lumière électrique, système Maxim, est adoptée déjà par plusieurs éta-

---

1. Pour plus de détails sur l'éclairage Maxim, consultez le journal *l'Électricien*, n° 6 du 1er juillet 1881, page 263, et *la Nature* du 30 juillet 1881.

blissements anglais et américains. L'*Union League Club*, de New-York, en fait
depuis quelques mois usage pour éclairer sa galerie de tableaux, et les résultats
obtenus ne laissent absolument rien à désirer; ce beau système d'éclairage
est complet, il se présente avec ses machines spéciales, avec son régulateur,
avec sa lampe, et rien ne s'oppose plus à son avenir et à son développement.

Le système Maxim a été présenté au public anglais pour la première fois le
27 mai 1881, par M. de Kabath de New-York, qui a organisé à l'Exposition la
belle installation de *The United States Electrique Lighting C°*. L'éclairage par
incandescence Maxim, forme aujourd'hui un système tout à fait complet qui
comprend quatre parties distinctes complètement étudiées et fonctionnant dans
les conditions les plus favorables : 1° La *machine génératrice* qui alimente les
foyers; 2° la *machine excitatrice* qui alimente les inducteurs de la machine
génératrice; 3° le *régulateur :* 4° la *lampe à incandescence.*

Les machines dynamo-électriques du système Maxim, produisent le courant
nécessaire à alimenter les nombreux foyers qui brillent à l'Exposition.

La machine excitatrice porte, à sa partie supérieure, un mécanisme extrêmement ingénieux et sensible, destiné à régler, automatiquement, le courant
fourni par les machines productrices. suivant les besoins de l'éclairage, c'est-
à-dire suivant la quantité de foyers allumés. Ce résultat est obtenu de la manière suivante : un électro-aimant à fil fin placé sur la machine, en déviation
sur le courant principal, attire avec une force qui varie avec la puissance du
courant une armature à laquelle est suspendu un cliquet à deux dents opposées
et lequel reçoit, par une transmission intermédiaire prise sur l'axe même de la
machine, un mouvement de va-et-vient. Ce cliquet se meut entre deux roues
dentées qu'il ne touche pas lorsque le courant a sa valeur normale. Le courant
vient-il à diminuer parce qu'on allume de nouveaux foyers, l'armature, moins
fortement attirée et sollicitée par un ressort antagoniste, s'éloigne, soulevant le
cliquet dont la dent supérieure s'engage dans la denture de la roue supérieure ;
ce mouvement est transmis, par l'intermédiaire d'engrenages, aux porte-balais
qui sont disposés pour pouvoir tourner autour du collecteur, et de manière
que les balais puissent se rapprocher ou s'éloigner des points maxima ou neutres ; lorsque les balais se rapprochent des points maxima, l'intensité du courant
de la machine excitatrice augmente aussi en proportion l'intensité du courant
engendré ; si, au contraire, le courant est trop intense, par suite de l'extinction
d'un certain nombre de foyers, l'armature étant plus fortement attirée descend
avec le cliquet qui lui est attaché, et la dent inférieure de celui-ci, s'engageant
dans la denture de la roue inférieure, fait tourner, par l'intermédiaire des
mêmes engrenages, les porte-balais et les balais en sens inverse, les rappro-
chant des points neutres et les éloignant des points maxima. La puissance du
courant de l'excitatrice diminue et, par suite, l'intensité du courant produit.

Le régulateur Maxim est d'une parfaite sensibilité, ce qui a été démontré
lorsque les 60 foyers que peut maintenir une machine ; ces foyers ont été successivement éteints jusqu'à ce qu'il n'en reste plus qu'un, les foyers restants
demeurant, pendant cette extinction progressive, toujours à la même intensité.

La lampe Maxim se compose d'un filament de charbon provenant de papier
carton calciné, a la forme d'une M à angles arrondis; elle est contenue dans un
globe de verre d'environ 5 centimètres de diamètre, et dans lequel on fait le
vide partiel. On laisse ensuite pénétrer des vapeurs de gazoline dans le globe,
on fait le vide de nouveau et ainsi de suite jusqu'à ce qu'on ait obtenu un vide

presque parfait avec une quantité très faible de gazoline dont la pression ne dépasse pas $\dfrac{1}{100000}$ d'atmosphère.

Un commutateur très ingénieux, fixé sur chaque lampe, permet d'introduire la lampe en circuit ou de la supprimer, c'est-à-dire de l'allumer ou de l'éteindre. L'existence ou durée de la lampe varie entre 600 à 900 heures. Lorsqu'une lampe est hors de service, elle peut être enlevée de son support et remplacée par une neuve aussi facilement que s'il s'agissait de mettre une bougie dans un chandelier, ou de l'en enlever. La lampe hors d'usage à encore une certaine valeur. La lampe neuve vaut actuellement 7 fr. 50, mais elle pourra se vendre par de 1 fr. 50 à 2 francs tout en laissant un certain bénéfice.

Toutes les lampes sont disposées en dérivation, chacune d'elles est parfaitement indépendante des autres.

Tout cet ensemble fonctionne régulièrement au Palais de l'Industrie, il constitue assurément l'un des systèmes d'éclairage électrique les plus remarquables et les plus complets. Son succès à Paris nous paraît assuré.

Photographie électrique de Pierre Petit.

Parmi les applications les plus remarquables de la lumière électrique, il faut citer celles qu'on sait en faire aujourd'hui pour exécuter des clichés photographiques quand la lumière solaire fait défaut, et pour produire des agrandissements de portraits photographiques dans des conditions toutes spéciale comme sait les exécuter aujourd'hui avec tant d'habileté le célèbre photographe *Pierre Petit*. Cet opérateur émérite a exposé de nombreux spécimens des procédés d'agrandissements photographiques qu'il exploite sous le nom de Linographie, et qui sont bien dignes de fixer l'attention du visiteur. La linographie s'exécute à l'aide de la lumière électrique, sa place était donc indiquée dans le palais de l'Industrie. Les avantages de ce procédé sont considérables ; ils ont déjà été mis en évidence par un appréciateur dont nous n'aurons qu'à reproduire les expressions. La linographie met en évidence les lignes, imprime le mouvement de la vie au jeu des lumières et des ombres et laisse à la perspective ses exactes proportions.

Quant à l'image obtenue, sa solidité est certaine. Une toile pareille à celle qu'emploient les peintres garantit la durée du tableau. Les moyens de confection n'en conservent pas moins leur rapidité qu'explique parfaitement la puissance des appareils mis en œuvre.

Comme application au portrait, la linographie fait tous les jours ses preuves à l'exposition de l'avenue de l'Opéra, n° 65, et dans les ateliers de Pierre Petit-place Cadet. Comme adaptation aux reproductions de tout genre, elle offre un champ d'expériences à peu près sans limites. On conçoit qu'avec de tels avantages le procédé d'importation récente puisse prétendre obtenir une place importante dans le domaine de la photographie et de l'art. La linographie offre toutes les qualités requises pour devenir un excellent engin de vulgarisation.

Nous n'insisterons pas davantage sur une invention que le promeneur à l'exposition saura certainement apprécier à sa juste valeur. Les portraits exposés exécutés de grandeur naturelle sont pour la plupart de véritables objets d'art.

Les Téléphones.

Pendant que les lumières resplendissent le soir, les téléphones fonctionnent,
et la foule se précipite dans les salles où, l'oreille appliquée au récepteur, on
entend, transmis par un simple fil métallique, les chanteurs de l'Opéra ou les
artistes de la Comédie Française. L'imagination des auteurs des *Mille et une
Nuits* n'avait pas osé rêver un si prodigieux résultat qui sera une des gloires de
l'Électricité moderne.

Les salles des téléphones sont au nombre de quatre : dans deux d'entre elles.
on entend la musique de l'opéra, et dans les deux autres, la représentation du
Théâtre-Français. Cette organisation, dont les résultats sont prodigieux, a été
faite par M. Clément Ader, sous les auspices de la Société des téléphones et
de son savant directeur, M. Lartigue. On ne saurait trop applaudir à cette
installation dont le succès sera considérable.

Le Lustre chantant (pyrophone Kastner).

Un savant distingué, M. Frédéric Kastner, à la fois physicien et musicien, a
exposé un bien remarquable appareil musical, destiné à produire les effets les
plus surprenants, au milieu des orchestres de nos grands théâtres lyriques,
ainsi que dans les concerts et les cathédrales. Cet instrument, qui a été désigné
sous le nom de pyrophone, a conduit en même temps l'auteur à étudier la
corrélation qui existe entre le son et l'électricité.

Nous croyons devoir expliquer sommairement par quelle série de considérations théoriques M. F. Kastner a été conduit à la découverte de ce système
ingénieux. C'est en effet à la science pure, aux lois de l'acoustique que nous
devons nous adresser pour rechercher l'origine de ce mécanisme. M. F. Kastner,
après de nombreuses expériences sur les flammes chantantes, poussant ses
recherches pour les compléter du côté des lois de l'interférence, a découvert
un des plus intéressants théorèmes d'acoustique, qui était resté ignoré jusqu'à ces derniers temps.

Des savants allemands, anglais et français s'étaient déjà beaucoup préoc-
cupés des flammes chantantes. Mais aucun n'avait encore songé à étudier les
effets produits par deux ou plusieurs flammes conjuguées, comme l'a fait
M. Kastner. Un mémoire présenté à l'Académie des sciences à la date du
17 mars 1873, contient les expériences et les calculs à l'aide desquels
M. F. Kastner a pu formuler sa nouvelle loi.

Rien n'est plus agréable que le concert produit par les flammes qui brûlent
dans des tubes de cristal. Dès qu'elles sont écartées, elles vibrent ; dès qu'elles
sont rapprochées, le son cesse de se produire. L'exécutant, placé devant le
clavier, frappe les touches, et les sons successifs se produisent, de même que
dans le piano, de même que dans l'orgue. Mais ce qu'il y a de particulièrement remarquable, c'est le timbre exceptionnel des sons qui sortent du pyrophone. Quand l'instrument fonctionne entre des mains habiles, on entend une
musique suave et délicieuse ; les sons obtenus, d'une pureté et d'une délica-
tesse extraordinaires, rappellent à s'y méprendre les voix humaines.

La Pédale magique.

C'est encore comme moteur de petites machines dynamo-électriques Siemens ou de petites machines Trouvé que peut être signalée la célèbre pédale magique exposée par M. D. Bacle. Comme on a pu le dire sans exagération, la pédale magique est, dans son genre, un chef-d'œuvre de perfection, grâce à son double encliquetage élastique et silencieux, ainsi qu'à la suppression absolue du point mort, elle utilise complètement les plus petits efforts que font les pieds, et laisse aux mains toute leur liberté d'action.

L'indicateur visuel électrique de Chester A. Pond et le transmetteur de J. U. Mackensie.

Ces appareils, bien peu connus, offrent un intérêt de premier ordre : ils peuvent servir pour la transmission instantanée de signaux *par un seul fil*, dans un circuit qui comprendrait mille stations et même plus. On comprend quelles ressources ils offrent aux lignes télégraphiques et téléphoniques et de quels usages ils peuvent être pour les alarmes d'incendies, avertissements en cas de vols, indicateurs d'hôtels, etc., etc.

M. Mackensie, l'inventeur du transmetteur, se trouve généralement près des appareils. Il se fera toujours un plaisir de montrer et d'expliquer le principe et le mode de fonctionnement des mécanismes.

Exposition de M. Boivin.

La fréquence des incendies qui ont exercé tant de dégâts dans ces derniers temps, démontre l'importance que peuvent offrir des appareils d'avertissement bien combinés pour fonctionner dans des conditions sûres.

M. Boivin expose entre autres, un appareil d'alarme en cas d'incendie qui est dans ce dernier cas. Cet appareil sert en même temps de contrôleur de ronde. Nous allons en donner la description.

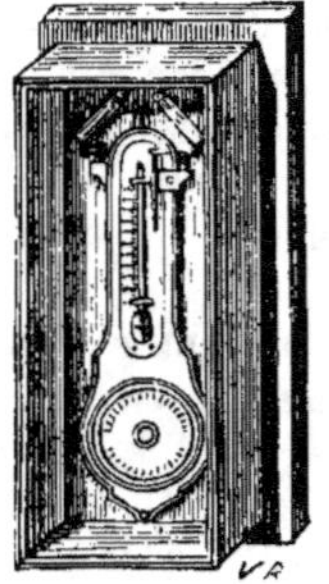

L'appareil imprimeur et indicateur (fig. 1) est relié à un nombre déterminé de commutateurs à rouage (fig. 2) surmonté d'un thermomètre et d'une lettre correspondant au tableau indicateur dudit appareil, et fonctionne de la façon suivante :

1. Arsène Boivin (breveté s. g. d. g.), 16, rue de l'Abbaye, Paris, fournisseur du nouvel Opéra, de divers Ministères et administrations de l'État, de la Préfecture de la Seine et de la Ville de Paris, premier prix à l'Exposition de Melbourne (Australie), 1880-1881, 20 médailles dans différentes Expositions.

Service du contrôle de ronde. — 1° L'employé chargé de la ronde ouvre la boîte vitrée renfermant le commutateur à rouage (fig. 2) et pousse l'aiguille A sur le mot CONTRÔLE, presse ensuite sur le bouton placé au milieu ; cette pression a pour but de dégager le commutateur communiquant à l'appareil récepteur (fig. 1), lequel imprime la lettre du bouton sur lequel l'employé a pressé, et l'heure de son passage ; ensuite il doit pour pouvoir fermer la boîte ramener l'aiguille sur le mot alarme.

Signaux d'alarme. — 2° Les signaux d'alarme sont transmis de la même façon que pour le service de ronde, c'est-à-dire qu'en pressant sur le même bouton l'appareil imprimeur donne l'indication et l'heure ; de plus il fait fonctionner en même temps une ou plusieurs sonneries d'alarme.

Les mêmes signaux d'alarme peuvent être transmis par le même commutateur au moyen du thermomètre mis en communication par l'incendie même.

La disposition de ces appareils offre des avantages qui seront très appréciés des Directeurs d'usines, de manufactures, de grands magasins, de théâtres, etc, car ils permettent : 1° de supprimer les appareils portatifs pour contrôle de ronde ; 2° de surveiller à distance l'employé chargé de la ronde en consultant l'appreil recepteur ; 3° enfin de s'assurer du bon fonctionnement des appareils électriques en cas d'incendie puisqu'ils servent journellement de contrôleur de ronde.

M. Boivin ne s'est pas borné à placer cet avertisseur sous les yeux du visiteur. Il a exposé d'ingénieux systèmes de sonnerie électrique et différents appareils placés dans la salle de Théâtre.

Un modèle d'appartement avec appareils électriques. Exposition de M. A. Damon et Cie (maison Krieger).

Nous avons déjà mentionné l'appartement organisé dans les galeries du premier étage ; il y a là tous les systèmes imaginables de lumières électriques, d'avertisseurs, de sonneries, de tableaux d'appel, d'allumoirs domestiques, etc.

Pour bien exposer ces objets précieux de la vie pratique, il fallait les placer dans un véritable appartement. Cet appartement a été meublé avec beaucoup d'art.

MM. A. Damon et Cie ont exposé dans l'antichambre de cet appartement quelques meubles remarquables exécutés avec un fini parfait et un goût exquis. Il y a là un grand buffet en noyer sculpté style Henri II, qui sera certainement apprécié par les connaisseurs. Les crédences Henri II en noyer sculpté, sont aussi très dignes d'être signalées. MM. Damon et Cie exposent en outre : un porte chapeaux noyer sculpté Renaissance, une banquette-coffre à dossier, une table d'antichambre avec un fauteuil d'huissier, deux fauteuils d'antichambre, huit chaises du même style. Ajoutons à cette liste une cheminée Renaissance en noyer sculpté, un petit bahut en noyer et nous aurons terminé l'énumération de la belle exposition de la maison Krieger.

Le générateur Collet.

Les machines magnéto-électriques et dynamo-électriques fonctionnent, comme on le sait, sous l'action des moteurs à vapeur ou de moteurs à gaz. Tout ce qui

1. MM. A. Damon et Cie (maison Krieger), ameublements de tous styles, 74 et 76, faubourg Saint-Antoine, Paris.

touche aux perfectionnements de ces moteurs intéresse donc aussi les progrès de l'électricité dynamique.

Les générateurs à vapeur système Collet qui fonctionnent dans le Palais de l'Industrie, nous ont paru très dignes d'être recommandés. Ils offrent dans la pratique des avantages très sérieux que nous allons signaler succinctement. Les générateurs Collet tiennent un emplacement réduit au minimum, l'explosion en est impossible par la raison que toutes les parties exposées au feu sont des tubes de petite dimension. La circulation de l'eau dans ces tubes est tellement active qu'il ne peut s'y former de dépôts, même avec les eaux les plus chargées de sels calcaires. Nous ajouterons enfin que l'installation des générateurs Collet est autorisée dans toute habitation jusqu'à 25 mètres carrés de surface de chauffe (40 chevaux). Voilà plus qu'il n'en faut pour contribuer à généraliser l'emploi d'un appareil essentiellement ingénieux et bien construit qui a déjà reçu la médaille d'argent en 1879, à Paris, et la médaille de vermeil à Tours, cette année.

NOTICES

L'*Électricité statique* se prête peu aux applications industrielles, aussi n'est-il pas étonnant qu'elle n'occupe qu'une place restreinte dans le Palais de l'Exposition. Nous pouvons cependant signaler comme un progrès accompli les bouteilles de Leyde et les condensateurs exposés par EDISON. Pour augmenter la capacité des bouteilles de Leyde et des condensateurs, le célèbre inventeur y a fait le vide. Outre l'augmentation considérable de capacité électrique, on gagne d'avoir une plus faible décharge résiduelle après la décharge, par suite de la faible épaisseur du verre, et comme le vide est très sec, la décharge lente ou silencieuse est de ce fait très diminuée.

Passons tout de suite à l'*Électricité dynamique*, et, suivant l'ordre du catalogue, examinons d'abord les appareils de production de l'électricité.

Edison expose une pile à craie fondée sur le principe de son *électro-motographe* dont nous parlerons plus loin et une pile à gravité.

Pour tous ceux qui craignent les manipulations longues et ennuyeuses du montage d'une pile au bichromate de potasse, nous mentionnerons le sel chromique de M. **Ed. Loiseau**, 55 *et* 57, *rue de Seine, à Paris*, qui permet d'obtenir à froid et instantanément une dissolution acidulée. Ce sel, facilement transportable, se livre dans des flacons tout préparés, correspondant au volume de solution qu'on veut obtenir.

Nous signalerons tout particulièrement lespiles thermo-électriques construites par M. **Gustave Rebicek** *de Prague* (Brevets Noé-Rebicek). Ces piles ont une force électro-motrice supérieure à celle de tous les éléments thermo-électriques connus, et toutes les imitations qui en ont été faites jusqu'ici n'ont pu atteindre leur puissance. Une pile de vingt éléments a une force électro-motrice égale à un élément Bunsen. Il suffit d'une lampe à esprit-de-vin ou d'un bec Bunsen pour la mettre en activité.

Les machines *magnéto-électriques* et *dynamo-électriques* sont très nombreuses à l'Exposition; il n'y a là rien de très surprenant si l'on songe que, depuis quelques années, toute l'activité des électriciens et des inventeurs s'est portée du côté des applications industrielles. Toutes ces machines trouveront naturellement leur place à la description des systèmes spéciaux qu'elles alimentent, éclairage électrique, transmission de force, etc. Le nom d'**Edison** revient encore à ce sujet sous notre plume pour faire remarquer que le générateur électrique le plus puissant actuellement connu est celui qu'expose l'inventeur américain, car il ne transforme pas moins de 120 chevaux-vapeur en électricité. Signalons aussi une nouvelle machine d'*Edison* dont la construction est basée sur un *principe nouveau*. C'est la *machine dynamo-électrique disque*. Le principe consiste dans l'emploi, comme conducteurs, de lames minces de cuivre, et dans la subdivision et l'isolation de l'armature et des conducteurs par des feuilles de mica. On réduit ainsi la résistance intérieure à un minimum, et l'on peut produire un courant beaucoup plus intense sans craindre de chauffer la machine et de compromettre son isolement.

Après les machines, les *conducteurs*. **Edison** expose des spécimens de tuyaux et de boîtes de service employés dans le système de canalisation de l'électricité pour l'éclairage électrique par incandescence.

MM. **Lavaissière et fils**, 58, *rue de la Verrerie, à Paris*, dont la magnifique installation à l'Exposition de 1878 est encore présente à la mémoire de tous, exposent des fils conducteurs de cuivre de haute conductibilité garantie, et de toutes dimensions, ainsi que des enveloppes de câbles en plomb et en cuivre jaune.

La maison Lavaissière qui possède deux usines, l'une à *Saint-Denis* (Seine), l'autre à *Deville-les-Rouen* (Seine-Inférieure), fabrique aussi du zinc en feuille de tout spécimen pour piles électriques et des feuilles d'étain de toute épaisseur pour condensateurs.

Nous devons mentionner aussi une fabrication qui prend chaque jour une importance plus grande dans les applications de l'électricité : nous voulons parler du plomb en lames de toute épaisseur et en fils de tous diamètres pour piles secondaires; il faut au plomb de ces piles une grande pureté et une grande homogénéité, deux qualités qui sont la caractéristique de tous les produits fabriqués par la maison Lavaissière.

Les *appareils servant aux mesures électriques* sont très nombreux. A vrai dire, la plupart d'entre eux sont des appareils de recherches scientifiques peu employés jusqu'ici dans la pratique courante. La série exposée par **Edison** comprend d'abord tout un ensemble d'appareil pour mesurer la résistance électrique des lampes. Avant de quitter l'atelier, on inscrit sur chaque lampe la tension en volts qui lui est nécessaire pour produire exactement un foyer équivalent à 16 bougies (*candle-standard*). Comme tous les charbons sont de mêmes dimensions, fabriqués avec les mêmes matières et carbonisés par le même procédé, les variations sont à peine sensibles.

Ces mesures de résistance des lampes se feront régulièrement à l'Exposition en même temps que les mesures photométriques et calorimétriques pour tous ceux qui s'intéressent particulièrement à la question.

Sous le nom de *Fluide-Bridge*, **Edison** expose un appareil qui a pour effet de placer dans un circuit une résistance plus ou moins grande pour égaliser le courant. Il fonctionne comme un pont de Wheatstone.

Après les appareils qui produisent l'électricité et ceux qui la mesurent, viennent tout naturellement ceux qui l'appliquent, et parmi ceux-là, les plus répandus et ceux qui, jusqu'ici, rendent le plus de services sont les *télégraphes* et les *signaux*.

The Pond Indicator Company of Europe, Thomas Alva Edison Président, New-York.

Cette Compagnie est la seule propriétaire de l'*Indicateur visuel* électrique de M. **Chester H. Pond** et du transmetteur de M. **J.-U. Mackenzie**, qu'elle est aussi la seule à fabriquer. Le but de ces appareils est de transmettre *instantanément sur un seul fil* desservant un millier de stations, ou un plus grand nombre, si l'on veut, les signaux télégraphiques, téléphoniques, les signaux d'alarme en cas d'incendie, ou de vols, etc.

Les inventeurs ont souvent essayé, avec plus ou moins de succès, de créer un télégraphe ou indicateur automatique, qui puisse donner avec sûreté et rapidité un signal quelconque sur un certain nombre de signaux déterminés à l'avance.

Il fallait aussi qu'un appareil de cette nature pût être manœuvré par des personnes inexpérimentées, sans qu'il y eût à craindre ni erreur ni confusion.

Jusqu'ici ce résultat n'avait été qu'incomplètement atteint par le système d'alarme télégraphique pour incendie de M. Gamewell, si répandu aux Etats-Unis, le pays où les questions de cette nature préoccupent le plus l'opinion publique, et où les appareils pratiques se développent avec une si merveilleuse rapidité.

La Compagnie, propriétaire des brevets Gamewell s'est empressée d'acquérir le droit de faire usage de l'*Indicateur visuel* de **Pond**, et elle le substitue rapidement à tous les autres systèmes employés jusqu'ici. C'est la meilleure recommandation qu'on en puisse faire.

L'indicateur visuel de Pond et le transmetteur Mackenzie sont susceptibles d'un très grand nombre d'applications. Il serait trop long d'en donner une liste complète, nous nous bornerons à signaler les principales :

1° Les signaux téléphoniques et toutes les formes de signaux télégraphiques ;

2° Les alarmes et avertissements en cas d'incendie ;

3° Les appels en cas de vol ;

4° Les indicateurs d'hôtels ;

5° La télégraphie par signaux pour villes, par quartiers, et plusieurs autres applications importantes, etc., etc.

Les appareils fonctionnent aussi bien en circuit ouvert, comme c'est l'habitude en France, qu'à circuit fermé, comme on les emploie généralement en Amérique. Ils sont durables, solides, compacts, de très petites dimensions, et ne sont sujets à aucun dérangement. Aucun point n'est oxydable par les ruptures et les fermetures de circuit, et il n'y a aucun ressort à monter ; les mouvements sont toujours positifs et ponctuels ; le mécanisme aussi simple qu'ingénieux est réglé par l'action d'un seul électro-aimant.

On peut d'ailleurs voir à l'Exposition d'électricité les différentes applications de l'*Indicateur* de Pond et du transmetteur de Mackenzie en service courant et en fonctionnement régulier. M. J.-U. Mackenzie se fait toujours un plaisir d'expliquer le fonctionnement du système dans tous ses détails. On pourra obtenir également des renseignements en s'adressant au **Dr Otto, A. Moses**, dans les *salons d'Edison* au *Palais de l'Industrie*, et à M. **F. Mora**, chez M. **P. Bebin, 41**, *rue de la Victoire, à Paris*

Parmi les nombreux appareils télégraphiques exposés par **Edison**, *duplex*, *quadruplex, télégraphe domestique, chimique,* etc., son *relais à motographe* attire plus particulièrement l'attention. Ce relais, fondé sur le même principe que celui du récepteur du téléphone parlant à haute voix (*Loud-speaking telephone*), permet la transmission de messages télégraphiques par des courants de ligne si faibles qu'ils seraient sans action sur les électro-aimants ordinaires. Cet appareil fonctionne à travers une résistance composée d'une douzaine de personnes formant une chaîne en se donnant la main, ce qui représente plusieurs milliers d'ohms. Ce relais permet donc la transmission directe et sans interruption du circuit sur une ligne de plusieurs milliers de kilomètres.

Passons maintenant de la télégraphie à la *téléphonie,* cette merveille du génie humain.

La **Société générale des téléphones** expose les différents types d'appareils qu'elle exploite et dont elle possède les brevets, transmetteurs Édison et **Ader,** récepteurs Phelps et Ader, etc., ainsi que les divers appareils qui ne sont pas encore passés dans la pratique, mais qui sont à l'étude et qui ont servi à créer ou à perfectionner les types adoptés.

Un certain nombre de postes téléphoniques répartis dans le Palais sont mis à la disposition du public. Ils correspondent tous avec un spécimen de bureau central établi dans l'exposition et par conséquent entre eux.

De plus, moyennant un abonnement spécial, les exposants peuvent faire installer, à l'emplacement qu'ils occupent, un téléphone en correspondance avec le bureau central de la Société et par suite avec tout le réseau parisien.

La Société expose aussi le plan des réseaux de province qu'elle exploite.

Enfin, ce qui sera le « great attraction » et le grand succès de l'Exposition, la Société expose un système téléphonique exécuté par M. Clément Ader, ingénieur de la Société, qui permet de faire entendre, dans quatre salles aménagées à cet effet par le commissariat général, les représentations de l'Opéra et du Théâtre-Français. C'est là une expérience des plus curieuses et des plus saisissantes, qui n'avait jamais été réalisée jusqu'ici, tout au moins d'une façon courante, et qui mettra bien en évidence toutes les qualités du téléphone et les services qu'il peut rendre, lorsque les appareils sont bien combinés et bien exécutés.

Il n'est pas nécessaire de s'étendre bien longuement sur les téléphones d'**Edison.** On sait que le célèbre inventeur a imaginé le premier téléphone à charbon. Le *Loud-speaking telephone,* qui parle assez fort pour être entendu dans une salle tout entière aura à l'Exposition un grand et légitime succès que nous enregistrons à l'avance. Il nous faut aussi mentionner le *téléphonographe,* combinaison du téléphone et du phonographe, qui permet de reproduire après un temps quelconque, les paroles prononcées par un interlocuteur placé à plusieurs kilomètres de distance.

Le pyrophone électrique de M. **Frédéric Kastner** n'est pas une curiosité moindre que les nombreux téléphones disséminés dans le Palais de l'Industrie. Après de nombreuses expériences sur les flammes chantantes, M. Fr. Kastner a découvert un intéressant théorème d'acoustique ainsi formulé dans un mémoire présenté à l'Académie des sciences de Paris, le 17 mars 1873 :

« Si dans un tube de verre ou d'autre matière, on introduit deux ou plusieurs
« flammes de grandeur convenable et qu'on les place au tiers de la longueur
« du tube, comptée à partir de la base, ces flammes vibrent à l'unisson. Le

« phénomène continue de se produire tant que les flammes restent écartées,
« mais le son cesse aussitôt que les flammes sont mises en contact. »

La découverte de ce principe, que M. F. Kastner rattache aux lois de l'interférence et à sa théorie des vibrations, l'a conduit à l'invention d'un instrument de musique qu'il a fait breveter pour tous les pays sous le nom de *pyrophone*. Possédant un timbre *sui generis* d'un charme pénétrant qui se rapproche
de la voix humaine, une étendue (chromatique) qui peut dépasser trois octaves,
un clavier comme celui de l'orgue ou du piano, cet instrument a vivement
excité l'intérêt du public dans des concerts et dans des séances scientifiques
qui ont eu lieu depuis 1873, tant en France qu'en Angleterre et en Allemagne.
L'une des photographies exposées le représente dans la grande salle des concerts de la Maison de conversation, à Baden-Baden, où il obtint le plus brillant
succès en 1879 et 1880, jouant tantôt seul, tantôt marié avec les voix ou joint
à l'orchestre. Moyennant l'application qu'il a faite de l'électricité au pyrophone,
l'inventeur est parvenu à convertir des appareils à gaz d'éclairage, tels que
lustres, lampadaires, appliques, rampes de théâtre en instruments chantants
Le lustre-pyrophone électrique, dont on voit une photographie coloriée à
l'Exposition, a treize becs garnis de quatre tubes et donne par conséquent treize
notes. Il est orné de feuillages et de baies lumineuses qui, non moins que le
charme de ses sons et la façon mystérieuse dont ils se produisent, en rendent
l'effet magique. Quant au pyrophone proprement dit, c'est le premier instrument véritablement musical et d'un usage pratique qu'on ait pu obtenir au
moyen des flammes dans des tuyaux. Comme l'a dit avec raison un savant
physicien, le pyrophone, à le bien considérer, est une application très ingénieuse et toute charmante de la théorie des vibrations qui a été exposée par
M. Frédéric Kastner dans le volume les *Flammes chantantes* (Paris, Dentu,
3e édition, 1875). Les vues nouvelles et hardies de cette théorie, où il est
question pour la première fois de l'analyse de l'électricité comme d'une hypo-
thèse admissible, sont déjà en partie justifiées par les progrès de la science
et par de merveilleuses découvertes faites récemment, notamment par celle du
phénomène qui a donné naissance au photophone.

(Pour plus de détails, voir les publications et les photographies exposées.)

Nous voici dans la classe la plus importante de l'exposition, celle de la
Lumière électrique. Les systèmes à arc voltaïque sont nombreux et présentent un
très réel intérêt, mais la curiosité publique se portera surtout vers l'*incandescence* qui a l'attrait de la *nouveauté* d'abord, puis celui d'une lumière remar-
quablement belle, fixe et extrêmement divisée.

Un système de production, de régulation, de canalisation et de répartition
de la lumière électrique, comporte une installation importante. Voyez par
exemple le système **Edison**. La machine dynamo-électrique qui transforme
120 chevaux de force en électricité ne pèse pas moins de 15000 kilogrammes
avec sa plaque de fondation, son moteur, son armature d'un mètre de diamètre
ses électro-aimants, etc. Mettez-en à peu près autant pour la chaudière, les
transmissions et les accessoires. Voilà pour la production du courant à l'usine
centrale. Ajoutez à cela les conducteurs principaux, les conducteurs dérivés
chez les particuliers, les lampes, etc., et vous aurez une installation entièrement
comparable à celle du gaz.

Signalons enfin le *compteur de la consommation de lumière*, analogue au
compteur de la distribution de gaz qui enregistre mécaniquement, à l'aide
d'un mécanisme convenablement combiné, la quantité de cuivre déposée dans

un circuit dérivé sur le courant principal, et lui en empruntant une quantité infiniment petite.

L'électricité ainsi canalisée et amenée dans les maisons et utilisée non seulement pour l'éclairage électrique, mais encore pour les autres usages. Dans l'exposition, elle fera fonctionner une pompe, une machine à coudre, un éventail domestique, etc.

Un autre système d'éclairage électrique qui intéressera aussi très vivement les visiteurs du Palais de l'Industrie est celui de M. **Hiram-Maxim**, exposé par la **United States Electric Lighting Company** de *New-York*. C'est ce système qui doit éclairer le salon d'honneur (salle C) avec deux cents lampes d'une puissance moyenne de 25 bougies chacune. Nous renvoyons le lecteur à la notice spéciale que nous publions sur ce système qui sera sans contredit l'un des plus grands succès de l'Exposition, aussi bien auprès du public, qui sera attiré surtout par la beauté de la lumière, qu'auprès des spécialistes et des gens compétents qui s'intéresseront surtout au système ingénieux de distribution et de réglage des courants.

Arrivons maintenant à l'*électro-chimie*.

L'exposition de clichés galvanoplastiques de **MM. Boudreaux**, père et fils, 27, *rue Monsieur-le-Prince, à Paris*, se recommande à plus d'un titre à l'attention des visiteurs de l'exposition du Palais de l'Industrie. M. Boudreaux, père, fut un des premiers, dès 1847, à appliquer la galvanoplastie à la typographie. Les clichés qui sortaient de son atelier en 1849, étaient fort recherchés ; ils donnèrent à leur auteur une réputation d'habileté qui, depuis, ne s'est jamais démentie. Les perfectionnements nouveaux, tels que le moulage à la cire, remplaçant le moulage à la gutta-percha, la substitution de la cuve à décomposition à l'appareil simple formé d'une pile Daniell, dont le moule constituait l'électrode positive, etc., donnèrent des moulages plus beaux et un dépôt plus rapide. MM. Boudreaux les ont les premiers mis en œuvre, au fur et à mesure qu'ils se sont produits. Ils songent aussi à employer les machines dynamo-électriques dans des conditions toutes spéciales, en leur adjoignant des accumulateurs emmagasinant pendant toute la journée l'énergie électrique nécessaire au travail pendant la nuit, pour permettre les arrêts de la machine sans celui du travail.

Mais le progrès le plus important qui ait été réalisé depuis quelques années est sans contredit le *dépôt de nickel sur les moules galvanoplastiques ordinaires à toute épaisseur*, et l'application du procédé à la fabrication des clichés typographiques.

On sait que pour la chromotypographie, il faut aciérer les clichés de cuivre que les couleurs mettraient rapidement hors de service sans une couche protectrice. Dès l'apparition du nickelage, MM. Boudreaux substituèrent le nickel à l'acier pour cette opération, mais ce dépôt sur le cliché d'une couche préservatrice un peu épaisse, l'empâte un peu, et lui fait perdre de sa finesse.

Le remède était à côté du mal, il suffisait de faire directement des *clichés de nickel*.

Malgré toutes les facilités que présente aujourd'hui le nickelage, il fallut plusieurs années de recherches patientes et laborieuses pour arriver à déposer sur un moule en cire ou en gutta-percha une couche de nickel solide et compact dont l'épaisseur soit illimitée. Les difficultés sont aujourd'hui entièrement surmontées et le succès est venu couronner tous ces efforts. On peut s'en rendre compte en jetant un coup-d'œil sur la collection de clichés et de moulages en nickel exposé par MM. Boudreaux. Pour quelques-uns, l'épaisseur dépasse *un millimètre*.

Les avantages que présente le nickel sur le cuivre comme cliché typographique sont très nombreux : le nickel est aussi dur que l'acier, aussi inoxydable que l'argent et moins sujet que lui à se sulfurer, il est plus tenace que le fer, aussi infusible que le manganèse, et enfin, il est d'un prix relativement peu élevé.

Un cliché de nickel ne coûte aujourd'hui que le double d'un cliché en cuivre, mais il se prête à un tirage dix fois plus considérable, son inoxydabilité permet de l'employer avec des encres de couleur qui attaquent le cuivre et se salissent à son contact, tandis que le nickel conserve toute sa fraîcheur.

Les *clichés typographiques* en nickel sont donc indispensables pour les tirages en couleur et à un grand nombre d'exemplaires, timbres-poste, billets de banque, titres d'actions ou d'obligations, ouvrages à grand tirage, etc.

La *taille-douce* emploiera aussi le nickel pour transformer une planche de cuivre en une planche de nickel d'une dureté égale à celle de l'acier.

Enfin, le nickel galvanoplastique de MM. Boudreaux servira avec succès à la *reproduction d'œuvres d'art*. Il suffit de deux ou trois dixièmes de millimètre d'épaisseur pour donner un modelage d'une résistance égale à un dépôt de cuivre d'un millimètre. La densité des deux métaux étant à peu près semblable, une reproduction en nickel sera trois fois plus légère, à résistance égale, qu'une reproduction en cuivre.

On pourra d'ailleurs épaissir le premier dépôt de nickel par une couche de cuivre, au lieu de nickeler le cuivre, comme on le faisait jusqu'ici, ce qui enlève toujours de la finesse aux reproductions. MM. Boudreaux viennent donc de réaliser un progrès important dans les procédés galvanoplastiques : l'art et l'industrie sauront en faire leur profit.

La Société **Norddeutsche Affinerie**, établie à *Hambourg* depuis 1875, à établi dans ses usines une section spéciale pour le traitement des métaux par l'électrolyse. On retire électriquement des cuivres bruts contenant de l'argent et de l'or, un cuivre d'une pureté presque absolue, tout en recueillant la totalité du métal précieux. Six machines Gramme consacrées à cette opération, permettent d'obtenir annuellement 550 tonnes de cuivre. Un nouveau procédé fondé, comme le premier, sur l'électrolyse permet de retirer de l'or fin à un titre de $\frac{1000}{1000}$ d'un alliage renfermant toute sorte d'autres métaux. La production d'or fin par ce procédé s'est élevée en 1880 à douze-cents kilogrammes.

Parmi les *instruments de précision*, qui forment une classe importante de l'Exposition se placent en première ligne les horloges électriques et les questions qui s'y rattachent.

Parmi ces questions, l'unification de l'heure dans les villes est surtout à l'ordre du jour : M. **Collin**, 118, *rue Montmartre*, dont le premier brevet sur la question, bientôt suivi de dix autres, date de 1866, s'en est occupé avec un succès ratifié d'ailleurs par la croix de chevalier de la Légion d'honneur qui lui a été accordée à l'Exposition universelle de 1878, principalement pour ses travaux en horlogerie électrique ainsi que pour ses horloges publiques.

Les appareils de M. Collin sont établis sur un grand nombre d'établissements publics de la ville de Paris et chez des particuliers. Citons entre autres les horloges et les pendules de l'École polytechnique, du lycée Charlemagne ; lycée Fontanes ; collège Rollin ; collège Chaptal ; caserne de la Cité ; hôpital de la Charité: Mairies du IVe, VIe, VIIe, VIIIe, XVIe arrondissements: églises de la Trinité, de Saint-Philippe-du-Roule, de Notre-Dame, Bonne-Nouvelle, Saint-François-Xavier, Saint-Germain-l'Auxerrois.

Signalons Besançon et Roubaix parmi les grandes villes de province dans lesquelles le système Collin est établi.

A Roubaix, l'unification de l'heure se fait sur toutes les horloges de la ville, mais les industriels empruntent les fils de la ville pour effectuer la remise à l'heure des horloges de leurs établissements. Le chemin de fer de l'Est en fait en ce moment l'application. M. Collin expose aussi, avec son système de remise à l'heure, un candélabre grand modèle à double cadran éclairé à la lumière électrique. Le socle porte l'horloge réglée électriquement et la plaque de contrôle avec système d'alarme en tout semblable au système établi au Grand-Opéra. Un contrôleur horaire sert à indiquer l'heure à laquelle l'alarme a été donnée.

M. **A. Lemoine**, 7, *rue Blanche, à Paris*, expose dans la salle XI une intéressante collection de pendules électriques d'appartement qui se distinguent surtout par la simplicité de leur mécanisme. Les unes dites *Papilionomes*, se règlent automatiquement par la réaction de l'air, les autres dites *Astéronomes*, impriment au balancier, à intervalles déterminés, l'impulsion qui lui permet de continuer indéfiniment son mouvement. Il est facile d'adjoindre à ces pendules une sonnerie sans ressort ni barillet, fonctionnant sans dérangement possible. Ce système évite toutes réparations et tout réglage ; on n'a jamais besoin de remonter la pendule ; il suffit de changer la pile à intervalles très éloignés, ce qui est une opération des plus simples. M. Lemoine a su réunir dans ses appareils l'élégance, la simplicité, le bon fonctionnent et la commodité.

La classe 13 est consacrée aux *appareils divers*, la multiplicité et la variété de ces appareils lui donnent un intérêt particulier. Voyons-en quelques-uns.

Le *trieur magnétique* d'**Edison**, sépare les poussières magnétique, de fer qui ont une certaine valeur des gangues et du quartz. Cette séparation permet de travailler les minerais avec profit et d'en retirer l'or et le fer qui ne pouvaient pas l'être par les procédés anciens de triage fondés seulement sur la différence de densité de la gangue, du quartz et du minerai.

Sous la désignation de *Système atmodynamique de sécurité*, les inventeurs, MM. **Gérard et Germot**, 7, *rue du Bac, Paris*, exposent un ensemble *d'avertisseurs automatiques d'incendie*. Ces appareils, dont le principe repose sur des lois physiques bien connues, sont destinés à prévenir les incendies, la combustion lente ou *spontanée*, les échauffements d'organes mécaniques de propulsion et autres, etc. ; en un mot toute surélévation anormale de température. C'est le danger lui-même qui se dénonce en appelant dès le début les secours destinés à enrayer sa marche en désignant le point menacé.

L'appareil consiste en un simple thermomètre à air dans lequel une ingénieuse disposition d'aiguilles mobiles et réglables à volonté permet de donner l'alarme à des températures différentes pour un même lieu, quel que soit l'écart de la température et sans qu'il soit nécessaire de toucher l'appareil. Ce résultat est obtenu à l'aide d'un nouvel avertisseur placé dans le circuit du thermomètre à air, de telle sorte que la fermeture du circuit fasse fonctionner une sonnerie d'appel et localise le point menacé.

L'avertisseur de MM. Gérard et Germot diffère des autres appareils du même genre en ce que toutes ses pièces sont rigides, ce qui en assure indéfiniment le bon fonctionnement. Cette qualité est précieuse pour la navigation, car elle permet l'application d'un système préventif d'incendie et celui de tout autre système électrique.

Nous devons signaler aussi la boîte d'alarme d'incendie dans les villes combinée par les mêmes inventeurs. Cette boîte ne peut être ouverte qu'à l'aide d'une clef numérotée, qui, une fois introduite dans la serrure, ne peut plus en être retirée qu'en se servant d'une clef spéciale dont les inspecteurs sont seuls dépositaires. On évite par ce moyen les fausses alarmes et l'abus, car on sait chaque fois par qui le signal a été donné. Une fois la boîte ouverte, un simple commutateur ferme le circuit et actionne l'avertisseur du poste des pompiers. Une sonnerie placée dans la boîte d'alarme et fonctionnant en même temps que celle du poste indique à celui qui a donné l'alarme que son signal a été entendu.

M. Léon Somzée, ingénieur à *Bruxelles* expose une intéressante collection d'appareils divers pour mines : 1° Des lampes avertissantes du grisou, fondées sur l'augmentation de température produite par la présence de ce gaz ; cette augmentation réagit sur un appareil de dilatation qui ferme le circuit d'une ou plusieurs sonneries ; 2° une lampe indicatrice avec thermoscope dont la variation de résistance électrique, lors de l'élévation de température, fournit des indications galvanométriques ; 3° un appareil fondé sur la différence d'absorption de la chaleur rayonnante, par le gaz ; l'appareil fournit un courant thermo-électrique proportionnel à la quantité de grisou mélangé à l'air ; 4° un avertisseur basé sur l'emploi de la force mécanique d'un courant d'osmose ; 5° un avertisseur électro-chimique. 6° Des lampes à flamme chantante ; 7° des thermomètres électriques à *maxima* et à *minima*, pour mines.

M. Somzée expose aussi une nouvelle pile voltaïque, une pile accumulatrice et les dessins d'un système d'éclairage mixte, tenant à la fois de l'arc voltaïque et de l'incandescence.

L'outillage joue un rôle important dans la fabrication des instruments délicats. C'est ce qui donne de l'intérêt aux appareils exposés par M. **P. Huré**, 8, *rue Fontaine-au-Roi*, ci-devant, 37, quai de Valmy. Voici par exemple une machine à reproduire, tailler et affuter les fraises de toutes formes, si utile pour façonner mécaniquement et avec précision les pièces délicates ; une machine à fraiser universelle, fonctionnant horizontalement ou verticalement à volonté, un nouveau mandrin universel à serrage concentrique, dit le Français, bien supérieur au mandrin américain, et enfin une collection d'outils de précision et de fraises de toutes formes et de toutes dimensions.

La *mécanique générale* forme le cinquième groupe de l'Exposition : elle comprend les générateurs et moteurs à vapeur, à gaz et hydrauliques, et les transmissions applicables aux industries électriques.

Procédons du petit au grand, et signalons tout d'abord la *pédale magique* de M. **D. Bacle**, 46, *rue du Bac*, à Paris.

Les services qu'elle rend chaque jour pour les machines à coudre sont trop connus pour que nous y insistions ; les électriciens peuvent en tirer aussi un grand profit. On sait combien la machine Gramme petit modèle est utile dans les laboratoires pour des expériences de courte durée. Au lieu de la manœuvrer péniblement avec une pédale ordinaire, il est bien plus commode de la mettre en action par la pédale magique. On s'assure ainsi que la machine ne peut tourner en sens inverse, — condition importante pour ne pas abîmer les balais, — la manœuvre est facilitée, les moindres efforts se trouvent intégralement utilisés et la manœuvre du générateur électrique laisse aux deux mains toute leur indépendance, ce qui est si nécessaire dans les expériences.

Comme opposition, nous pouvons signaler la machine à vapeur (système Armington) exposé **Edison** pour actionner sa grande machine dynamo-électrique de 120 chevaux alimentée par une chaudière du système Babcock-Wilcox, la plus grosse et la plus puissante machine actionnant *un seul* générateur électrique.

La Société centrale de construction de machines, plus connue sous le nom de ses administrateurs directeurs, MM.**Weyher et Richemond,**50, *route d'Aubervilliers, à Pantin* (Seine), à mis gracieusement et à titre purement gratuit à la disposition du syndicat, pour les besoins de l'Exposition, une machine à vapeur fixe à condensation, du système dit *Compeund* et de la force de 150 chevaux, installée vers le milieu de la grande nef.

Toutes les précautions ont été prises dans l'étude et l'exécution de ce moteur pour arriver à une utilisation aussi parfaite que possible du travail de la vapeur.

Des double-enveloppes remplies de vapeur et garanties elles-mêmes contre le refroidissement extérieur entourent les deux pistons et le réservoir intermédiaire.

La détente variable du petit cylindre est conduite par le régulateur à compensateur *système Denis*, le seul qui, à notre connaissance, maintienne une vitesse parfaitement régulière, quelles que soient les variations de la résistance ou de la pression, condition essentielle dans presque toutes les industries et *absolument nécessaire* pour la production de la lumière électrique.

En un mot, cette machine se fait remarquer par la bonne combinaison de tous ses organes autant que par la solidité des pièces et le fini apporté à leur exécution.

Aussi, comme résultat, les constructeurs sont arrivés à réaliser avec ce type de moteur, une consommation de charbon inférieure à celle des meilleures machines construites jusqu'à ce jour.

La maison **Hermann Lachapelle** (J. **Boulet** et Cie successeurs), qui expose la magnifique machine à vapeur Compound classée sous le n° 775 et fournit à l'administration une partie de la force motrice employée pour le fonctionnement des appareils, a puissamment contribué au développement des applications industrielles de l'électricité par le concours intelligent qu'elle a prêté aux inventeurs et aux électriciens. Elle est connue du reste par les services qu'elle rend à l'industrie et à l'agriculture avec ses **machines verticales**, si faciles à placer et à conduire ; ses **machines horizontales** locomobiles, fixes ou demi-fixes, d'un service si sûr et si économique ; ses **pompes d'irrigations**, ses appareils de **submersion** des vignes phylloxérées, ses **moulins** en fonte d'un seul morceau, ses **batteuses** de grande et moyenne exploitation ; enfin ses appareils mécaniques **entièrement argentés**, pour la fabrication des boissons gazeuzes, une des plus anciennes spécialités de la maison, sont universelle-

ment appréciés et ont obtenu les plus hautes récompenses dans toutes les
expositions.

L'une des exigences les plus absolues des machines électriques est celle de
pouvoir tourner très régulièrement à des vitesses souvent considérables. Pour
satisfaire à cette condition **MM. Varrall Elwell et Middleton**, ingénieurs
mécaniciens, 1, *avenue Trudaine, Paris,* construisent un type spécial de machine à vapeur à grande vitesse ; elle est à double effet, les pièces de mouvement sont toutes parfaitement équilibrées de façon à pouvoir marcher sans
chocs et sans vibrations ; le graissage est très efficace et le régulateur de
vitesse présente une grande sensibilité.

M. W. A. Buss, *ingénieur, 1, rue Desaix, avenue de Suffren, Paris,* (médaille d'argent à l'Exposition de 1878), expose deux appareils brevetés de son
invention qui se complètent l'un l'autre : un tachymètre ou indicateur de vitesse qui permet de connaître à chaque instant la vitesse de rotation de la machine à laquelle il est appliqué, et un régulateur dit Régulateur-cosinus qui
maintient très efficacement cette vitesse constante. Ces appareils sont adoptés
par la Marine et les différentes Sociétés d'Électricité et de Construction mécaniques, où ils rendent les plus grands services.
Bien qu'ils soient des nouveaux venus dans l'industrie, ils ont déjà valu à
leur inventeur la Médaille d'argent à l'Exposition Universelle de Paris en 1878
et la Médaille d'argent à l'Exposition de Melbourne en 1881.

*La collection bibliographique d'ouvrages concernant la science et l'industrie
électriques,* présente à la fois un intérêt historique et un intérêt d'actualité.
Feuilletez par exemple la collection de dessins et photographies exposés par
Edison, vous y trouverez l'historique de ses inventions et de ses succès, à
côté des dessins représentant des appareils qu'il est plus simple d'aller voir
en nature, dans les salles 23 et 24, se trouvent les vues du vaste laboratoire de
Menlo-Park et de ses dépendances, des ateliers de New-York, etc. C'est instruc-
tif et intéressant comme un voyage.
A côté des ouvrages antiques, que renferme la bibliothèque en nombre
respectable, se trouvent quelques brochures de M. **Frédéric Kastner**,
dont nous ne saurions trop recommander la lecture. M. Kastner a réuni là en
quelques pages sous le titre de *Les flammes chantantes, Théorie des vibrations
et considérations sur l'électricité,* des vues et des idées très élevées sur la
théorie des forces de la nature réunies dans une chaîne non interrompue qui va
de l'infini supérieur à l'infini inférieur, et les embrasse toutes entre ces deux
limites. Il faudra lire aussi la *Description du lustre chantant* et l'*Application du
gaz d'éclairage au pyrophone* pour comprendre toutes les difficultés des études
auxquelles l'auteur s'est livré avant de pouvoir doter la science et la musique
de cet instrument à la fois étrange et charmant qu'on appelle *le pyrophone.*

THE UNITED STATES ELECTRIC LIGHTING C°

Office, Equitable Building, 120 Broadway
City Factory, Sixth Avenue and Twenty-Fifth Street

TRUSTEES

Bureaux à Paris : 25, Avenue de l'Opéra.

Machines dynamo-électriques.

Lampes à arc voltaïque et à incandescence.

Régulateurs de courants, mesureurs de courants, moteurs électriques et autres appareils destinés à l'éclairage électrique et à la transmission électrique de la force à distance.

Concessionnaire unique aux États-Unis des brevets Farmer, Maxim, Heikel, Nichols, etc.

Extrait d'une lettre du professeur Farmer du 19 mars 1881.

« Je suis très satisfait du rendement des lampes à incandescence système Maxim, lorsqu'on les fait traverser par des courants puissants.

Elles fournissent une lumière de 880 *candles* (90 becs Carcel) avec une intensité de 5,6 webers ; il suffit de 0,8 de weber pour les maintenir légèrement rouges dans l'obscurité.

La résistance tombe de 50,2 ohms à moins de 14 ohms, au point où l'incandescence est la plus brillante.

Lorsque la lampe fournit 880 *candles*, la puissance lumineuse atteint 1500 candles par cheval-vapeur ; le rendement est alors supérieur à celui de l'arc voltaïque. »

L'ÉLECTRICIEN

REVUE GÉNÉRALE D'ÉLECTRICITÉ

COMITÉ DE RÉDACTION

MM. E. MERCADIER, C. M. GARIEL, A. NIAUDET, D' DE CYON, GASTON TISSANDIER

SECRÉTAIRE DE LA RÉDACTION : E. HOSPITALIER

L'ÉLECTRICIEN, *Revue Générale d'Électricité*, paraît le 1er et le 15 de chaque mois. Chaque numéro comprend 48 pages d'impression, il est illustré de nombreuses figures dans le texte, de planches hors texte et de suppléments quand le sujet ou l'abondance des matières l'exigent.

PRIX DE L'ABONNEMENT ANNUEL

France... **20** fr.
Union postale, première série................ **25**
—   deuxième série................. **30**

Prix du Numéro UN franc

RÉDACTION : 25, Avenue de l'Opéra.
ADMINISTRATION : G. MASSON, 120, boulevard Saint-Germain

A^{nc}^{nes} MAISONS E. MELON et LECOQ Frères

H. BEAU
Ancien élève de l'École polytechnique,

ET

M. BERTRAND-TAILLET
SUCCESSEURS
Rue Saint-Denis, 226
PARIS

FABRICANTS D'APPAREILS ET ENTREPRENEURS D'ÉCLAIRAGE
GAZ ET ÉLECTRICITÉ
POUR VILLES, THÉATRES, USINES, MAGASINS, MAISONS D'HABITATION

Fournisseurs de la Société générale d'électricité (procédé Jablochkoff), des Sociétés Siemens frères, Lontin et Cie et des autres Sociétés électriciennes.

PRINCIPALES INSTALLATIONS FAITES POUR L'ÉLECTRICITÉ
SOUS LA DIRECTION DE LA SOCIÉTÉ GÉNÉRALE D'ÉLECTRICITÉ
(PROCÉDÉ JABLOCHKOFF)

Magasins du Louvre.	Hôtel Continental à Paris.
Avenue et place de l'Opéra.	Salons de Peinture 1879-1880.
Théâtre Bellecour à Lyon.	Port du Havre.

OBJETS EXPOSÉS
SALON D'HONNEUR
1 lustre et 2 appliques, style Renaissance, (bougie Jamin).

SALON DU PRÉSIDENT
1 suspension, style Louis XVI, (lampe Werdermann).

SALLE DE THEATRE
2 lustres et les appareils de la scène, (lampe Werdermann).

ANTICHAMBRE
1 lanterne (bougie Jablochkoff).

RATTIER et Cᴵᴱ

4, Rue d'Aboukir, 4

PARIS

FOURNISSEURS DES GOUVERNEMENTS FRANÇAIS ET ÉTRANGERS

ET DES CHEMINS DE FER

CABLES SOUTERRAINS ET SOUS-MARINS ISOLÉS

AU CAOUTCHOUC ET A LA GUTTA-PERCHA.

CABLES POUR TÉLÉPHONES, TORPILLES, LUMIÈRE ÉLECTRIQUE

ET

TÉLÉGRAPHIE MILITAIRE

FILS POUR SONNERIES ÉLECTRIQUES

PILES LECLANCHÉ

BREVETÉES S. G. D. G.

E. BARBIER

CHIMISTE-ÉLECTRICIEN

9, rue Fromentin, 9

SEUL FABRICANT EN FRANCE ET DANS LES COLONIES

MÉDAILLES

AUX EXPOSITIONS

De Paris 1867 et 1878

DE VIENNE 1873

ETC., ETC.

—

APPLICATIONS GÉNÉRALES

DE

L'ÉLECTRICITÉ

———

ACOUSTIQUE — TÉLÉGRAPHIE

TÉLÉPHONIE

—

Commission. — Exportation

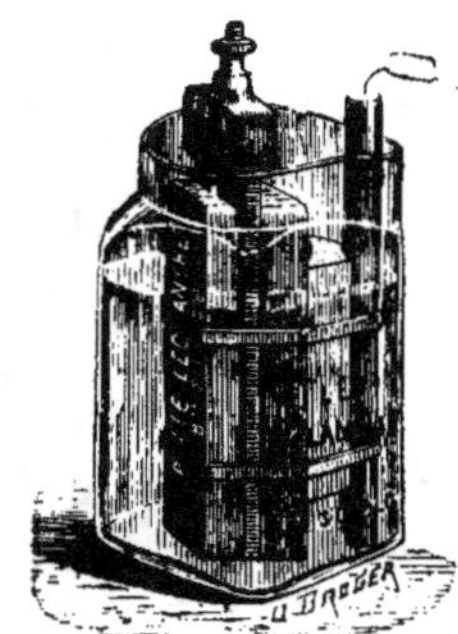

ADOPTÉES

PAR LES

Principaux Chemins de fer

ET LES

Cies TÉLÉPHONIQUES

De la France et de l'Étranger

ET PAR LES

GOUVERNEMENTS

de la France,
de l'Angleterre, de l'Autriche,
de la Belgique, de l'Espagne, de la Grèce,
de la Hollande, de l'Italie,
du Portugal, de Russie,
de Suède et Norvège, de la Turquie,
des États-Unis, du Brésil, etc.

NOUVEAUX ÉLÉMENTS AGGLOMÉRÉS A PLAQUES MOBILES

(Remises suivant quantités)

DÉTAIL DES ÉLÉMENTS.	ÉLÉMENT N° 2 (1 PLAQUE AGGLOMÉRÉE)		ÉLÉMENT N° 1 (2 PLAQUES AGGLOMÉRÉES)		ÉLÉMENT DISQUE (3 PLAQUES AGGLOMÉRÉES)	
Plaques agglomérées 250 gr. ($125 \times 45 \times 25^{m/m}$)	1 fr.	»	2 fr.	»	3 fr.	»
Charbon monté, tête à écrou.	1	25	1	25	1	25
Isolateur porcelaine et rondelles d'attache	»	25	»	25	»	25
Zinc étiré et amalgamé . . .	»	45	»	50	»	50
Sel ammoniac pur.	»	20	»	50	»	50
Vase en verre paraffiné. . . .	»	60	»	70	»	70
ÉLÉMENT complet à plaques agglomérées mobiles. . . .	3 fr. 75		5 fr.	»	6 fr.	»

ELEMENT MEDICAL, verre cylindrique, haut. 100, diam. 55^{mm}. . . . . 1 fr. 75

PETIT ELEMENT, à fermeture hermétique pour postes de secours et pour sonneries ordinaires. 4 · »

ELEMENT CHOPE, à une ou deux plaques agglomérées, verre cylindrique, haut. 140, diam, 75^{mm}, employé pour le service des trains de voyageurs sur les lignes de Paris-Lyon-Méditerranée et du Nord . . . . 5 »

ELEMENT POUR TORPILLES ou **ALLUMOIRS**, verre cylindrique, haut. 140, diam. 75^{mm}, zinc à grande surface, deux plaques agglomérées. . . . . 6 »

ELEMENT TORPILLE, bouchage hermétique à couvercle.. . . . . 8 »

ELEMENT TORPILLE, bouchage hermétique à 3 écrous (seul élément adopté par la Marine française pour l'explosion des torpilles). . . . . 10 »

ELEMENT AGGLOMERE, 2 plaques grand modèle, $180 \times 70 \times 25^{mm}$ (570 gr.). (Employé concurremment avec l'élément à 3 plaques ordinaires pour l'horlogerie électrique) . . . . 9 »

ELEMENT à 2 grandes plaques, zinc à grande surface pour effets intermittents d'intensité . . . 10 »

ELEMENT à 3 plaques ordinaires, zinc à grande surface pour effets intermittents d'intensité. . 6 75

ELEMENTS POUR L'ARMEE ET LA MARINE, vases cubiques caoutchouc durci, de 4 fr. 50 à 8 »

ANCIENS ELEMENTS à vases poreux, mêmes prix que ci-dessus.

SEL AMMONIAC, pur, le kilogramme, 2 fr. 50. — Par quantités. . . . . 2 »

PLAQUES AGGLOMEREES de rechange, prix suivant dimension.

L'épaisseur des plaques peut varier à la volonté des clients.

ALLUMOIR ELECTRIQUE POUR LE GAZ, fonctionnant avec 2 éléments Torpille, breveté S. G. D. G., prix net. . . . . 15 »

Les frais d'emballage et de transport sont à la charge de l'acquéreur.

Les éléments LECLANCHÉ devront porter, sous peine d'être déclarés contrefaits, l'inscription suivante : **PILE LECLANCHÉ**, les initiales **P. L.** ou la marque de fabrique **E. B. — Paris.**

M. E. BARBIER traitera de gré à gré pour la vente en gros, pour l'entretien des piles en service, ainsi que pour les installations de sonneries électriques et de lignes télégraphiques.

Tarifs spéciaux : Appareils télégraphiques, Paratonnerres, Porte-voix, Sonneries et accessoires, Horlogerie électrique. Téléphones, etc., envoyés sur demande.

FABRIQUE DE SONNERIES ÉLECTRIQUES ET DE TÉLÉPHONES

G. WEHR

Berlin, Ritterstrasse, 49.

TÉLÉPHONES, système américain, d'après **BELL**. Stations complètes avec microphones brevetés et téléphones en caoutchouc.

Fils des télégraphes.

Fils de gutta-percha et de soie.

Fils cirés et goudronnés.

Piles complètes.

Charbons pour piles.

Matériaux d'isolation.

Sonneries
pour maisons, fabriques, etc.

GROS. — DÉTAIL. — EXPORTATION.

PIERRE PETIT

Opère lui-même

tous les portraits sur toile, grandeur **naturelle**,
d'après une simple carte

PHOTOGRAPHIE

27-29-31, Place Cadet, 27-29-31

PARIS

Les couleurs sont trouvées en Linographie

Les couleurs sont trouvées en Linographie

Les couleurs sont trouvées en Linographie

Les couleurs sont trouvées en Linographie

Les couleurs sont trouvées en Linographie

Les couleurs sont trouvées en Linographie

POND INDICATOR COMPANY of EUROPE

New-York : THOMAS ALVA EDISON, président

Paris : F. Mora, chez P. Bebin, 41, rue de la Victoire

INDICATEUR ÉLECTRIQUE VISUEL

DE CHESTER H POND.

ET

TRANSMETTEUR ÉLECTRIQUE

DE J. U. MACKENZIE

*pour signaux instantanés sur un seul fil et dans un circuit
de MILLE STATIONS ou plus,*

A L'USAGE

*des Télégraphes, Téléphones,
Signaux d'incendie, Appels en cas de vol, Indicateurs d'Hôtel,
et plusieurs autres applications importantes.*

(Voir SECTION DES ÉTATS-UNIS. — PROMENADE A TRAVERS L'EXPOSITION
et NOTICES.)

PHOTO-RELIEVO COMPANY

NEW-YORK

PARIS : REPRÉSENTÉ PAR OTTO A MOSES

33, AVENUE DE L'OPÉRA, 33

Spécimens de photographie en relief

ET DE BAS-RELIEFS EN BRONZE, ARGENT ET PLATINE

OBTENUS PAR L'ACTION

DE LA LUMIÈRE ET DE L'ÉLECTRICITÉ.

Par ce procédé, dans lequel la lumière et l'électricité sont les principaux agents,
la simple photographie d'une personne ou d'un objet peut être reproduite, en toutes
grandeurs, en bas-relief, de bronze ou de papier, de manière à rivaliser en beauté
et finesse, avec les plus belles productions de l'antiquité, et tout en leur conservant
l'harmonie et la vie.

L. SAUTTER, LEMONNIER ET CIE

26, AVENUE DE SUFFREN. — PARIS.

SEULS CONCESSIONNAIRES EN FRANCE

DES BREVETS DE GRAMME

DE LUMIÈRES MULTIPLES

DANS UN MÊME CIRCUIT DE COURANTS CONTINUS

TRAVAUX PUBLICS :

*Phares électriques. — Éclairage des ponts et chaussées
par les machines fixes ou locomobiles.*

MARINE :

*Projecteurs lenticulaires. — Projecteurs Mangin.
Machines Gramme depuis 1 cheval jusqu'à 15 chevaux.*

GUERRE :

*Appareils photoélectriques pour la défense
et l'attaque des places.*

INDUSTRIES DIVERSES :

*Éclairage des ateliers de mécanique. — Dispositions spéciales
pour les tissages, les filatures, les teintureries, etc.*

LAMPES DE GRAMME
CRAYONS ÉLECTRIQUES, NUS ET MÉTALLISÉS.

DESSIN — GRAVURE — CLICHAGE

VICTOR ROSE

Dessinateur-Graveur

PARIS — 35, Boulevard des Capucines, 35 — PARIS

ATELIERS DE DESSINS ET GRAVURES SUR BOIS

LITHOGRAPHIE. — AUTOGRAPHIE. — CHROMO-LITHOGRAPHIE

APPLIQUÉS AUX ARTS, AUX SCIENCES ET A L'INDUSTRIE

Dessins au lavis à l'effet pour Exposition et Musée. — Aquarelles industrielles, vues d'Usines

GRAVURE CHIMIQUE, PHOTOGRAVURE, PHOTOLITHOGRAPHIE

FIRMIN-DIDOT ET CIE, IMPRIMEURS DE L'INSTITUT, 56, RUE JACOB, 56

BECQUEREL (Edm.), de l'Institut

LA LUMIÈRE

SES CAUSES ET SES EFFETS

2 vol. grand in-8° raisin, avec figures. — 16 fr.

BECQUEREL père, de l'Institut

TRAITÉ D'ÉLECTRICITÉ ET DE MAGNÉTISME

ET DE LEURS RAPPORTS AVEC LES PHÉNOMÈNES NATURELS

7 vol. in-8°, et Atlas. — 80 fr.

DES FORCES PHYSICO-CHIMIQUES

ET DE LEUR INTERVENTION DANS LA PRODUCTION DES PHÉNOMÈNES NATURELS

1 vol. gr. in 8° avec Atlas in-4°. ' — 15 fr.

TRAITÉ DE PHYSIQUE

DANS SES RAPPORTS AVEC LA CHIMIE ET LES SCIENCES NATURELLES

2 vol. in-8° et Atlas inséré dans les volumes. — 16 fr.

ÉLÉMENTS D'ÉLECTRO-CHIMIE

APPLIQUÉE AUX SCIENCES NATURELLES ET AUX ARTS

1 vol in-8°. — 8 fr.

TRAITÉ COMPLET DE MAGNÉTISME

1 vol. in-8°, avec 18 planches. — 10 fr.

BECQUEREL père et Edm. BECQUEREL, de l'Institut

TRAITÉ D'ÉLECTRICITÉ ET DE MAGNÉTISME

AVEC LEURS APPLICATIONS AUX SCIENCES PHYSIQUES, AUX ARTS ET A L'INDUSTRIE

3 vol. in-8°, avec gravures. — 24 fr.

RÉSUMÉ DE L'HISTOIRE DE L'ÉLECTRICITÉ

ET DU MAGNÉTISME

DES APPLICATIONS DE CES SCIENCES A LA CHIMIE, AUX SCIENCES NATURELLES ET AUX ARTS

1 vol. in-8°. — 6 fr.

Dans cet ouvrage l'électricité et le magnétisme sont traités sous le point de vue chronologique, didactique et philosophique, sans l'intermédiaire d'aucune figure, ni d'aucune formule algébrique, et sans description d'appareils.

TRAITÉ EXPÉRIMENTAL
D'ÉLECTRICITÉ
ET DE MAGNÉTISME

Par J. E. H. GORDON, secrétaire-adjoint de « the British association »

TRADUIT DE L'ANGLAIS ET ANNOTÉ

Par M. J. RAYNAUD, professeur à l'École supérieure de Télégraphie

PRÉCÉDÉ D'UNE INTRODUCTION

Par M. A. CORNU, membre de l'Institut (Académie des sciences), professeur de physique
à l'École polytechnique.

2 vol. in-8 de 700 pages chacun, avec 58 planches noires et coloriées
et 371 figures intercalées dans le texte. . . . . . . **35 fr.**

ARMENGAUD JEUNE

Ingénieur civil, ancien élève de l'École polytechnique, membre du comité de la Société des Ingénieurs civils de France, membre du jury à l'Exposition de 1878, membre du comité technique d'électricité.

23, BOULEVARD DE STRASBOURG, PARIS

CABINET FONDÉ EN 1836

POUR L'OBTENTION DES

BREVETS D'INVENTION

EN FRANCE ET A L'ÉTRANGER

CONSULTATIONS TECHNIQUES ET LÉGALES

Étude spéciale des applications de l'électricité

Ouvrages de M. ARMENGAUD Jeune

Guide manuel de l'inventeur et du fabricant, 7e édition. Prix : 4 fr.

L'Ouvrier mécanicien, guide de mécanique pratique, 10e édition. Prix : 4 fr.

Formulaire de l'ingénieur, carnet usuel des agents-voyers, architectes et directeurs de travaux, 5e édition. Prix : broché, 4 fr.; en carnet, 5 fr.

Notices sur le photophone, le téléphone et les réseaux téléphoniques.

A. OEHLRICH ET Cie

A RIGA

FABRIQUE D'HUILES DE NAPHTE

HUILES MINÉRALES RUSSES A GRAISSER

Dépôt général pour la France, chez M. Auguste GOERGER

43, BOULEVARD DE STRASBOURG, PARIS

PRODUITS GARANTIS NEUTRES ET INCONGELABLES

PLUME UNIVERSELLE

DE

D. LEONARDT ET C⁰., A BIRMINGHAM.

BREVETÉE EN ANGLETERRE ET EN FRANCE, ETC.

Cette Plume fabriquée d'après un nouveau système avec une petite **boule à la pointe**, surpasse tout ce qui a été inventé en plumes d'acier. Elle n'est pas seulement la plume du présent mais aussi la plume de l'avenir.

Elle convient à toutes les mains, même aux personnes habituées à écrire avec des plumes d'oie. Sa supériorité se manifeste et en l'essayant on l'approuve ; une fois adoptée on ne l'abandonnera jamais.

Elle possède la particularité d'élancer l'écriture en transformant les mauvaises en bonnes.

Cette plume glisse sur le papier avec une rapidité étonnante et l'on croirait qu'elle fait les mouvements elle-même. Elle ne crache jamais et évite ainsi toute espèce de griffonnage.

Elle se distingue par une élasticité extraordinaire, étant fabriquée d'acier de première qualité **cementée et carbonisée** elle ne rouille pas.

Elle se prête avec la plus grande facilité à tous les genres d'écriture, et journellement il y a des éloges de cette plume par des Illustrations.

Cette plume se fabrique de quatre grosseurs :

EXTRA-FINE.	FINE.	MOYENNE.	GROSSE.
No. 1345.	1346.	1347.	1348.
pour Calligraphie	pour Commerce	pour Administration	pour Banque
» Dessin	» Comptabilité	» Rédaction	» Signature
» Autographie	» Études	» Musique	» Sténographie
	» Lycées	» Papier timbré	

BOITE EN MÉTAL   **BREVETÉE.**

Afin d'éviter les contrefaçons, les Plumes Universelles véritables sont toujours dans des boites en métal brevetées et doivent porter le nom **D. LEONARDT ET C⁰.**

Prix de la Boîte de 144 plumes . . . . 3 fr. 50
»   »   » **de 72** » **. . . . 2 fr.**

CES PLUMES SE VENDENT AU MAGASIN :

A LA PLUME UNIVERSELLE, 9, GALERIE VIVIENNE,

(CÔTÉ DE LA RUE DES PETITS CHAMPS, PARIS).

Envoi franco pour toute la France contre mandat ou timbre-poste.
Avoir bien soin d'indiquer le N° de la plume.

Adresser les commandes à M. E. MAUCOMBLE, 9, galerie Vivienne.

N. B. — Les plumes dorées, prix, 1 franc la douzaine.

LA GRANDE COMPAGNIE
D'ASSURANCES

INCENDIE — CHOMAGE — ACCIDENTS

SOCIÉTÉ ANONYME

Capital : 50 millions de francs

Siège social : 2, rue Drouot, PARIS

CONSEIL D'ADMINISTRATION

MM. le duc **DECAZES**, G. O. ✳, *Président.*
le vicomte de **BUTTLER**, ✳, inspecteur des finances.
CAMPENON, ✳, ancien magistrat à la Cour de Paris.
CHERPIN, sénateur.
G. **CLÉMENT-SIMON**, ✳, ancien procureur général.
le comte **GÉDÉON DE CLERMONT-TON-NERRE**, propriétaire.
le vicomte **DE COURCY**, O. ✳, propriétaire.

MM. **DARNIS**, O. ✳, ancien premier président de la Cour de Metz.
PAUL FABRE, O. ✳, trésorier-payeur général.
le comte **DE MATHAREL**, O. ✳, ancien inspecteur général des finances.
MEYNIER, O. ✳, ancien inspecteur général des forêts.
MONNET, ✳, sénateur.
LÉON RENAULT, O. ✳, député.
VALFREY, O. ✳, ancien directeur au ministère des affaires étrangères.

Directeur : M. **A. NIVERT.**

INCENDIE
Réduction de 25 %₀ sur les Primes

DES MAISONS, MOBILIERS ET MARCHANDISES

PAYEMENT DES PRIMES PAR VERSEMENTS TRIMESTRIELS

CHOMAGE

Moyennant un pourcentage de la prime Incendie, la Compagnie garantit un supplément proportionnel d'indemnité pour privation de jouissance ou interruption de travail.

ACCIDENTS

La Compagnie assure les personnes et les choses contre tous les accidents, et délivre des **Polices de garantie** pour les mandataires et employés.

A Paris, des Inspecteurs chargés de recueillir les Assurances se rendent au domicile des personnes qui en font la demande à la Direction, 2, rue Drouot.

GRILLAGES
EN FILS DE FER GALVANISÉS

GRILLAGES

DE

TOUS MÉTAUX

ENTOURAGES

DE

MACHINES

VOLIÈRES, FAISANDERIES, POULERIES, ETC.

40 à 50 % de RABAIS

Clôtures de Chasses, 1 mètre de haut, *le mètre*, » **45**

Wˢ STEWART ET Cᵒ

12, Boulevart Poissonnière, Paris.

NOTA. — La maison se charge de la construction des Volières, Faisanderies, Poulaillers, Chenils, Kiosques, etc. Grilles légères pour clôtures de Parcs, de Chevreuils. — Sur demande, envoi *franco* de Catalogues et Renseignements.

DRUGÉ, Pierre-Casimir, administrateur-délégué de la *Société anonyme du Palais Bonne-Nouvelle* (CAPITAL : **1 600 000** FR.)

A LA MÉNAGÈRE

20, BOULEVARD BONNE-NOUVELLE, A PARIS (ATELIERS, 68, RUE DU RENDEZ-VOUS)

(*HORS CLASSE*)

1ˢ Exposition au Pavillon présidentiel.

Meubles et mobilier de salle à manger | Meubles ustensiles et batterie de cuisine
Appareils et accessoires de salle de bains et d'hydrothérapie

2ˢ Exposition de Bancs, Sièges de jardins et de parcs.

NOTA. — L'Établissement de *la Ménagère* occupe seul la totalité du Palais Bonne-Nouvelle et de ses agrandissements. Il comprend 51 rayons de vente réunissant l'ensemble des articles de Ménage, Chauffage, Eclairage, Jardin, Ecuries, voyage, hydrothérapie, etc.
Au 2ᵉ étage est une Exposition spéciale permanente de Mobilier Complet installé en appartement.

Prix-fixe marqué sur chaque objet.

Médailles d'or. — Diplômes d'honneur. — Grand Prix.

DRUGÉ, Pierre-Casimir, directeur de l'établissement

DU DOCK DU CAMPEMENT ET DES ARTICLES DE VOYAGE

14, BOULEVARD POISSONNIÈRE (MAISON DU PONT DE FER), A PARIS.

Objets exposés : Tentes de Campement et de Jardin. — Articles de voyage.

NOTA. — L'Établissement du *Dock du Campement* réunit l'ensemble des articles de Voyage, Campement. Chasse et Gymnastique, tous marqués à Prix fixe, en chiffres connus.

A. LAHURE, Imprimeur-Editeur

9, RUE DE FLEURUS, 9

ANNUAIRE

DES

COMMERÇANTS

INDICATEUR

DES

FABRICANTS, MARCHANDS EN GROS

ET EN DÉTAIL

Commissionnaires en Marchandises

ET

ENTREPRENEURS

du Département de la Seine

DIX-HUITIÈME ANNÉE

Prix : 5 Francs

L'ANNUAIRE DES COMMERÇANTS

Paraît chaque année en Janvier

7, rue de l'Estrapade, 7
⟶ PARIS ⟵

CH. MAGNIER

RELIEUR ET DOREUR

Médaille d'Argent 1878

---- ✳ ----

RELIURES SIMPLES, RICHES ET ARTISTIQUES

Pour le Commerce et les Bibliothèques

RELIURES SPÉCIALES

POUR

Albums, Ouvrages d'Architecture, Albums de publicité

CARTONNAGE DE LUXE

POUR

LIVRES DE PRIX ET D'ÉTRENNES

La Fédération

COMPAGNIE D'ASSURANCES SUR LA VIE

LUCERNE, Zurcherstrasse, 47, Y. I. | PARIS, 4, boulevard des Italiens

CONSEIL D'ADMINISTRATION

MM. le comte SCHERER, Président de l'Association du Pius-Verein, *Président*;
FRESNEAU, sénateur, *Vice-Président*;
le colonel BELL, membre du gouvernement de Lucerne;
le comte de SURY de BUSSY, syndic de Soleure;
le comte OLIVIER de CHEVIGÑÉ;
le comte de GAUTIER de SAINT-PAULET, ancien magistrat;
de LAUNAY, ingénieur;
le prince de LUCINGE-FAUCIGNY, ancien député;
le comte de LA VIEFVILLE.

Directeur général : M. le comte de GAUTIER de SAINT-PAULET.

La Fédération est une Société populaire qui se propose les deux buts suivants :

1° Donner au travailleur les moyens de se créer par ses épargnes un patrimoine dont il puisse disposer, soit par actes entre vifs, soit par testament.

2° Diviser un capital social de dix millions en actions assez petites pour qu'elles deviennent accessibles à toutes les bourses, et faire ainsi de l'assuré, l'actionnaire de la Compagnie. Il participera donc aux bénéfices que produisent les Compagnies d'Assurances dont la prospérité grandit de plus en plus. Ces succès s'expliquent par l'étendue de mieux en mieux comprise des avantages qu'elles procurent.

L'assurance sur la vie est en effet une opération sûre, exacte, mathématique, dont le résultat est certain ; c'est de plus un contrat de toute moralité.

S'il est très important, pour celui qui veut s'assurer, de bien choisir la Compagnie avec laquelle il va traiter, *La Fédération* se place au rang des Sociétés dont l'honorabilité est indiscutable ; les noms des hommes qui en ont accepté le patronage et la direction commandent la confiance. Son titre seul indique son but, une alliance de plus en plus étroite entre l'assureur et l'assuré, une production certaine qui doit profiter à l'œuvre conçue et réalisée.

La Fédération fait toutes les opérations d'assurances sur la vie usitées ; de plus elle crée une branche spéciale au Clergé avec des combinaisons multiples et adaptées à tous les rangs de la hiérarchie ecclésiastique ; caisse des vicaires et caisse de prévoyance pour les prêtres desservants et pour les Religieux des deux sexes ; par décision de l'assemblée générale des actionnaires, 15 pour 100 sur les bénéfices nets sont versés à cette dernière caisse afin d'augmenter l'importance des pensions fournies.

Le succès de *La Fédération* est aujourd'hui rendu certain par l'accueil que lui ont fait les capitalistes qui ont présidé à sa formation et par le patronage dont l'honorent de hautes et puissantes personnalités.

BELLOIR

PARIS — 56, rue de la Victoire, 56 — PARIS

MAISON FONDÉE PAR BELLOIR PÈRE

ET CONTINUÉE PAR SES FILS

Ci-devant : Place de la Bastille.

JULIEN BELLOIR ET GEORGES VAZELLE

TAPISSIERS ÉBÉNISTES DÉCORATEURS

FOURNISSEURS

DE L'HOTEL DE VILLE, DES MINISTÈRES DE LA MARINE,
DE L'INTÉRIEUR, DU COMMERCE,
DE L'INSTRUCTION PUBLIQUE, DES BEAUX-ARTS, ETC.
DES COURS ET TRIBUNAUX,
DE LA COUR DE CASSATION, DE LA COUR DES COMPTES, DE L'ARCHEVÊCHÉ,
DES THÉATRES DE L'OPÉRA, L'OPÉRA-COMIQUE
DU VAUDEVILLE, DU THÉATRE DE MONACO, ETC.

DÉCORATEURS

Des Fêtes du Gouvernement et de la ville de Paris

Location pour Bals, Soirées, Concerts, Théâtres provisoires, Tentures, Velours,
Soie, Fantaisie, Tapis,
Treillages, Statues, Bronzes, Fleurs, etc.

FRANCE – ÉTRANGER

SOCIÉTÉ ANONYME

DES

CABLES ÉLECTRIQUES

SYSTÈME BERTHOUD BOREL ET Cie

CAPITAL 3 MILLIONS DE FRANCS

Siège Social : 33, boulevard Haussmann

USINES A PARIS-GRENELLE
ET A CORTAILLOD, CANTON DE NEUFCHATEL (SUISSE)

Brevets en France et à l'étranger

Presse à plomb pour la fabrication des câbles électriques. — Câbles sans induction pour la téléphonie, brevetés s. g. d. g. en France et à l'étranger. — Câbles pour la téléphonie. — Câbles pour la lumière électrique et transmission de force. — Câbles sous-marins. — Fils pour sonnerie électrique.

CONDENSATEURS ÉLECTRIQUES. — MOTEURS ÉLECTRIQUES

LA LINCRUSTA-WALTON

8, Place Vendôme, 8

La LINCRUSTA-WALTON n'en est plus à faire ses preuves. Cette matière décorative inaltérable à l'humidité, garantissant du froid et de la chaleur, est du plus grand secours comme tenture d'appartement.

Elle peut recevoir les plus riches ornementations; imiter à ravir les cuirs estampés, le bois sculpté, les toiles peintes, etc.. etc.

On en fait aussi des moulures, des corniches, des reliures, etc. Ses applications sont en un mot des plus multiples et conviennent à l'architecture, aussi bien qu'aux industries les plus variées.

La LINCRUSTA-WALTON est appelée au succès le plus réel parce que ses services sont des plus utiles et peuvent se résumer en ces mots : Hygiène, Propreté, Économie, Élégance.

Bureau de vente et d'exposition, 8, Place Vendôme. Paris